Escribir un silencio

Claudia Piñeiro

Escribir un silencio

Papel certificado por el Forest Stewardship Council®

Primera edición: mayo de 2024

Printed in Spain – Impreso en España

ISBN: 978-84-204-7789-3
Depósito legal: B-5900-2024

Impreso en Unigraf, Móstoles (Madrid)

AL77893

Nota de la editora

Gran parte de los textos incluidos en este volumen fueron publicados en medios gráficos como *Clarín*, *La Nación*, *Página 12*, *Télam*, *Tiempo Argentino*, Diario.ar, *Infobae*, *Perfil*, *El País*, *Anfibia*, *La mujer de mi vida*, *Gata Flora*, *Escritores del mundo* y otros, ahora revisados, en algunos casos ampliados y actualizados para esta publicación. El módulo 9 agrupa textos de distintos discursos que la autora ofreció en ferias del libro, en el Congreso de la Lengua y en cátedras universitarias en diversos países.

A los silencios que mi padre no pudo escribir.

1. De lo que soy

Escribir un silencio[*]

Sospecho que lo que escribo nace del silencio. Porque así fue desde mi niñez, del silencio a la escritura. De la resistencia a hablar, al placer de construir un texto. Ese proceso recién se hizo consciente cuando empecé mi análisis a los veintitrés años. Harta de verme en estado deplorable sin motivo aparente, una compañera de trabajo me puso en la mano el número de teléfono de la analista de una amiga de una amiga a la que yo no conocía. Y si el refrán popular pregona que los amigos de nuestros amigos son nuestros amigos, por qué, presa de un estado deplorable, no iba a aceptar la propiedad transitiva en el caso de un terapeuta. Por suerte la cosa salió bastante bien, o eso creo.

Lo de «sin motivo aparente», visto con la perspectiva de los años que pasaron, resulta banal y apresurado: motivos sobraban. Pero en aquel entonces, esos muchos motivos estaban mezclados, anudados, entreverados. Algo que me recuerda mucho a la imagen disparadora con la que empiezo a escribir una novela: todo está allí, en ese origen, pero cuesta entenderlo, como una madeja de lana enredada que hay que desanudar para luego ovillar. Claro que los tiempos de escritura de una novela y los del análisis son otros y de distinto precio, así que enfrentada a la situación de tener que decirle a mi analista por qué estaba

---

[*] Publicado en *La mujer de mi vida* y revisado para esta edición.

sentada delante de ella armé un argumento coherente, la supuesta razón que me llevaba a aquella primera consulta: «Vengo porque le tengo miedo a mis palabras». Un argumento no sólo abstracto sino pretencioso, pero que no dejaba de ser sincero y que, con el tiempo, cobró otros sentidos.

Pretencioso o no, ese asunto me estaba trayendo algunos inconvenientes. Funcionaba así: ante cualquier circunstancia yo podía responder con astucia e ironía, asertivamente, pero detrás de lo dicho se percibía cierta agresividad. Luego de una discusión de cualquier tipo, mi propia queja nunca era «por qué no le habré dicho tal o cual cosa», sino, «por qué no me habré callado a tiempo». Para mí, la palabra era (es) un arma siempre lista, y si pasaba un límite, que no podía ver hasta después de haber hablado, el otro salía lastimado. Yo también. Así empezó todo: por temor a que mis palabras hicieran daño. Y ese temor no me conducía a otra manera de decir, sino al silencio. Así fue que, coherente con el motivo que me había llevado a terapia, mis primeras sesiones fueron de silencio absoluto. No recuerdo cuánto duró el período de «análisis silencioso», pero sí que fue largo y penoso. El silencio no siempre es un refugio agradable.

Una vez por semana, entraba al consultorio de mi analista y después de decir: «Hola, buenos días», podía pasarme la sesión entera sin emitir un solo sonido. Tocaba los distintos objetos que ella tenía sobre su escritorio y los examinaba de frente, de costado, arriba, abajo: un sapo verde de madera, una caja con caramelos, un paquete de pañuelos de papel. Al principio me incomodaba por la persona que tenía delante —mi analista—, pensaba que si yo no le hablaba se sentiría mal, me compadecía de esa mujer que había elegido una profesión que la obligaba a estar cincuenta minutos frente a otra mujer callada. Unas semanas después, empecé a incomodarme por mí misma, a hacer cuentas multiplicando las horas que yo pasaba allí por sus honorarios, y el resultado aumentaba mi molestia: era muy caro el valor que pagaba por no decir una palabra. Pero nada podía hacer por el momento más que seguir callada, como si una hermética mordaza de metal sellara mis mandíbulas al estilo Leonardo DiCaprio en *El hombre de la máscara de hierro*.

Con el tiempo, la cosa fue evolucionando. Mis sesiones de silencio seguían imperturbables pero yo ya no sentía pena o incomodidad o molestia ni por mi analista ni por mí, sino todo lo contrario. Habíamos pasado a otra etapa, la del brutal enojo. Lo nuestro era ahora un combate que se sostenía en la espera de la palabra, un duelo donde se medían fuerzas. La compasión y la culpa de las primeras sesiones se habían transformado en bronca, casi odio. Si mi analista me hubiera obligado a hablar en aquel momento me habría levantado y no habría vuelto nunca más. Mi objetivo no era hablar, todavía, sino resistir en silencio. La frase que venía a mi cabeza era: «Sé que estás esperando que hable, turra, pero mejor que esperes sentada». Debía haber empezado lo que ellos —los psi— llaman transferencia.

Por fin, de aquel silencio salí, aunque no hablando sino escribiendo. Lo que recuerdo de la etapa que siguió fue que un día, harta de permanecer callada, empecé a llevar un texto literario que yo intentaba producir en el tiempo que me dejaba libre un trabajo agotador como economista, de bastante más de ocho horas diarias. Cada sesión compartía con ella un capítulo. Después del «buenos días», ahora me sentaba y leía. No hablaba, leía. Pedí una licencia en mi trabajo para escribir, y esos textos primitivos se convirtieron en una novela que presenté en el concurso *La sonrisa verti-*

cal, de Tusquets. Suerte de principiante, mi borrador fue uno de los diez finalistas de ese año, un hecho que reconozco fundacional en el camino que recorrí hasta convertirme en escritora, porque fue la primera vez que un espejo externo me devolvió una imagen que decía que si me esforzaba, si seguía leyendo, si intentaba formarme en literatura, tal vez, algún día sería escritora. Pero más importante aún que esa revelación fue el hecho de que esa novela trazó el camino del silencio a la palabra escrita, escribí para contar una historia. No se trataba de ir a leer un diario íntimo sino ficción, un trabajo de escritura que no intentaba ser catártico sino al que le estaba poniendo todo el esfuerzo posible para que fuera literatura. En aquellas sesiones no leía mi vida, leía la de otra mujer a la que la atravesaba un dolor y un enojo que yo conocía muy bien. Una mujer inventada, una historia inventada, unas circunstancias inventadas, pero un dolor propio, un sentimiento que no me era ajeno. Mientras yo leía, mi analista me miraba imperturbable; o eso supongo, porque yo no la miraba a ella sino a la hoja llena de palabras que tenía frente a mí. Recién después de escribir y leer en sesión aquella primera novela, pude empezar a hablar.

El tema del silencio y las palabras me persigue desde entonces. Pero sé que me ha perseguido desde mucho antes, sin que lo tuviera consciente. A lo largo de los años, el silencio se instaló en muchos otros períodos de mi análisis, pero sólo por momentos breves, como un recuerdo de aquel tiempo en el que creía que las palabras pronunciadas sin control podían ser un arma que lastimara. Por fin, pude encontrarles otro destino. La escritura me ayudó a salir del silencio sin correr el riesgo de la palabra pronunciada, de lo dicho sin control. Y, mejor aún, sin asumir los riesgos del silencio. También se paga un precio por el silencio. Lo que no se debe, no se puede o no se quiere decir, se esconde en una zona oscura, indeterminada, donde poco a poco se hace callo. Y el callo crece hasta convertirse en un volcán que un día, irremediablemente, entra en erupción.

Escribo para encontrar palabras que cuenten esos silencios, silencios anteriores, los que duelen, los que pueden convertirse en volcán. Escribo las historias que se esconden debajo de él.

Límites*

El cuerpo es un límite. Determina un espacio, una posibilidad, un tiempo. Condiciona, también, qué cosas puedo hacer y qué cosas no.

Tengo una jaqueca invalidante, siento una espada que atraviesa mi cabeza de derecha a izquierda. Tomo un analgésico. Debería suspender las actividades de hoy, pero no lo hago. Trabajo todo el día hasta la noche, hasta muy tarde: presento un libro, doy una entrevista, participo de un panel en la Feria del Libro de Buenos Aires. Lloro. La espada se clava un poco más a pesar del segundo analgésico. Y del tercero. El límite emite una señal que no veo, entonces digo: Siempre me duele la cabeza, ya pasará.

El marco de una puerta es un límite. Determina el espacio por el que podré pasar. Si no respeto ese límite, el marco me lo hará saber.

Avanzo por el pasillo, voy cargada de papeles y de libros, la puerta está abierta, tengo apuro, me duele la cabeza, arremeto, el hombro derecho golpea contra el marco de la puerta. Se me cae lo que llevo, las hojas se desparraman por el piso. Me duele el hombro, lo froto. Maldigo mi torpeza. El límite emite una señal que no veo, entonces digo: Fui atolondrada.

---

* Presentado en el Festival Internacional de Literatura de Buenos Aires (FILBA), 2019.

Un cesto de papeles es un límite. Su boca delimita el adentro y el afuera.

Abollo un papel que quiero descartar; lo arrojo dentro, pero cae fuera. Me duele la cabeza. El desvío de la trayectoria que describió el papel abollado al caer fue de apenas unos pocos milímetros con respecto a la ruta correcta. No lo lancé a la distancia, estaba parada junto al cesto; el papel debía viajar en línea recta. Pero cayó fuera. Rueda por el piso, se detiene. Lo busco, lo recojo, lo vuelvo a tirar en el cesto. Otra vez cae fuera. Repito, lo recojo, pero esta vez me acerco, me agacho, no lanzo el papel en el aire sino que lo meto dentro del cesto. Me aseguro de que entre. El límite emite una señal que no veo, entonces digo: La boca del tacho es demasiado pequeña.

Un sendero es un límite. Marca el camino dentro del cual debo moverme. A los costados, fuera de lo que delimita, puede haber banquina, pasto, ripio, barro o precipicio.

Llego a mi casa manejando mi auto. La espada sigue clavada en la cabeza, de derecha a izquierda. Entro por el sendero que me lleva al garaje, una rueda gira en el aire, fuera del camino trazado, haciendo malabarismo sobre la zanja. Me asusto, me sorprendo, es la primera vez que me pasa. Logro avanzar gracias a la tracción de las otras ruedas. El límite emite una señal que no veo, entonces digo: No debo manejar cansada.

Una tecla es un límite. Delimita el espacio que debo tocar para escribir una letra en mi computadora. Cada tecla es una letra y no otra. Aunque tipeo con dos dedos, lo hago con mucha rapidez, aprendí siendo muy joven, estoy entrenada.

Me despierto temprano, quiero seguir con mi novela. Me duele la cabeza, pero quiero escribir de todos modos. Tomo un analgésico. Llega a mi consciencia la idea con la que anoche me dormí rumiando. Necesito tipearla antes de que me olvide. Me levanto, voy hasta la computadora, escribo. Quedo conforme con la frase evocada. Miro la pantalla; leo lo que veo, es ininteligible. Una sucesión alocada de letras sin sentido. Ni el corrector automático llega a compensar la serie de errores encadenados, no puede sugerir alternativa, se rinde. No encuentro una respuesta a lo que pasa. A pesar del analgésico, la espada sigue clavada en mi cabeza y hace que me cueste pensar con claridad. Supongo, como primera hipótesis posible, que la computadora está averiada, que algo le pasa al teclado. Vuelvo a intentar, tipeo, miro la pantalla, letras que no dicen nada. Cambio el Word por otro programa de escritura, para definir si el problema está allí. Elijo Pages, y la pantalla me devuelve otra serie de letras inconexas. Lo intento una vez más en Word. Me concentro en lo que hago. Voy letra por letra. Intento apretar la e pero aprieto la w, la s pero aprieto la a, la t pero aprieto la r, la e y otra vez aparece la w. «Este» se convierte en «warw». No conozco ese idioma. La extrañeza me paraliza, la espada se hunde en mi cabeza un poco más. Intento, una última vez, escribir «este» para detectar el patrón de error. En cada ocasión, en lugar de tocar la letra que quiero, toco la que está a su izquierda. Es un desvío de apenas unos milímetros, no llega al centímetro. Lo intento ahora atenta al recorrido de mi dedo, sigo la yema que se desplaza en el aire y debe apretar la l pero se posa en la k. Pruebo con distintas letras, cualquier letra, ya no intento escribir una palabra sino saber si mi dedo puede ejecutar una orden. Siempre toco la letra de al lado, la que está junto a la elegida. Mi cerebro ordena, mi dedo ejecuta con un leve corrimiento. Como fue con el marco de la puerta, como fue con el cesto de papeles, como fue con el sendero de entrada a mi casa. Corrimientos de la motricidad fina. Pero sólo lo veo ahora, cuando no puedo escribir. El límite emite una señal que esta vez veo porque afecta lo que me constituye, la escritura, entonces digo: No puedo escribir, debo ir al hospital.

La medicina es un límite. Los hospitales y clínicas son un límite. El sistema médico es un límite.

Me atiende en la guardia una médica joven. Le cuento lo que me pasa, le hablo del corrimiento, y en especial de que no logro apretar la tecla correcta en mi computadora. Me dice que a mi edad es normal, que le pasa a muchas mujeres, que en el teléfono es aún peor. Me enojo, pero trato de disimularlo porque sé que el prejuicio también es un límite. Le digo que soy escritora, además de mujer de más de cincuenta. Que siempre le emboco a las teclas, que no es normal lo que está pasando hoy. Me hace algunas pruebas. Levanto los brazos, los bajo; levanto una pierna, la bajo; me toco la punta de la nariz, me toco las orejas. Hago lo que me pide pero no me pide lo que no hago, lo que no puedo hacer. La médica no me indica que escriba en un teclado. No me cree o no le importa. Dice que no es nada, o que es stress, o una contractura de las cervicales. Prescribe descanso. Me manda de regreso con un relajante muscular y un tranquilizante.

Llego a mi casa igual que como me fui. Almuerzo con mi hijo. Los hijos también son un límite. En medio del almuerzo mi brazo derecho empieza a girar hacia atrás en el aire. Incontrolado. Yo no le estoy ordenando que gire, yo le estoy ordenando que agarre el tenedor y lleve la comida a la boca. Pero el brazo derecho describe vueltas hacia atrás en el aire sin parar. Mi hijo se levanta preocupado por lo que ve. Los padres también somos un límite. Lo veo arriba mío, me mira desde lo alto mientras yo voy cayendo hacia un costado, del otro lado de la mesa. Mi hijo está asustado. El susto de los hijos es un límite. Mi hijo mide dos metros. Desde allá arriba me dice: ¡No, mami, no!, ¡No, mami, no! Quiero decirle que se calme, que no se preocupe, que no es nada, que voy a estar bien, que enseguida se me pasa. Pero aunque mi cerebro da esa orden, mi boca no obedece. El límite, mi cuerpo, emite una señal, pero esta vez no espera que la vea. Y me desmayo.

Me hacen estudios en otro hospital, una clínica especializada en neurología. Me acompaña mi pareja. El amor también es un límite, pero no debería serlo. Hace poco tiempo que estamos juntos, pienso en la mala suerte que le tocó de tener que pasar por esto. Le digo que si después del episodio me quedan secuelas se sienta en libertad de hacer su vida, que no está preso, que el hecho de estar juntos no tiene que ser una condena. Se ríe. Me llevan al quirófano. Me inyectan anestesia general. Sé que voy a dormirme completamente. Mientras la anestesia me hace efecto me pregunto si volveré a despertarme alguna vez. Me duermo.

Estoy en una cama angosta, me acaban de traer del quirófano a terapia intensiva. Me dicen que tuve una trombosis cerebral, que un coágulo no dejaba que llegara sangre al cerebro, que en el quirófano empujaron el coágulo con éxito, sin que se rompiera nada. Que parece que no quedaron secuelas, pero hay que esperar. El coágulo se formó por el uso de anticonceptivos con estrógenos que me indicó mi médico ginecólogo. El neurólogo me dice que el noventa por ciento de las mujeres que entran a esa clínica con trombosis cerebrales o ACV es por ingesta de anticonceptivos con estrógenos. Anticonceptivos que también le recetaron sus médicos. Mujeres con trombofilias de distintos tipos no diagnosticadas. Como sólo un bajo porcentaje de mujeres tienen trombofilias, las obras sociales no pagan el estudio que debería hacerse antes de recetarlos, y los médicos indican anticonceptivos a prueba y error: si aparecen síntomas, los suspenden. El problema es cuando el síntoma produce daño irreversible. El sistema médico es un límite, las obras sociales son un límite, los laboratorios son un límite. Y nuestro cuerpo el terreno que se reparten para alambrar.

Tengo una trombofilia, la tuve siempre, no debí nunca tomar anticonceptivos con estrógenos, no me lo habían advertido antes. Mi cuerpo mandó señales que no vi. Se cansó de mandar señales. Hasta que, con astucia, envió una que, sabía, yo no iba a ignorar: no poder escribir.
Esa señal fue la que, por fin, pude ver. Mi propio límite.
La finitud de la vida es un límite.
Escribir es apostar a la fantasía de que, muertos, seguiremos vivos.

Los que me vieron llorar[*]

Algunos escritores dicen tener muchos amigos entre sus colegas. Otros no nombran jamás a nadie. Hay quienes se arrogaban amistades que no son correspondidas, de las que siempre tienen a mano una foto que avala sus dichos. Y hay quienes niegan relaciones de años que, aunque en otras épocas los enorgullecían, hoy les complican la existencia porque no parecen tener relación con el personaje en que se convirtieron ellos mismos. En la amistad, incluso entre escritores, hay de todo. Borges y Bioy, García Márquez y Vargas Llosa, Harper Lee y Truman Capote. Sinceras e insinceras, sufridas o disfrutadas, duraderas o que acaban a los tortazos.

En cualquier caso, nuestro oficio de escritores nos obliga a hacer un esfuerzo por lograr la precisión de las palabras que elegimos, y así debería suceder también con la palabra amistad. Escribir es una tarea solitaria, pero después de que el libro está editado no termina la tarea, porque desde hace años debemos salir al ruedo con ellos. Allí es donde más nos encontramos con otros colegas: en entrevistas, en presentaciones de libros, en conferencias, en ferias, festivales o eventos a los que vamos en dulce montón. En estas situaciones, a veces brota una camaradería que se parece a la de la estudiantina: estamos varios días juntos, comemos, charlamos,

---

[*] Publicado en el diario *La Nación* y revisado para esta edición.

tomamos tragos, recorremos una ciudad, quizás vamos a ver algún espectáculo, quizás cantamos en un restaurante o en un karaoke, quizás bailamos, con algunas copas de más alabamos a los organizadores o los criticamos, y todo eso produce una sensación de cercanía que mientras dura se siente real. Si eso luego se convierte en amistad o no, ya se verá.

Desde que publiqué mi primer libro hasta hoy, he conocido muchos escritores y escritoras que me alegro haber encontrado. Tengo entre mis colegas grandes amigos, relaciones intermitentes y conocidos. Los intermitentes y los conocidos no terminan de entrar en la categoría amistad. Los grandes son los que me vieron llorar. O a los que vi llorar. Reírse uno se ríe con mucha gente, pero para llorar se tienen que dar otras condiciones. Es clave confiar en qué hombro caerán nuestras lágrimas. Rosa Montero, Guillermo Martínez, Sergio Olguín, me vieron llorar. Guillermo Saccomanno también, pero antes que amigo es maestro y esa admiración convierte la amistad en otra cosa. Cynthia Edul y Débora Mundani son las que mejor conocen mis lágrimas. Alguna vez tuvieron que hacerme respirar acompasadamente hasta recuperar el aliento, en un lugar lleno de gente, porque estaba ahogada en llanto. En una ocasión, en una estación de tren en un pueblo pequeño de Francia, a donde me habían llevado de «gira literaria», me vio llorar una escritora de la que no recuerdo el nombre, pero sí que compartimos penas. Aunque no volví a verla, en ese instante la sentí amiga. Juan Cruz Ruiz me vio llorar, antes de entrevistarme en Madrid; lo esperaba en el lugar acordado a pesar de que la noche anterior el mundo se había venido abajo. Nos saludamos, cambiamos algunas bromas y cuando pasamos a las preguntas traté de contestar como si nada hubiera pasado. Pero pasaba, y ni bien empecé a hablar me puse a llorar. Él dejó de tomar apuntes, cerró la libreta, cruzó el lápiz arriba de ella y preguntó qué pasaba, sin ánimo periodístico. A partir de entonces, cada vez que me ve, me pregunta cómo sigue aquel asunto.

Con Samanta Schweblin creo que no lloré a lágrima tendida, pero caminé largas horas por Berlín, y durante la pandemia me mandó audios contenedores y profundos que me llenaron los ojos de lágrimas. Con Dolores Reyes tampoco llegué a llorar, pero compartimos situaciones que no terminaron en lágrimas sólo porque logramos reírnos a tiempo de nosotras mismas: mientras otros tomaban champán o tequila, nos apartamos juntas en una glamorosa feria para ayudarlos con la tarea y mandarles un *delivery* de pizza a nuestros hijos.

Las lágrimas más sentidas que consolé de amigas escritoras siempre tuvieron que ver con situaciones relacionadas con sus hijos y sus hijas. Esas lágrimas siempre me resultaron más hondas, verdaderas y desgarradoras que las que arranca ningún amor. No nombro a esas amigas porque confesiones de ese tipo se guardan en cofres de siete llaves. Incluso las lágrimas que compartimos cuando pasa la tormenta y lloramos de alivio y felicidad.

2. De dónde vengo

Todos los mares[*]

«Así se debía ver el mar que miró tu padre por última vez». Con esa frase me recibió aquella tarde José Vázquez Lijo, encargado del Museo Marea de Porto do Son. Y me extendió una foto panorámica de ese puerto, de fines de la década del 20. Allí empezó la reconstrucción de mi historia familiar, una historia que conocía de a retazos, con algunos datos que creía precisos, pero llena de huecos. La imagen de ese mar fue apenas el comienzo. De inmediato, me mostró unos libros y golpeando sobre el lomo, dijo: «Aquí los vamos a buscar». No entendí. José los dejó a un lado y siguió con los obsequios. Un ejemplar de *Lembranzas de Porto do Son*, de Manuel Mariño del Río, *Os adeuses*, de Alberto Martí, más fotos: los niños del pueblo haciendo una ronda, las mujeres trenzando las redes de los pescadores, una barca, la playa. Y otro mar. O el mismo mar. «Éste es el mar del año en que naciste, 1960», me dijo. Si uno mira, cierra los ojos y vuelve a mirar, ¿ve el mismo mar?

Había llegado a Porto do Son en medio de la gira que me llevó a España a presentar la que era mi última novela, *Una suerte pequeña*. Pero ese sábado estaba dedicado al pueblo de mi padre, Portosín. «Acá están registrados todos los censos del Municipio», dijo José cuando tomó los libros otra vez. Yo no sabía con exactitud la fecha en que había

---

[*] Publicado en *El País* (2015) y revisado para esta edición.

emigrado mi familia. Sacamos cuentas juntos: entre el año 28 y el 30. Partimos la diferencia y buscamos en el censo del 29. Me dejé llevar por él y por su entusiasmo. «Va a ser fácil, no había muchas casas por aquel tiempo. ¿Cómo se llamaba tu padre?». «Gumersindo, como mi abuelo», contesté. «Creo que vi un Gumersindo», dijo, «seguramente van a aparecer con una A mayúscula a la derecha». «¿Y eso qué significa?», pregunté. «Ausente», me respondió.

Ausente. Alguien que no está. Alguien que puede volver. O no. Personas censadas en ausencia, aunque la casa estuviera vacía. Un vecino daba sus nombres. O estaban apuntados de años anteriores. Ellos y ellas se habían ido. El libro no decía dónde. Ni si seguían vivos o no. Entendí, por primera vez, la otra cara de la diáspora. En Argentina, los gallegos que me rodearon toda mi vida eran los presentes, los que sí estaban, los que trasladaron sus vidas al otro lado del océano, los que ocuparon nuevas casas en las que también yo habité. En cambio aquí, frente al mar que mi padre no volvió a mirar, ellos eran sólo sus nombres en una casa vacía marcada por la ausencia.

Buscamos renglón por renglón. Aparecieron, uno debajo del otro, en la casa número 17 de Portosín. Gumersindo —mi abuelo—, Benigna —mi abuela—, un tal José —a quien nunca oí mencionar—, Eladia —mi tía—, Gumersindo (hijo), mi padre. Y la A de ausente, a la derecha de todos ellos. Leer sus nombres en ese libro viejo, con letra cursiva de trazo perfecto, fue conmovedor. Me produjo el efecto que produce una verdad que se manifiesta como una revelación. No eran letras sobre un papel sino ellos mismos en la casa número 17. Casi un siglo después, yo estaba en esa casa con ellos, comiendo alrededor de la mesa, comentando dónde iría ese tal José cuando se marcharan a América, soñando con un mejor futuro, mientras mi padre —con apenas cuatro años— escuchaba hablar de cuestiones que no comprendía, de lugares que no sabía que existían, de sueños de futuro que otros soñaban para él.

La memoria es un acto de voluntad. Para que haya memoria hay que querer recordar, individualmente o como sociedad. Registrar esa memoria es el recurso con el que contamos para evitar sus traiciones. Gracias a ese libro recordé que mi abuela se llamaba Benigna. ¿Cómo pude olvidarme su nombre? En mi libro *Un comunista en calzoncillos* la llamé María. No llegué a conocerla, pero recordaba su imagen tal como la vi en algunas pocas fotografías. Y su cuerpo agachado justo antes de morir, según el relato del accidente que me contaron tantas veces y que la memoria evocaba y evoca como si yo hubiese estado ahí: al cruzar la avenida mi abuela se detuvo a juntar un volante de publicidad que habían tirado desde algún auto, y un colectivo le pasó por encima. Estaba convencida de que esa mujer de final trágico se llamaba María y, cuando escribí *Un comunista en calzoncillos*, ya no quedaba en mi familia paterna quien pudiera contradecirme. Sin embargo, ni bien vi escrito «Benigna» recordé que ése era su nombre y María el de mi bisabuela materna. Si no me hubiera cruzado con ese registro, no lo habría recordado nunca.

A la tarde fuimos a pasear por Portosín. Intenté que mi memoria me guiara a la casa que había sido de mi padre. La casa que, ahora sabía, era la número 17. Yo había estado allí unos treinta años atrás —siendo aún demasiado joven para reflexionar acerca de las traiciones de la memoria—. La había encontrado gracias a las referencias de una tía que había pasado por el pueblo unos años antes. Aquella vez, yo había ido de viaje con unas amigas. Caminamos siguiendo las imprecisiones de mi recuerdo pero no dábamos con el sitio. Recordaba, sí, que muy cerca había un supermercado que llevaba mi apellido: Piñeiro. Que estaba sobre la ruta, en una esquina. Y muy poco más. Una mujer mayor que caminaba hacia la playa se detuvo a saludar a José. La mujer se dio cuenta de que no éramos de allí y le preguntó si necesitábamos algo. Le explicamos lo que buscábamos. Entonces ella, que hasta ese momento parecía muy apurada, abandonó su camino y se nos sumó. Mientras anduvo con nosotros preguntaba, ataba cabos, se esforzaba por deducir cuáles de los muchos Piñeiro de la zona podrían haber sido mis parientes. Y cada tanto se detenía y se golpeaba la frente con las yemas de los dedos mientras decía: «Ésta tiene que funcionar, ésta tiene que funcionar». Se refería a su cabeza, o a su memoria. «Por Dios, si sólo quedamos en el pueblo dos personas de mi edad; el día que no funcione más, ¿quién va a poder ayudar?». Me conmovió su compromiso con una memoria que no consideraba sólo suya, sino de su pueblo. De los presentes y de los ausentes. Como antes me había conmovido el entusiasmo de José para buscar en sus registros hasta encontrar el nombre de mi padre.

El esfuerzo funcionó, porque después de preguntar en una tienda, de llamar a una familia Piñeiro que vivía en Castro, de localizar a la «chica» Piñeiro que tiene una tienda de artesanías donde antes estaba el supermercado de su padre, logramos llegar a la esquina en la que estuvo alguna vez la casa 17. Esa casa ya no está. Aquella que encontré hace treinta años, sin real conciencia de qué significaba, hoy es un edificio. Desde la esquina ya no se puede ver el mar que vio mi padre, ni el de la fecha en que nací, ni el que vi hace treinta años con la soberbia de la juventud. Ni siquiera el mar de aquella tarde.

Si quiero buscar hoy la casa de mi padre tengo que hacerlo en el libro del censo del año 29. Y en el de los años posteriores, acompañado siempre por esa A. Allí sigue en pie, intacta, en la memoria registrada.

Allí está también el mar, todos los mares de mi historia.

Mi padre y la Wilson Jack Kramer*

Mi papá jugaba al tenis cuando en Argentina practicar ese deporte era cosa de ricos. Él no era rico, apenas si se aferraba como podía al escalón más bajo de la clase media para no caerse. Jugar al tenis era un lujo al que accedía a base de deseo y esfuerzo. Por eso en los setenta se hizo fanático de Guillermo Vilas, no sólo porque era el mejor jugador que haya visto sino porque fue quien llevó ese deporte, hasta entonces reservado para unos pocos, a otras clases sociales.

Una de las obsesiones de mi padre era que, además de él, jugáramos al tenis todos los miembros de la familia. Como yo era la menos dotada para el deporte, se tomaba mucho tiempo en mostrarme cómo debía pararme en la cancha, cómo había que agarrar la empuñadura según el golpe, cómo esperar antes de pegar un *smash* o una volea. Intentaba mejorar mi velocidad para llegar a la pelota haciéndome correr en un circuito improvisado que se correspondía con dar la vuelta a la manzana de mi casa, mientras él me tomaba el tiempo con un reloj despertador.

Éramos socios de un club de barrio, el Social de Burzaco, con dos canchas de polvo de ladrillo que regaba y alisaba todas las tardes un hombre al que llamábamos «el canchero», y al que le faltaba un brazo. Una de las canchas no

---

* Publicado en *Clarín* (2012) y revisado para esta edición.

alcanzaba las medidas reglamentarias y sólo se usaba para entrenar. La otra había que compartirla entre todos los socios del club. Los que más y mejor jugaban tenían una prioridad de uso que no estaba escrita en ninguna parte pero todos respetaban, algo así como una «teniscracia». Y mi padre era uno de los que mejor jugaban.

El bien a preservar era la raqueta. Lo más caro, lo que debía cuidarse porque sólo podía ser reemplazado con un gran esfuerzo. Mi papá tenía una Wilson Jack Kramer, raqueta que llevaba ese nombre porque era la que usaba el jugador norteamericano en los años cuarenta como amateur y en los cincuenta como profesional. Nosotros la llamábamos simplemente «la Wilson». Había otras marcas: Slazenger (Manolo Santana usaba la Slazenger Challenge N.º 1), Dunlop (la preferida del español Andrés Gimeno, el jugador más viejo que ganó Roland Garros, con treinta y cuatro años), Spalding (la que usaba Pancho González, quien le dio nombre a varios de sus modelos), etcétera. Pero para mi padre la Wilson era la mejor. Y si mi padre creía eso, es que lo era.

En aquellos años, sólo existían las raquetas de marco de madera y cuerdas de tripa. Y más allá de que cada tanto saltara una cuerda o hubiera que llevar la raqueta a la casa de deportes a ajustar el encordado completo, el verdadero peligro era el agua o la humedad. Por eso mi padre suspendía el partido que fuera apenas caían dos gotas y se apuraba por cubrir la raqueta con la funda o una toalla, incluso con su misma remera: «Preferible agarrar una neumonía que arruinar la Wilson». Lo cierto es que aunque no se mojara por culpa de una lluvia imprevista, la humedad propia de ciertas estaciones en el conurbano bonaerense podía hacer que el marco de madera se curvara como un volado. Por eso, cuando no la usaba, mi papá la ponía dentro de una prensa, también de madera, una especie de trapecio con cuatro tuercas mariposas en cada vértice que había que aflojar para que entrara la Wilson y luego apretar para garantizar que la humedad no le hiciera perder su forma. A veces, cuando estaba de buen humor, mi papá me dejaba poner la Wilson en la prensa. Para mí era un halago, como si con ese gesto me estuviera diciendo: «Te tengo confianza». Con el tiempo me di cuenta de que cuando no lo veía, mi padre verificaba que yo hubiera apretado las tuercas mariposas lo suficiente y que la Wilson estuviera a buen resguardo.

El rito cambió a fines de los años sesenta cuando René Lacoste presentó en sociedad la primera raqueta metálica. Mi padre resistió cuanto pudo. Pero unos años después Wilson compró la patente de Lacoste y ese fue el final: el gran Jimmy Connors empezó a usar la Wilson T-2000 y ya nada fue como era antes. La pelota viajaba a otra velocidad. Era casi imposible competir en igualdad de condiciones. En la Argentina apareció una imitación local: la Cóndor. Por fin un día mi padre apareció con una Wilson T-2000, la sacó de la funda y nos dijo: «Es muy fea». Y lo era, sobre todo comparada con la elegancia de la Jack Kramer. Las cuerdas parecían cosidas al marco con un grueso hilo de alambre, era más redonda, y su funda roja llamaba la atención a la distancia en un deporte en el que, todavía, el único color aceptado era el blanco.

Así, de a poco, un día, un día cualquiera, nos olvidamos de la Wilson de madera que quedó arrumbada arriba de un placar. Un día alguien le sacó la prensa, vaya a saber por qué. Un día descubrimos que el marco se había ondeado como un volado. Un día empezamos a usar la Jack

Kramer en nuestros juegos infantiles: a veces era una espada, a veces una bandeja, a veces una pala para sacar el pan del horno de una panadería inventada. Un día mi padre se quedó sin aire en medio de un partido y se tuvo que agarrar del alambrado para no caerse redondo al piso. Un día, poco después, tuvo un infarto.

Mi hermano heredó su habilidad para este deporte.

Yo, la admiración por la belleza elegante de las raquetas de madera.

De látex o de goma*

Que para entrar a una pileta sólo a las mujeres se nos exigiera que usáramos gorra de baño fue la primera discriminación de género con que me enfrenté en la vida. No importaba el largo de nuestra cabellera, la cabeza femenina debía sumergirse enfundada en látex o goma. Los hombres, en cambio, no tenían la misma obligación; tampoco importaba el largo del pelo en el caso de ellos. «Es una cuestión higiénica», me contestaba mi mamá cuando yo le preguntaba por qué había que ponerse gorra para zambullirse en la pileta del Club de Burzaco al que íbamos cada verano. «Si no, el agua se llenaría de pelos y se taparían los filtros». Me extrañaba que mi mamá, tan combativa para otras causas y con una melena muy corta, no entendiera la verdadera cuestión a la que aludía mi pregunta. El problema era sólo con el pelo de las mujeres. O con la cabeza de las mujeres. Los pelos de hombres, durante mi infancia y mi adolescencia, no eran sospechosos de causar ningún daño al agua clorada que debía mantenerse lo más traslúcida posible hasta el cambio semanal de todos los lunes.

Una vez que llegábamos al club, nos duchábamos —exigencia reglamentaria que cumplíamos a medias—, nos poníamos el traje de baño y, antes de salir del vestuario, nos calzábamos la gorra frente al espejo. Había dos

---

* Publicado en *Clarín* y revisado para esta edición.

técnicas distintas: inclinar la cabeza hacia adelante, recoger el pelo en un rodete alto, sostenerlo con una mano y calzar la gorra con la otra; o calzar la gorra y luego ir empujando los mechones que habían quedado afuera, por el borde y hacia adentro. Pero una vez que enfundábamos nuestra cabeza, ya no nos sacábamos la gorra hasta dejar el natatorio, cuando sonaba el silbato del guardavidas, a las 17.30 en punto. O mejor, un rato después, al subir al vestuario a cambiarnos: las de pelo largo sabíamos que la maraña de enredos húmedos era mejor manejarla en forma privada.

Las gorras de baño las comprábamos en lo de «Chichita», una casa de deportes que si tenía otra razón social yo nunca me enteré. En mi casa se la llamaba por el sobrenombre de su dueña: Chichita. Había dos grupos bien diferenciados de gorras: las de látex y las de goma. Las de látex eran más blandas, más cómodas, se adaptaban mejor a la forma de la cabeza, eran de colores pasteles —blancas, amarillo patito, rosa o celeste bebé— y también las más caras. Para que duraran había que secarlas bien antes de guardarlas y, si era posible, desparramar talco por toda su superficie. Si la humedad lograba afectarlas, el deterioro incipiente se manifestaba en algún sector que de un día para otro aparecía pegoteado. Y ese proceso, lo sabíamos, era irreversible. A partir de ahí, la gorra de látex podía durar días más, días menos, pero en su agonía se pegaba a mechones de pelo que al quitarla se iban con ella. Mi mamá, asesorada por Chichita, me compraba las de goma porque eran más baratas y duraban más. Las que a mí menos me gustaban. Eran duras, se mojaba más el pelo porque no se adherían a la cabeza como las de látex, la tira que la sostenía por el cuello era difícil de ajustar y, por los colores de la goma, se veían venir a la distancia.

Esther Williams y sus chicas no usaban ese tipo de gorras. Se recogían el pelo en rodetes que adornaban con flores y, hasta a veces, lucían una especie de tocado o cofia. Pero fuera lo que fuera, lo que usaban en su cabeza no parecía ni de látex ni de goma. No era un engendro agregado, sino una parte de su atuendo que combinaba perfectamente con el traje de baño y con las flores que solían flotar en el agua en la que desplegaban sus coreografías. Mi papá era fanático de sus películas de la Metro Goldwyn Mayer, me hacía mirarlas cada vez que las pasaban en la televisión. Yo estaba convencida de que él estaba enamorado secretamente de Esther Williams. Una Navidad en la que todavía no nos habíamos peleado con mi familia paterna y todos compartíamos la mesa de Nochebuena, una de mis tías me puso en el árbol una gorra de baño. Abrí el paquete y quedé muda. No podía fingir, ni siquiera balbucear un gracias. «La compré en la Capital», dijo, y con esa declaración dejaba en claro la supuesta calidad del producto. La gorra de mi tía no era ni de las de látex ni de las de goma. Hoy se podría decir que era «una gorra de diseño». Para mí, en aquellos años setenta, era la gorra más espantosa del universo. No tenía tira de ajuste, porque supuestamente se adaptaba perfectamente a la cabeza. Pero eso no era lo peor, sino que toda la superficie blanca estaba cubierta por flores aplicadas, hechas de un material parecido al hule. Los pétalos de distintos colores se agitaban en el aire mientras mi mamá se la mostraba a los parientes y decía: «Qué belleza, nunca vi nada igual. En lo de Chichita no hay». Yo tampoco había visto nunca nada igual.

Me imaginé bajando del vestuario con la gorra puesta, avanzando hacia la pileta ante la mirada azorada de mis amigas y las burlas de los varones. Me pregunté si la gorra de mi tía duraría más o menos que las de látex. Para tranquilizarme especulé que con cuidado, tal vez, se le podrían arrancar las flores. Antes de dármela, mi mamá miró a mi papá y le dijo: «Es como las que usa Esther Williams».

Mi papá le devolvió una mirada indescifrable, hizo un movimiento con la cabeza que no era de asentimiento, mientras se tomaba un tiempo, y luego sólo dijo: «Mejor brindemos que ya son las doce».

Ceremonias familiares*

Cada año, en el patio de la casa de mis abuelos se desarrollaban dos ceremonias muy distintas: repartir las perdices y liebres que cazaba mi abuelo con sus amigos, y cardar la lana de todos los colchones.

La de las perdices era una ceremonia masculina. Después de uno o dos días fuera de casa, los hombres bajaban del rastrojero las bolsas de arpillera llenas de animales muertos, las llevaban al patio, vaciaban su contenido sobre el piso de baldosa, y por fin repartían liebres y perdices equitativamente en tantos pilones como cazadores hubieran participado. Si bien yo participaba antes de la cacería ayudando a mi abuelo con los cartuchos, lo que sucedía después era «cosa de hombres», no sólo por los animales muertos y las armas, sino porque mi abuelo y sus amigos, hasta el momento de despedirse, seguían contando chistes subidos de tono regados con alcohol que nadie quería que una niña escuchara.

En cambio, la ceremonia de los colchones de cada primavera era cosa de mujeres. Se trataba de recuperar la lana apelmazada, apretada en duros bollos por el peso de los cuerpos que habían dormido sobre ella. Otros vecinos llamaban a un colchonero para que se ocupara de la tarea, el hombre traía su máquina de cardar y en pocas horas resol-

---

* Publicado en *Clarín* y revisado para esta edición.

vía el asunto. Pero mi abuela, inmigrante española acostumbrada a pasar por períodos de verdadera miseria, no se permitía pagar por nada que ella misma pudiera hacer. Cándida sabía cardar la lana de los colchones, lo hacía bien y le gustaba hacerlo. Había que elegir un día de sol porque también se lavaba la gruesa tela de florones azules que contenía la lana y era necesario que estuviera seca, si fuera posible, antes de que terminara la tarde.

A primera hora de la mañana, sacábamos los colchones al patio entre todas las mujeres presentes: mi abuela, mi mamá, a veces alguna tía o amiga de la familia que venía a colaborar, y yo. Mi abuela descosía los lados, arrancaba los botones que apretaban el colchón de tanto en tanto para que la lana no se moviera dentro, y lo vaciaba. Lavaba la tela y la tendía al sol. Cuando regresaba al patio le daba golpes a la lana con una vara de mimbre, revolvía un poco y pegaba otra vez. Chiquita como era, resultaba raro verla darle con tanta fuerza a la montaña de lana. En el momento en que los golpes ya no lograban desarmar los vellones mucho más, nos arrodillábamos todas en ronda y con las dos manos abríamos los más rebeldes. La lana apilada no sólo crecía, se hacía esponjosa y se suavizaba, sino que además perdía ese color gris que le había impregnado el polvo acumulado durante un año. Cuando la tela de florones estaba seca, mi abuela llenaba otra vez el colchón con la lana renovada. Yo le alcanzaba los vellones y ella los empujaba bien hasta el fondo. Para esa altura del día, mi mamá ya nos había abandonado con el argumento de que tenía muchas otras cosas que hacer. Yo no entendía qué podía ser más importante que cardar lana, pero en el fondo me gustaba que nos dejara solas y que el final de la ceremonia nos perteneciera sólo a mi abuela y a mí. Con sus manos manchadas de esas pecas que llegan con los años, mi abuela cosía otra vez los costados de la tela. Usaba una aguja gruesa y curva. Y después cosía los botones, que al principio del día había dejado en un vaso de vidrio para que no se perdieran, atravesando todo el ancho para coser el botón opuesto en el mismo momento.

Cuando cada colchón volvía a ser lo que había sido, lo llevábamos a la cama correspondiente. Entonces ella decía: «¡Dale!», y yo me zambullía. Era nuestra prueba de calidad, mi abuela me dejaba revolcar un rato hasta que por fin preguntaba: «¿Y?», y yo levantaba el pulgar en señal de que aprobaba el trabajo realizado.

En mi casa, no había colchones de lana como había en la de mi abuela. Alguna vez me quejé con mi mamá. Su respuesta fue: «No tiene sentido ponerles colchón de lana a chicos que se hacen pis en la cama». Bajé la vista y no volví a preguntar, pero me juré que algún día crecería y tendría mi colchón de lana para cardar cada primavera. Pasaron los años y, aunque dejé de hacerme pis en la cama, nunca tuve un colchón de lana. Tuve de espuma o resortes según los consejos que me dieron amigos o traumatólogos. Pero no hay ninguna ceremonia para ese tipo de colchones que junte a abuelas y nietas en el patio de una casa, alcanza con girarlos, lavarles la funda y cambiarlos cada cierta cantidad de años. Muchos pensarán que es un adelanto, que se eliminó una tarea complicada. Yo pienso que es una pena que ya no haga falta que abuelas y nietas carden lana con sus propias manos.

Mar del Plata evocada*

Hay una Mar del Plata que es la que es y hay otra que es la de mi la evocación. En aquellos veranos de mi infancia y adolescencia en que mis padres nos podían llevar de vacaciones, el destino elegido siempre era esa ciudad de la costa argentina a la que también iban a veranear mis amigos. Los primeros años, cuando teníamos una situación económica más holgada, mi padre alquilaba una casa en el bosque de Peralta Ramos, llevábamos a mis abuelos maternos y tomábamos una carpa en algún balneario cerca del faro. Después de que mi padre —que era delegado sindical en la empresa para la que trabajaba— fue despedido sin justa causa y tuvo que lidiar con distintos tropiezos económicos, seguimos veraneando en Mar del Plata aunque en departamentos de dos ambientes, oscuros, en el centro de la ciudad, con camas y vajilla para cuatro, que él alquilaba recorriendo meticulosamente los avisos clasificados. Nunca sabíamos con qué nos encontraríamos al llegar. Mi hermano y yo éramos los más preocupados, y distendíamos los ánimos haciendo apuestas de qué veríamos al abrir la puerta. Mi madre no emitía sonido, porque aunque no le gustara lo que habíamos alquilado, peor era aguantar a mi padre que, mientras podía, fingía que tenía la situación controlada. Por fin, y aunque la decepción

---

* Publicado en *Télam* y revisado para esta edición.

fuera extrema, nos resignábamos a lo alquilado como quien se resigna a un destino cuyas cartas ya estaban echadas mucho antes.

Cuando empezamos a alquilar en el centro, cambiamos la playa de Punta Mogotes por la Bristol, una playa que mi padre antes siempre había despreciado por la falta de espacio o el exceso de gente o ambos. Seguramente la despreciaba también cuando íbamos, pero ya no lo mencionó. Parte constitutiva de su cultura de inmigrante era ponerle el pecho a la adversidad, sin quejas. El primer día, después de que llegábamos y nos instalábamos, mi padre compraba una sombrilla barata, una lona, y allá íbamos, como si nos gustara. Después de cruzar la rambla, mi hermano y yo bajábamos las escaleras y nos adelantábamos por el camino angosto de listones de madera para buscar un lugar libre, algo que no siempre era fácil de encontrar. Mirábamos a un lado, al otro y como cuando Rodrigo de Triana gritó: ¡Tierra!, así nosotros gritábamos: ¡Allá!, y señalábamos el lugar descubierto a colonizar. Bastaba un cuadrado de arena de un metro por un metro, donde mi papá pudiera poner la sombrilla con una técnica muy estudiada —clavar, inclinar, girar en el sentido de las agujas del reloj, enderezar, tapar— que garantizaba, según él, que no se volaría con el viento. Luego extendía la lona, se sentaba en la sombra con las rodillas replegadas y miraba el mar. Callado. Su cara no era de placer sino de deber cumplido, no decía nada pero era como si de alguna manera nos estuviera diciendo: «Ahí está, ahí tienen su arena, ahora jódanse y disfruten».

No siempre me aparecen estos recuerdos, pero si viajo a Mar del Plata me es inevitable evocarlos. Imágenes, frases, olores, comidas, que giran alrededor de mí hasta el día en que me voy. A veces me persiguen de regreso por la Ruta 2 y se quedan conmigo un tiempo más. Eso me pasó la semana pasada cuando participé del IV Congreso Iberoamericano de Cultura. Fui invitada junto con otros escritores a formar parte del grupo «Cofralandes letras» que debía proponer temas relacionados con la literatura y la lectura para elevar a los ministros de Cultura de cada país miembro. Allí conocí a William Ospina de Colombia, a Francisco Hinojosa de México, a Rafael Courtoise de Uruguay, a Manlio Argueta de El Salvador, a Basilio Beillard de República Dominicana. Y me reencontré con amigos argentinos: Sergio Olguín, Guillermo Martínez, Juan Sasturain. Nos alojamos, como todos los que fueron al congreso, en el Hotel Provincial. Creo que no entraba a ese lugar desde hacía treinta y pico de años. Para llegar del ascensor a las habitaciones hay que recorrer largos e interminables pasillos. «¿En qué estaba pensando el arquitecto Bustillo cuando se le ocurrió este edificio?», me dijo alguien que entró agitado al ascensor a punto de cerrar sus puertas. A pesar de las distancias —o justamente por ellas—, el edificio —aún no reciclado en su totalidad— conserva su belleza neoclásica, su majestuosidad y, en mi caso, su gran poder evocativo.

Tanto en sus buenas épocas como en las malas, mi padre rondaba la zona, merodeaba, pero no entraba al hotel. Nunca entró más que al otro edificio, gemelo de este, para ir al casino o llevarme a patinar al subsuelo los días de lluvia. Y allí estaba ahora él, tantos años después. Porque al mirar por la ventana de mi habitación que daba al mar, lo vi. A él y a nosotros, en algún verano, bajando entre los lobos marinos de piedra: mi padre adelante, con la sombrilla al hombro como si llevara el mástil de una bandera, mi madre unos pasos más atrás con un bolso y una heladera, y mi hermano y yo, uno a cada lado de ella, buscando con la mirada ese lugar libre en la arena para poder gritar bien fuerte «¡Allá!».

Perdices[*]

Guardo una foto de mi abuelo materno y sus amigos como si fuera un tesoro. No es una buena foto, se nota que fue coloreada artificialmente, está ajada, con marcas de por lo menos dos dobleces centrales y uno en la punta inferior derecha. Mi abuelo está parado en la fila de atrás. Es el segundo empezando a contar desde la izquierda. Junto al hombre que tiene en su mano una botella que parece de champán, pero seguramente es sidra: mi abuelo y sus amigos no tomaban champán. No puedo reconocer al resto de los hombres. No sé si alguna vez supe quiénes eran. Tampoco sé quiénes eran los dueños de los tres perros de caza que posan junto a ellos. Tal vez uno fuera el de mi abuelo. Pero el perro que yo recuerdo era distinto, blanco con manchas negras. Ni tampoco sé de quién era la camioneta que está detrás de los hombres, con el toldo verde abierto para exhibir con orgullo, frente a la cámara, el producto de su cacería.

Una vez por año, a veces dos, mi abuelo salía de caza con sus amigos. La ceremonia era reservada sólo para hombres, ninguna mujer podía acompañarlos. Mucho menos yo, que era una niña. Todo lo que sucedía desde el momento en que mi abuelo se subía a la camioneta y la tarde en que volvía era un misterio del que nadie hablaba, por lo que yo

* Publicado en *Clarín* y revisado para esta edición.

49

no podía hacer otra cosa que imaginarlo. En cambio, mi abuelo sí me dejaba participar de los preparativos anteriores a su partida, que incluían cargar con perdigones y pólvora las vainas de los cartuchos. Los traía a la cocina de su casa en una caja, colocados en pequeños compartimentos como si fueran ordenados tubos de ensayo vacíos. También dejaba sobre la mesa una bolsa de plástico con la pólvora y otra con los perdigones. Y en una cajita más pequeña los pistones de bronce que rematarían el culatín una vez que la vaina estuviera rellena. Ésa era la función que mi abuelo me había asignado: poner el pistón en su lugar, rematarlo y guardar el cartucho listo otra vez en la caja. Yo no tocaba la pólvora ni los perdigones, pero me sentía importante porque mi función clausuraba esa etapa y dejaba paso a la que vendría, la verdadera aventura.

Antes de partir, yo le pedía a mi abuelo datos precisos para componer con mi imaginación lo que nunca vería. Dónde iban, a qué pueblo, al campo de quién, si entraban con autorización o como intrusos, si iban a tener que saltar alambrados, qué pasaba si el dueño del campo los descubría, si alguna vez los habían descubierto, si la caza empezaba de noche o con las primeras luces del día, si los perros hacían bien su trabajo o eran apenas una compañía. Con esos datos y en su ausencia, yo podía verlo: mi abuelo caminando en medio del pasto crecido o de una plantación de trigo o de girasoles, mejor de girasoles, mi abuelo caminando en medio de una plantación de girasoles, delante de todo el grupo, con paso firme, guiándolos, marcando la huella, iluminado por la poca luz de ese amanecer, toda la luz para él y el resto de los hombres en penumbra, con los pantalones adentro de sus botas gruesas y gastadas, el arma en posición de descanso pero atenta, avanzando a paso más largo que el que suele dar, hasta que una perdiz levanta vuelo y entonces el perro ladra, mi abuelo alza su escopeta, la apoya sobre el hombro, cierra un ojo para apuntar al cielo, mueve la escopeta de izquierda a derecha para acompañar el vuelo de la perdiz que se aleja, y dispara. Da en el blanco. La perdiz cae. El perro corre tras ella. Mi abuelo lo sigue. Cuando lo alcanza le saca la perdiz de la boca. El perro se la entrega. Mi abuelo la mete en la bolsa de arpillera que cuelga de su espalda. Y otra vez el perro y mi abuelo miran hacia adelante, atentos, esperando que una próxima víctima decida volar.

El regreso, dos o tres días después de su partida, me permitía ser testigo otra vez. Y entonces pasaba de lo imaginado a lo vivido, de la ficción a la crónica. La camioneta estacionaba en la calle. Yo me despertaba, apenas los escuchaba desde mi cuarto. Hablaban a los gritos, se reían, parecían haber vuelto de una fiesta donde habían tomado de más. Bajaban las bolsas de arpillera al patio de la casa de mis abuelos. Las abrían una a una y dejaban caer las perdices y liebres muertas sobre las baldosas. Las contaban. Hacían pilones de idéntica cantidad. Luego cada hombre tomaba una bolsa de arpillera vacía y metía dentro lo que le correspondía en el reparto. La camioneta seguía su camino. Mi abuelo entraba con su bolsa a la cocina y se la daba a mi abuela. Ella le reprochaba: «Acá no, Adolfo, dejá eso en el lavadero». Recién por la tarde, cuando terminara con sus tareas de la casa, ella podría ocuparse, les sacaría las plumas a las perdices y el cuero a la liebre que le había tocado a mi abuelo en el reparto. Después de un trabajo delicado sobre esos cuerpos muertos, mi abuela los dejaría listos para hervirlos y mezclarlos con el escabeche que comeríamos el próximo domingo, toda la familia reunida alrededor de su mesa.

Yo comí con gusto esas perdices que flotaban trozadas en aceite, junto a pedazos de zanahorias, cebollas y hojas de laurel. A la hora de comerlas, trataba de olvidarme de los cartuchos, de los perdigones, de las bolsas de arpillera vacías, del perro corriéndolas antes del disparo, de la pila de perdices muertas en el patio de la casa de mis abuelos. Inventaba para aquellos días secretos, después de la partida y antes de las risas, circunstancias, atenuantes, accidentes, incluso hechizos, que habían llevado a mi abuelo a matar esas perdices que ahora eran escabeche. Y concluía con tono de moraleja que, una vez muertas, mejor comerlas que tirarlas.

En cambio, la liebre no. Nunca pude comer una liebre. Es que una liebre es demasiado parecida a un conejo, y las niñas que leemos *Alicia en el País de las Maravillas* no comemos conejos. A menos que antes logremos inventarnos una buena historia que lo justifique.

Maestros[*]

A lo largo del camino que andamos para ser quienes somos, distintas personas nos comparten su saber. Pero sólo en algunos casos llamamos «maestro» a quienes nos inician o acompañan en ese recorrido.

Raymond Carver reconoce como uno de ellos a John Gardner. Cuando ya era un escritor más reconocido que su maestro, Carver escribió el prólogo del libro de Gardner *Para ser novelista*, donde cuenta cómo lo conoció, por qué se anotó en su taller de escritura creativa, qué decían de él los otros estudiantes que habían sido sus alumnos. Además, quizás lo más interesante, menciona distintas enseñanzas que reconoce como fundacionales, algunas relacionadas con la literatura, otras con el oficio o cómo enfrentar la cuestión concreta de sentarse y escribir. Entre las primeras, transcribo una indicación de lectura que se puede reconocer en los incomparables cuentos de Carver: «Los autores que estaban en boga en aquella época eran Hemingway y Faulkner. Pero en total yo había leído como máximo dos o tres libros suyos. De todos modos, eran tan conocidos y se hablaba tanto de ellos que no podían ser tan buenos, ¿no? Recuerdo que Gardner me dijo "Lee todo el Faulkner que encuentres y luego lee

* Publicado en *Télam* y revisado para esta edición.

todo lo de Hemingway para limpiar de Faulkner tu manera de escribir"».

En cuanto a las enseñanzas de oficio, la siguiente anécdota me parece notable por lo real y concreta: «Gardner se había enterado de mis dificultades para encontrar un sitio donde trabajar. Sabía que tenía familia y que en mi casa no había sitio. Me ofreció la llave de su despacho. Ahora veo que aquel ofrecimiento fue decisivo. No fue un ofrecimiento casual, y yo me lo tomé, creo, como una orden —pues de eso se trataba—. Todos los sábados y domingos me pasaba parte del día en su despacho, que era donde él tenía las cajas de manuscritos».

Los maestros valiosos tienen ciertas características que los hacen destacar del resto de los que nos enseñan: rigurosidad, exigencia, amor por la trasmisión de su saber, pero, sobre todo, generosidad. De nada sirve que nos enseñe quien sabe más que nadie en la materia, si es mezquino a la hora de trasmitir o no puede aceptar que el otro o la otra es una persona diferente a él, un discípulo que no tiene que copiarlo sino encontrar su propio camino.

A lo largo de mi formación reconozco, entre otros, tres maestros fundamentales: en guion, María Inés Andrés; en literatura, Guillermo Saccomanno; en dramaturgia, Mauricio Kartun. De los tres tengo muchos recuerdos, consejos, anotaciones e infinidad de frases sueltas que se me repiten cada tanto. Sólo a modo de ejemplo, cito uno para cada uno de ellos.

En el caso de Guillermo Saccomanno, elijo una prescripción de lectura. Me indicó que leyera *En busca del tiempo perdido*, de Proust, mientras escribía los últimos capítulos de *Las viudas de los jueves*. Una prescripción que puede parecer extraña, dado que nada tiene que ver un texto con el otro. Pero lo explicó muy claramente: «Para que la trama no te arrase; estás en un momento de la escritura que por querer contar lo que sucede y resolver los puntos abiertos de la historia, te vas a olvidar de los detalles que más importan: cómo vive esta gente, cómo son las cortinas de sus casas, cómo ponen la mesa, qué comen, qué reloj usan, qué podés encontrar en su tacho de basura. Detalles de lo cotidiano. Eso es lo que más importa que cuentes, la trama policial se va a contar sola». Y aunque sin la maravillosa morosidad de Proust para contar los detalles de su casa en *Por el camino de Swann*, la indicación de Saccomanno la tuve presente hasta el punto final de *Las viudas de los jueves*.

Mauricio Kartun me enseñó a no tenerle miedo a los sentidos y hasta a abusar de ellos si fuera necesario. Me lo marcó cuando leyó una escena de «Un mismo árbol verde», una obra de teatro que escribí mientras estudiaba en la EMAD y él era uno de mis profesores. En la escena, una niña miraba escondida detrás de un sillón cómo fuerzas de la represión rompían la puerta de su casa en plena dictadura militar y se llevaban a su hermana. Kartun me dijo: «Todas las puertas las destrozaron más o menos de la misma manera, con la misma prepotencia, con la misma impunidad que contás. Tenés que buscarle a la escena algo particular, algo propio de esta familia y de ninguna otra. ¿Cómo olía la casa esa mañana?». Fue así que, gracias a su intervención, en la escena —protagonizada por una familia de origen armenio— apareció el olor a menta: ese día estaban cocinando *dolmá*. Como la madre además planchaba una camisa al momento de la irrupción de la violencia estatal en su casa, la plancha quedó sobre la tela y de a poco el olor a menta se mezcló con el olor a tela quemada. «Y desde entonces cuando como *dolmá* espero con angustia que detrás del sabor a menta llegue el olor a tela quemada», dice Anush, la protagonista.

A María Inés Andrés, gran guionista y directora de televisión, le debo miles de recomendaciones. Pero hay una, que tiene que ver con el oficio y con las cuestiones de género, que destaco porque además me la dio en un tiempo en que ciertos temas no aparecían en agenda. Mientras estudiaba con ella yo siempre estuve embarazada o acababa de tener un hijo —mis tres hijos nacieron muy seguido y todos en aquella época—. Su taller funcionaba como semillero donde los autores que necesitaban asistentes llamaban para ofrecer trabajo. Pero yo, en estado de gravidez o de puerperio, nunca estaba en condiciones de ofrecerme como candidata. Pocos meses después de que nació mi tercera hija, el guionista Ricardo Rodríguez llamó a María Inés para pedirle que le recomendara un asistente. Ella me lo contó y me dijo con firmeza: «Vas a ir vos». «Pero estoy dando la teta», le contesté. «Problema de él», me respondió ella, «yo ya le dije que sos la persona indicada, que Rodríguez vea cómo lo soluciona. Vas, le decís que tenés una hija recién nacida a la que le tenés que seguir dando la teta, que el trabajo te interesa mucho, y a ver qué se le ocurre a él para solucionarlo. Si no, vos no arrancás más». Y así arranqué, nunca me habría atrevido a hacerle ese planteo a quien me estaba ofreciendo un trabajo si ella no me hubiera empujado a hacerlo, dándome permiso. Para mi sorpresa, Rodríguez de inmediato me dijo: «Traela, no hay problema». Fui varios meses a su oficina con mi beba, le di la teta entre escena y escena, hasta que llegó el momento de poder dejarla en casa.

Detenerse, sentir, actuar, podrían ser las palabras que titulen cada una de las anécdotas anteriores. Creo que detenerse, sentir, actuar, también me definen a mí.

3. De hijos, madres y otros amores

Hijos en tránsito[*]

En la vida llega un momento, y creo que es fatal, al que no se puede escapar, en que todo se pone en duda: el matrimonio, los amigos, sobre todo los amigos de la pareja. El hijo, no. El hijo nunca se pone en duda.

MARGUERITE DURAS, *Escribir*

Bajás a la playa, como lo hacías veinte o treinta años atrás, liviana de equipaje: la toalla, un libro, los anteojos de sol y el bronceador. Ahora sumás el teléfono y cambiás bronceador por protector solar de alta graduación. Buscás un lugar donde ubicarte, el que a vos te gusta. No tenés que elegir más en función a otros. Sonreís aliviada. Extendés la toalla. Mirás las sombrillas a tu alrededor y te alegrás de que, por fin, sólo tengas que pensar en vos. Ya no más cargar baldecito, palita, barrenador, tejo, pelota, una toalla para cada chico, paletas, cartas, dados, heladera con gaseosas y sándwiches. Ahora sos vos y tu alma. Tal vez, vos, tu alma y tu pareja, pero tu pareja se cuida solo o eso pretendemos. Te instalás mirando el mar, abrís el libro dispuesta a pasar un momento relajado. Como atendiendo al reflejo condicionado de Pávlov, el llanto de un niño a tu izquierda te pone en alerta. De cualquier modo, te concentrás en el

---

[*] Publicado en *Clarín* (2017) y revisado para esta edición.

61

aquí y ahora y te das cuenta de que no hay por qué preocuparse. Ese chico no es tuyo, ese llanto no es tuyo. Desactivás la alarma interna, no te tenés que ocupar vos. Tampoco del otro niño que unos minutos después pide a los gritos que alguien lo acompañe al mar. Ni de la niña que viene corriendo desde la orilla a quejarse con el padre porque su hermano le tiró arena en los ojos. Ni de la cara de pocos amigos del adolescente al que la madre no convence de que se quite la remera, se ponga bronceador y salga de abajo de la sombrilla.

Nada de eso es ya tu problema. Podés leer, caminar, mirar el mar, lo que te plazca. Otra vez intentás sumergirte en la lectura. Sin embargo, algo no te deja. Es que anoche, a las tres de la mañana, te despertó el mensaje de uno de tus hijos, el que se fue de vacaciones a Cusco, para avisarte que des de baja su extensión de la tarjeta de crédito porque le robaron la billetera. «¿Estás bien? ¿Cómo fue?», le respondiste. Esperaste diez minutos en vela porque la respuesta no llegaba. Diste de baja la tarjeta. Al rato: «Pirañas, mamá, le robaron a varios en el mismo lugar». Vos no entendiste, era tan tarde, tenías tanto sueño: «¿Pirañas?». Y él no respondió sino una hora después, cuando justo volvías a quedarte dormida. «Así llaman acá a esos robos». Insististe: «¿Vos estás bien?». Nada. Le avisaste que la denuncia estaba hecha y agregaste unas preguntas: qué más le robaron, si tiene documentos, si le alcanza la plata para continuar el viaje. Tu hijo seguía desconectado. «Ya es grande», te repetiste en la noche de insomnio, «tiene que saber cómo manejar esto». Pero por la mañana, en la playa, por las dudas, antes de empezar a leer, rodeada de llantos y quejas ajenas, le sumás dos o tres mensajes más indicándole cómo manejarías vos la situación. De paso chequeás si tu otro hijo, el que fue a

San Luis, está conectado, y verificás que la última vez que lo hizo fue hace tres días. Te decís que seguro es porque no tiene señal o se quedó sin batería. Que le cuesta cargarla, pero ya lo va a hacer. Y antes de dejar el teléfono chequeás el último chat con tu hija, la más pequeña que se fue de mochilera a los Siete Lagos con tres compañeras de la facultad: tampoco está en línea. De ella no podés saber cuánto hace que no se conecta porque hace tiempo le sacó al teléfono la función que indica si vio o no un mensaje y cuándo. Respirás otra vez, mirás el mar, luego las sombrillas a tu alrededor y añorás aquella época en la que sólo se trataba de cargar el barrenador y unas pocas cosas más.

Cada etapa de la relación materno-filial tiene sus encantos y sus vicisitudes. Y para algunas vicisitudes una está menos preparada que para otras. Nadie te avisa, por ejemplo, lo difícil que será la etapa de «los hijos en tránsito». Ese tiempo indeterminado que puede empezar en algún momento posterior a la finalización del colegio secundario y que se extiende hasta que ellos deciden que quieren ir a vivir solos y pueden hacerlo. Cuando empiezan a decirte «vieja» o «viejo», aunque vos no sientas que lo sos. Uno de mis hijos me tenía agendada en su teléfono como «Javie». Pensé que era un error, que había mezclado mi número con el de algún Javier, hasta que entendí que Javie era vieja con las sílabas invertidas. Había quedado atrás la etapa en la que éramos «ma» y «pa», para empezar la de «Javie» y «Jovie». Pero no tuve consciencia en el momento porque todo lo demás, en apariencia, seguía igual.

Todo sigue igual, también en tiempo presente. Es que viven en nuestra casa pero no conviven con nosotros, cohabitan. Están, pero no están. Intentan hacer su vida sin que nos metamos en ella, y nosotros tratamos de controlarlos con la muletilla: «Mientras vivas en esta casa». Françoise Dolto lo explica muy bien: «Podemos satisfacer sus necesidades económicas, pero no sus deseos». Ni sus ilusiones, ni lo que esperan de su vida inminente. Y lo que verdaderamente nos inquieta, lo que nos perturba, es que, por fin, tenemos que asumir que se van a ir. Ya se están yendo, aunque amanezcan a metros de nosotros cada día. Apenas están en tránsito. El sentimiento es ambivalente, por momentos queremos que se vayan ya y por momentos no queremos que se vayan nunca. Lo vimos en aquella película de 2008 de Daniel Burman, *El nido vacío*, con Cecilia Roth y Oscar Martínez. El título refiere a la época posterior, aquella en que los hijos ya se fueron y la pareja queda sola. Pero en realidad el presente narrativo es el momento anterior a esa partida. Leonardo, un dramaturgo prestigioso, y Marta, una socióloga que no llegó a concluir sus estudios, vuelven de una cena a la casa donde aún conviven —o cohabitan— con sus hijos. Y la encuentran como la encontramos todos: zapatos tirados por el camino, la cocina revuelta, el living con restos de bebidas, papas fritas, cigarrillos y otros desechos de la noche. Leonardo abre la puerta del dormitorio de la hija y comprueba que no está. Marta le dice que la chica había avisado que tal vez no venía a dormir. Pero a él no lo alivia el «había avisado que tal vez...» y decide pasar la noche en un sillón tratando de escribir una nueva obra de teatro. Esperando a su hija. La etapa de los hijos en tránsito es básicamente eso: una espera insatisfecha. Y no esperás sólo que regresen por las noches: esperás un llamado, la confirmación de que cenan o no en casa, la respuesta a si pasarán fin de año con la familia o con sus amigos. Deseás que hagan un mínimo movimiento que te deje tranquila y ellos, como si quisieran educarte en la espera, no lo hacen.

En la época de las vacaciones es donde, si no lo captaste antes, se pone en evidencia de manera brutal la situación de hijos en tránsito. Porque es el momento en el que pueden elegir no pasarla con nosotros. Pero como la decisión la toman a sus tiempos, que no son los nuestros, durante el período anterior abrigás la esperanza de que a lo mejor alguno quiera ir con vos y por las dudas alquilás un departamento que excede las necesidades de tus vacaciones. «No sé todavía qué voy a hacer, ¡si falta más de un mes para el verano, mamá!», te dicen sorprendidos por tu ansiedad. Simulás paciencia. A medida que pasan las semanas y no concretan otro plan, te entusiasmás con la idea de que vendrán. Pero no, unos días antes de partir se les arma su programa y vos te alegrás porque están contentos, pero te maldecís porque otra vez esperaste en vano.

Por fin, frente al mar, con el murmullo de las olas mezclado con el llanto del chico que quiere ir al agua y nadie lo acompaña, te das cuenta de que estás pensando como tu madre, hablando como tu madre, quejándote como te molestaba que lo hiciera tu madre. Entonces sí, abrís el libro dispuesta a no ser tu madre y a que ellos no acaparen tu atención aun en ausencia, mientras te preguntás: «¿Hasta cuándo?». Respirás, chequeás una vez más el teléfono, le acercás al niño que juega a tu lado la pelota que rodó hasta tu toalla. Le sonreís a la madre que tiene cara de que no da más y apenas puede devolverte una mueca. Dejás la vista justo en el lugar donde rompe la ola. Y seguís esperando.

Mujer a los cincuenta[*]

Siempre me preocupó la idea de la muerte. En realidad, más que la idea de la muerte lo que me inquieta, desde una edad muy temprana, es la conciencia absoluta de la finitud: esto, algún día, se acaba. Durante mucho tiempo me conformé multiplicando mi edad por dos y concluyendo: Tranquila, todavía no llegaste a la mitad de la vida. Pero desde hace unos años las cuentas no me dan, a menos que, como el magiclick, yo haya venido al mundo con garantía por ciento cuatro años.

Son los cincuenta los que marcan la verdadera bisagra. Hay quienes creen que están pasando por un umbral hacia otra vida cuando cumplen treinta o cuarenta. Pero no, apenas un error de juventud. Son números redondos y eso impacta aunque no es real, a esas edades aún queda bastante rollo por delante. Cuando una cumple cincuenta se ríe de aquella que fue y de las preocupaciones que, por fin lo sabe, no merecían tanta dedicación. Se ríe un rato, no más, porque enseguida concluye que ahora sí, que éste, el de los cincuenta, es el verdadero umbral. Recién entonces es cuando aparecen señales evidentes de que algo, de verdad, cambió. O de que algo tiene que cambiar. O de que nada, nunca, cambiará. Elige tu propia aventura, si es que puedes.

---

[*] Publicado en *Clarín* (2012) y revisado para esta edición.

Solemos hacernos mala sangre con algunas modificaciones que se notan más que otras. El cuerpo, por ejemplo, se hace notar. Y no sólo con calores, sudoración, sequedad vaginal, sino también con cuestiones estéticas que deberíamos tomar como algo natural, pero cuesta. Hasta mis amigas más agraciadas, esas que nunca se preocuparon por hacer dieta y que a nuestra edad persisten en seguir usando jean apretado, bikini o top muestraombligo, de pronto portan una especie de matambre arrollado en la cintura que logran disimular cuando están paradas pero que aflora, impertinente, en cuanto se sientan. «Es hormonal, por la edad, no se puede hacer nada», dice alguna. «Ya vas a ver», dice otra. Y ves, claro que ves. El cambio no se limita a la cintura. Los pechos van camino a conformar un bloque único e indiferenciado, donde es difícil determinar pecho izquierdo y pecho derecho. Las manos se manchan con pecas que no son de sol sino de vejez. Si salen canas y te molestan, se pueden teñir, pero lo que no es fácil de ocultar es que el pelo está cada vez más ralo, cada vez más fino y cada vez más opaco. Los ojos se dividen entre los operados que siempre miran asombrados, con las cejas levantadas y una expresión como si a su dueña la hubieras agarrado metiendo el dedo en el tarro de dulce de leche, y aquellos otros, los que no pasaron por el bisturí, a los que se le cayeron los párpados irremediablemente.

Claro que no a todas se nos presentan las mismas marcas del paso del tiempo ni nuestros cuerpos son máquinas que se comportan de un modo preestablecido. Cada una va haciendo lo que puede. Y padece o acepta según sus propias debilidades y fortalezas. Una noche una amiga de mi edad se preparaba frente al espejo para una cena que íbamos a compartir con otras mujeres. Su hijo adolescente la observaba tirado en la cama, mirando una película o aparentando mirar una película. Ella no hacía demasiado, apenas se acomodaba el pelo, se desabrochaba el último botón de la camisa, se lo volvía a abrochar, se miraba semigirada hacia un lado y luego semigirada hacia el otro, lo que hacemos muchas frente al espejo. De pronto el adolescente le dijo: «Maaa». «¿Qué?», contestó mi amiga. «¿Alguna vez te pusiste a pensar que tenés la misma edad que Madonna? Es increíble, ¿no?». La frase fue lapidaria, inoportuna, escandalosa, cruel y certera: es increíble. Mi amiga salió con el peor de los humores. Y su humor nos lo contagió a las demás. Esa noche, todas supimos que teníamos la misma edad de Madonna. O eso creíamos, al día siguiente una de las integrantes más obsesivas del grupo vino con el dato preciso: «No tenemos la misma edad, ella es dos años mayor». O sea, se puede llegar en mejor estado, lo que sí, si no te ayudó la genética, es más caro, más trabajoso y hay que dedicarle mucho más tiempo.

Pero dejando de lado lo físico, lo que verdaderamente marca el umbral en esta década es tomar conciencia o no de la propia vida, revisarla o no, aceptarla o no. Y la propia vida nos incluye a nosotras como individualidades, pero también a nuestra familia, a nuestros amores (maridos, novios, amantes), a nuestros amigos, a nuestro trabajo. ¿Estamos donde queremos estar? ¿Estamos con quien queremos estar? La respuesta puede ser que sí, y en ese caso valoraremos más aquello que logramos y que hoy constituye nuestra vida, lo seguiremos abonando, trabajaremos para que no se rompa, lo disfrutaremos. La respuesta puede ser que no, y entonces se activará el motor para buscar un lugar más propicio donde pasar los años que quedan. Lo que sin dudas resulta imperdonable es, a esta altura, no atrevernos a preguntar si tenemos la vida que queremos tener, no permitirnos cuestionar si somos felices o no y, en cambio, mirar a otro lado para no meternos en el brete de tener que decidir si seguimos como hasta ahora o damos una vuelta de timón.

«Si alguien me hubiera preguntado cuando cumplí cincuenta años si estaba satisfecha con mi vida hasta entonces, hubiera respondido que estaba razonablemente conforme con mis logros personales y profesionales. No es que no quisiera ahondar por temor a encontrarme con un lado oscuro de mi personalidad, pero siempre creí que si algo funciona es mejor dejarlo que siga así». Con este monólogo interior empieza la película de Woody Allen *La otra mujer* (*Another Woman*) que se estrenó a fines de los años ochenta. Gena Rowlands le daba vida a la protagonista a quien corresponde ese monólogo interior, Marion Post, una profesora universitaria de filosofía que se toma un verano sabático para escribir un libro postergado. Pero en el departamento vecino a su estudio están haciendo arreglos y los ruidos de la construcción no le permiten concentrarse en la escritura. Por ese motivo decide alquilar temporalmente otro departamento en un edificio donde su vecino de piso es un psiquiatra. Entonces ya no son los ruidos de los albañiles los que no la dejarán trabajar, sino la voz de otra mujer, Hope (interpretada por Mia Farrow), que le llega a través de los tubos de la ventilación del edificio. Hope es una mujer joven, embarazada, que no está enamorada de su marido y no quiere tener el hijo que espera. Escuchando los planteos de esta «otra mujer» a su psiquiatra, Marion, a los cincuenta años, se da cuenta de que nunca se permitió repensar su propia vida, una vida en la que no disfrutó, en la que siempre hizo lo que era esperable que hiciera. Así, a lo largo de la película desdice el monólogo con el que arranca. La otra mujer a la que alude el título es esa que habla del otro lado de la pared, pero también es esta otra mujer que la misma Marion empieza a buscar dentro de ella, una mujer que hasta ahora no sabía que existía. Y una de las primeras conclusiones que saca como consecuencia de poner en duda la vida que llevó hasta ese momento es que la imagen que tiene de sí misma es absolutamente diferente a la que los demás tienen de ella. O sea que tanto trabajo y esfuerzo por ser quien los otros querían que ella fuera (sus padres, su actual marido, su primer marido, sus colegas) ni siquiera valió la pena. Escuchar la facilidad con la que Hope habla con el analista de sus miedos y sus sentimientos le permiten a Marion, por primera vez, pensar en los suyos.

La película de Allen es maravillosa. Pero si hay algo que me interesa de la historia que cuenta es la trasmisión de cierto saber de madres a hijas. Y la no trasmisión de otros. Las madres solemos pasarle a nuestras hijas información, experiencias, datos, incluso errores, ya sean de cuestiones cotidianas o existenciales. Funciona casi como un legado. Podemos darle una receta o explicarle la forma más efectiva para sacar una mancha de un vestido de seda, pero también recomendar un libro, una película, pensar cómo solucionar un problema juntas. Sin embargo lo que es más difícil de trasmitir, si es que la hubo, es la experiencia de la desilusión matrimonial. ¿Por qué? Porque ese relato involucra a su padre. Y aunque en ocasiones una quisiera hasta gritarlo, sabe que es mejor que la niña se dé cuenta sola. Nos mordemos los labios, empezamos a decir y callamos. Peor aún, si finalmente no logramos evitarlo y hablamos de su padre con desilusión o rabia, al día siguiente nos sentimos fatal. Nos castigamos porque creemos que haberle trasmitido que una está arrepentida de haberse casado, puede hacerle pensar que ponemos en cuestión su propia existencia. Aunque no se trate de eso, aunque ya lo haya dicho Marguerite Duras: «En la vida llega un momento, y creo que es fatal, al que no se puede escapar, en que todo se pone en duda: el matrimonio, los amigos, sobre todo los amigos de la pareja. El hijo, no. El hijo nunca se pone en duda». A pesar, incluso, de que una ponga en dudas, tal vez, la maternidad. Sabemos que es muy difícil explicarlo, y mucho más que nuestra hija lo entienda hasta que ella esté en nuestro lugar. Por eso nos guardamos ese saber, no lo trasmitimos. Esa charla no es posible, o nunca podrá ser una charla sincera.

Hacia la mitad de la película hay una escena fundamental en la que Marion lee el poema de Rilke «Torso de Apolo arcaico». El libro que tiene en sus manos perteneció a su madre, que había fallecido hacía poco. La clave de la escena está en los dos últimos versos:

«... porque aquí no hay un solo lugar que no te vea. Debes cambiar tu vida».

El libro, exactamente sobre esas dos líneas, muestra una mancha. Marion la estudia y se da cuenta de que son las huellas de dos lágrimas secas. Entonces, por fin, lo sabe: su madre lloró al llegar a esos versos. Y ella no se explica cómo nunca antes había notado que esa mujer —a la que tanto creía conocer— era infeliz, cómo no supo que deseó cambiar de vida aunque no se lo haya permitido, que el lugar donde estaba no fue aquel donde quería estar. Su madre no pudo decirlo, pero lo dejó expresado en esas dos lágrimas.

También hay una escena similar en *Los puentes de Madison County*, de Robert James Waller, cuando la hija de Francesca —la protagonista interpretada en el film de Clint Eastwood por Meryl Streep— lee los diarios de su madre que acaba de fallecer y se entera de que durante su matrimonio se enamoró perdidamente de Robert Kincaid (interpretado por el mismo Eastwood), un fotógrafo de la *National Geographic*, que pasó de casualidad por ese pueblo de Illinois a tomar imágenes de sus puentes. Francesca no se va con él a pesar de lo que siente. Decide sostener esa familia en la que cada vez será menos feliz. Pero reserva para después de su muerte el deseo de estar con el hombre al que amó. Por eso es que se lo cuenta a sus hijos en un diario, para que cumplan su última voluntad: tirar sus cenizas desde los puentes de Madison, donde unos años antes fueron arrojadas las de Robert Kincaid. Lo que más me conmueve de esta escena es la reacción de la hija de Francesca. El varón se enoja con su madre, ella no. O mejor dicho, siente enojo pero por otros motivos: no porque su madre haya tenido un amante sino porque no se lo hubiera dicho. Ella misma está en una crisis matrimonial, está encerrada en una vida que la hace infeliz y de la que no puede salir. «Por qué no me lo dijiste antes, por qué no lo supe», se queja hablándole a esos diarios, como si saberlo le hubiera dado el permiso necesario para cambiar su propia vida.

Mi madre quedó viuda a los cincuenta años. Después de la muerte de mi padre nunca más le conocimos un novio ni supimos ningún detalle de su vida sentimental, si es que la hubo. No tuve la suerte de encontrar sus diarios como los hijos de la protagonista de *Los puentes de Madison County*. Poco antes de los cincuenta me divorcié. Y poco después de los cincuenta espero volver a enamorarme. La mitad de mis amigas se separaron cerca de los cincuenta, la otra mitad no. No hay instrucciones para ser feliz. Sólo preguntas y posibles respuestas. Íntimas, muy personales, y escandalosamente sinceras en el mejor de los casos.

Pero es ahora, antes de que los párpados se nos caigan del todo y ya no nos dejen ver.

Cada madre a su manera*

Muchos de los personajes de mis novelas son madres. Me interesan más las madres que se equivocan que las que aciertan. Las que dudan. Las que se enojan con la maternidad. Las que se cansan. Incluso las que se hartan. Las que se atreven a decirlo. Las que pueden cuestionar el rol materno sin sentir que eso pone en duda el amor por sus hijos. Las que los aman por sobre todas las cosas. Me interesan las madres no abnegadas. Las madres que no saben. Las que quieren desesperadamente a sus hijos y con la misma desesperación los mandarían a pasar una temporada a la India. O a la China mejor, que es más lejos. Las que no pueden dejar que lloren toda la noche, aunque eso diga un famoso libro que les promete dormir ocho horas completas si siguen sus instrucciones al pie de la letra. Las que no se saben la letra. Las que se salen de las casillas. Las que se quieren matar después de que se salen de las casillas. Las culposas. Las políticamente incorrectas. Las que se arrepienten. Las que dejan que sus hijos se pasen a la cama en medio de la noche. Las que se preguntan todo el tiempo si hicieron bien. Las que malcrían. Las que pueden comprender perfectamente a otra mujer que no desea ser madre. Las madres que logran ponerse en los zapatos de quien decide abortar aunque para ellas hayan elegido otra opción. Las que alguna vez eligieron ese camino.

---

* Publicado en *Perfil* y revisado para esta edición.

Será que son esas las madres que me interesan porque como señaló Tolstoi en *Ana Karenina*: «Todas las familias felices se parecen pero las infelices lo son cada una a su manera». Lo mismo pasa con las madres, mujeres en conflicto, vivas, haciendo las cosas como pueden, a su modo. Tratando de ser felices a prueba y error, en el ejercicio de una tarea para la que no hay estudios ni diploma.

Ay, el amor: apuntes sobre una nueva educación sentimental*

Hace unos años, participé de una fiesta en la que se otorgaba un premio literario de prestigio en Argentina. Como de costumbre, antes de abrir el sobre y develar quién era el ganador, hubo discursos, homenajes y un número musical. Sentada en mi butaca, escuchaba con placer a la cantante, que se movía en el escenario con elegancia mientras desplegaba su voz privilegiada. Sin embargo, cuando llegó el último tema algo empezó a incomodarme. La melodía era realmente bella, pero de repente sentí un malestar corporal inespecífico que de a poco fue definiéndose, el dolor de estómago subió por el medio del pecho y terminó convertido en un nudo en la garganta. Y mientras el malestar invadía mi cuerpo, en mi cabeza se repetía la siguiente frase: «Yo no quiero eso, yo no quiero eso para mí».

Con la obsesión por la causa-efecto que desarrolla años de psicoanálisis —y tal vez también de literatura policial—, intenté precisar cuál era la frase de la canción que me había provocado esa emoción. Pero antes de conseguirlo, la presentación terminó, llegaron los aplausos, la despedida de los músicos y el anuncio de que de inmediato se abriría el sobre con el nombre del ganador. No había escuchado el título de la canción, pero sí que era música de Alfredo Zitarrosa y

* Publicado en *Clarín* (2011) y revisado para esta edición.

letra de Idea Vilariño. Brindis, felicitaciones para el premiado —que resultó ser un amigo mío—, charlas con unos y con otros, despedidas.

Recién cuando manejaba los cuarenta kilómetros que tenía que recorrer para llegar a mi casa, apareció otra vez la canción y el dolor de estómago, pero no la frase. En la cabeza se me repetía apenas un tarareo, sin que pudiera definir las palabras que me lastimaban. Cuando llegué me zambullí en internet hasta que las encontré. Dicen que cuando Zitarrosa leyó el poema de Vilariño se emocionó tanto que tomó una guitarra y se puso a cantarlo. Dicen que ella le pidió que lo grabara con el nombre: «La canción y el poema». El estribillo es así:

> *Quisiera morir —ahora— de amor,*
> *para que supieras*
> *cómo y cuánto te quería,*
> *quisiera morir, quisiera... de amor,*
> *para que supieras...*

Entonces al dolor de estómago y a las ganas de llorar se sumó la frase que me había aparecido unas horas atrás: «Yo no quiero eso, yo no quiero eso para mí». Ni morir de amor, ni mucho menos morir de amor para que quien es amado, sepa. Tiene que saber mientras esté viva, no muerta. Y si no alcanza con lo que diga y haga, si para saberlo necesita tal acto de sacrificio —morir de amor—, entonces no sabrá. Quiero vivir en el amor, vivir enamorada pero no morir de amor. No quiero eso ni para mí, ni para mi hija, ni para mis amigas, ni para las hijas que algún día tendrá mi hija si desea tenerlas. Y por supuesto nada de esto tiene que ver con el valor poético de los versos de una de las más grandes poetas uruguayas, sino con una advertencia, una alarma que se enciende como un reflejo condicionado ante el peligro.

El concepto de lo femenino, del amor, de cuánto y cómo una mujer debe amar y demostrar que ama, se va configurando por los modelos sociales vigentes, los mandatos familiares y la tradición, en el mejor y en el peor sentido. Y eso nos llega por distintas vías, también a partir de lo que nos presenta la cultura popular, la televisión, el cine, la literatura. Por eso hay que estar atenta. A esto se llama «Educación sentimental»; el nombre está tomado de la novela de Gustave Flaubert que lleva ese título. En este caso, el protagonista no es una mujer, sino un varón joven, Frederic Moreau, que se enamora de una mujer casada, más grande que él. Sin embargo, Marcel Proust opinaba que Flaubert debería haberle puesto ese título a su novela más famosa, *Madame Bovary*, protagonizada por aquella mujer que leía desesperadamente novelas románticas, mientras se aburría en la propia vida que tan poco se parecía a la de sus lecturas.

La educación sentimental del protagonista del libro de Flaubert se basa en la decepción. El «amor» vale porque es «no correspondido». Lo que educa al joven sentimentalmente es la frustración, el vacío, la pérdida. La educación sentimental, para Flaubert, es rigurosa, despiadada, cruel. Así se aprende. Fue justamente el filósofo y crítico literario Georg Lukács quien la definió como la novela psicológica de la desilusión. Sin embargo, también coincido con quienes dicen que el protagonista más que desilusionado es alguien que se adapta, que se acomoda. ¿A qué debe adaptarse? A la organización social de su momento histórico. ¿Es válido que nos acomodemos a formas de vida que nos hacen mal? Una respuesta literaria: madame Bovary quiso escapar y no pudo.

También se ocupa de este tema la socióloga israelí Eva Illouz, en su libro *Por qué duele el amor*, donde le quita responsabilidad individual al fracaso amoroso, lo despega del psicoanálisis, de los problemas personales y los traumas infantiles, y busca los orígenes tanto del dolor como del fracaso en las fuerzas sociales e institucionales de la modernidad que van determinando cómo amamos y cómo elegimos pareja. Entre los responsables, Illouz coloca a los textos literarios, las revistas femeninas, sitios de internet, entrevistas. Cine, televisión, series. Imitación de vida de famosos que vemos en redes sociales, agrego yo. La socióloga pone a Catherine de *Cumbres borrascosas* como ejemplo de la tradición literaria que representa el amor como un sentimiento de dolor atroz. Y en un tono más irónico a *Madame Bovary*, de Flaubert, abandonada por su amante cuando al fin estaba dispuesta a fugarse con él. Sufrir y más sufrir. «A decir verdad, son pocas las personas de nuestra época que se hayan visto exentas de los tormentos del amor y las relaciones íntimas», asegura Illouz. «Estos pueden adquirir diversas formas, como por ejemplo besar demasiados sapos o demasiadas ranas en el camino para hallar nuestro príncipe o princesa; embarcarse en búsquedas de dimensiones titánicas por internet; o volver a casa sin compañía después de salir a un bar, una fiesta o una cita a ciegas. Por otro lado, cuando las relaciones finalmente se forman, estos tormentos no desaparecen, pues comienza a asomar el aburrimiento, la ansiedad, o la irritación». Y para quien no termina de aceptar la teoría de Illouz acerca de que en el amor nos moldea más la sociedad que los condicionamientos individuales, ella recuerda con contundencia: «Así como a fines del siglo xix parecía revolucionario afirmar que la pobreza no era consecuencia de una moralidad dudosa ni de una falta de carácter, sino de la explotación sistemática, hoy resulta imperioso alegar que los fracasos de nuestra esfera privada no son consecuencia de una debilidad psíquica, sino que a los caprichos y sufrimientos de nuestra vida emocional les dan forma ciertos órdenes institucionales».

«La canción y el poema» de Zitarrosa y Vilariño me volvió a aparecer hace un tiempo cuando se repitieron una y otra vez, fuera de toda estadística, los casos de mujeres quemadas por sus parejas. Particularmente cuando oí decir a los especialistas que en muchos de estos casos si la mujer lograba hablar mientras era llevada al hospital, en lugar de señalar al culpable, se preocupaba por repetir: «Fue un accidente». Confirmando así que, si va a morir, que sea de amor y demostrando cuánto y cómo ama.

En la película española del 2003 *Te doy mis ojos*, de Icíar Bollaín, Pilar, la protagonista, sufre una tremenda violencia física y psicológica de parte de Antonio, su marido. Y, paradójicamente, cuando ella decide darle una nueva oportunidad es que le ofrece partes de su cuerpo, de ahí el nombre de la película: «Te doy mis pechos, te doy mi boca, te doy mis ojos». ¿Habrá algo más sacrificial que entregar al otro parte del cuerpo de uno? Suena bello, poético, pero no ayuda a la educación sentimental si se lo toma al pie de la letra. Ese tipo de frases educa sentimentalmente para la entrega extrema, tan extrema que se lleva la vida con ella. Tal vez una reescritura más sana sería: «Puedo darte mis besos, darte mis caricias y darte mi mirada, puedo besarte y mirarte y acariciarte, las veces que los dos queramos; pero mis manos son mías, mi boca es mía, y mi cuerpo es mío, aunque te ame». Claro, ni por asomo dicho así suena tan poético, pero hoy no estamos hablando de poesía sino de la construcción de un imaginario que puede dañar.

Roland Barthes hizo uno de los mejores aportes a la comprensión de lo que implica la «voz» del amor, sus palabras, sus frases, en *Fragmentos del discurso amoroso*. Y para entender ese discurso recurre a Werther, el joven personaje de Goethe que se suicida por amor y luego produce un efecto de contagio en otros jóvenes reales de su época. Aunque también recurre a Platón y su *Banquete*, a san Agustín, a Baudelaire, a Proust y a Nietzsche, a Freud, a Lacan y a Winnicott. Al Zen, y a la etimología de las palabras. Barthes desarma cada frase, cada metáfora repetida en el discurso amoroso. «El lenguaje es una piel: yo froto mi lenguaje contra el otro. Es como si tuviera palabras a guisa de dedos, o dedos en la punta de mis palabras. Mi lenguaje tiembla de deseo».

Probablemente el lenguaje sea uno de los mejores puntos de contacto para dos enamorados siempre que elijamos bien y con libertad qué queremos decir, siempre que elijamos bien y con libertad qué palabras queremos para nosotros de las que nos dice el otro.

Bigote a contraluz[*]

Compite por mis manos. Sabe que no se mueven para él, que no lo buscan, que no lo esperan, sino todo lo contrario. Ellas están atentas a otra tarea, la escritura. Manos que van y vienen sobre las teclas, que se mueven como si respondieran a una coreografía. ¿Siente celos? No lo sé, pero compite por la caricia.

Empuja la máquina. Se rasca contra ella. Deja sus pelos desparramados por el teclado. Marca el territorio. Aunque lo que quiere no es el teclado sino mis manos.

Va por el lado derecho, donde está la mano más activa. La táctica es siempre la misma: agacha la cabeza, la mete por debajo de mi brazo buscando espacio a fuerza de suaves rotaciones y golpes. Insiste. Pero mis dedos siguen golpeando las teclas como si él no estuviera allí, lo ignoran, o pretenden ignorarlo, hacen de cuenta que no está aunque con su hocico húmedo me moje durante algún frustrado intento de acercamiento.

Aun así, ignorado, no se rinde. Por fin, mi gato logra ubicar su cabeza en el arco que forman la palma de mi mano y mis dedos doblados en actitud de espera de escritura. Una vez colocado allí, cabecea. Jack-jack, así se llama. Jack-jack cabecea una, dos, tres veces. Si mis manos están

---

* Publicado en *Escritores del mundo* (2011) y revisado para esta edición.

de buen humor, si trabajaron ya lo suficiente, detienen el tipeo y lo acarician en el cogote, en ese espacio entre la cabeza y el pecho donde su pelo es más blanco que en ninguna otra parte del cuerpo. Si no lo están, mis manos lo empujan, le expulsan, rechazan esa cabeza gatuna que insiste en ser acariciada, mientras ellas trabajan, tipean, borran, corrigen, googlean. Buscan un poema de Borges, no saben cuál. No sé cuál. Uno que creo me ayudará en lo que escribo. Pero después de recorrer varias páginas de uno de los tomos de su obra completa, me detengo en otro, creo que es al azar pero no, mis manos se detienen a fuerza de coincidencia.

A un gato

(...)
Tuya es la soledad, tuyo el secreto.
Tu lomo condesciende a la morosa
Caricia de mi mano. Has admitido,
Desde esa eternidad que ya es olvido,
El amor de la mano recelosa.
En otro tiempo estás. Eres el dueño
de un ámbito cerrado como un sueño.

Mis manos se detienen como si se los ordenara el poema. Según sus biógrafos Borges tuvo dos gatos, Odin y Beppo. Jack-jack no lo sabe. El poema de pronto hace que mis manos sientan un respeto por la insistencia de mi gato que antes no existía. Un respeto literario. Quedan en actitud de espera. Por fin tipean: «Tuya es la soledad, tuyo el secreto», y un verso más: «El amor de la mano recelosa». El gato se acerca otra vez. Los dedos ahora se mueven con más lentitud, como si lo esperaran; fingen tipear mientras lo esperan. Hacen una pausa que no es necesaria para que el gato se acerque un poco más, se agache, meta la cabeza en el arco de la palma de la mano, de mi mano, cabecee, una, dos, tres veces, me moje con su hocico húmedo. Mis manos acarician la cabeza del gato, y lo rascan sobre la garganta. Él se deja rascar, cierra los ojos y estira la cabeza hacia arriba para que yo lo siga haciendo, para que no me detenga. Arranca el adictivo motor de su ronroneo.

Hasta que por fin, con el deseo satisfecho, cuando él lo decide, se acurruca a un costado, sobre la luz verde de encendido de la computadora que le ilumina el bigote a contraluz, como un guardián sereno pero atento, que custodia la tarea que retomarán mis manos en cuanto acepten su abandono.

Aprenderé[*]

Mi mamá solía repetir una frase, aun cuando el Parkinson la doblaba y le impedía moverse: «Me arrepiento de tres cosas en mi vida: de no haber usado nunca bikini, de no haber tenido un amante y de no haber aprendido a manejar». En ese orden, como si el aprender a manejar hubiera sido en su fantasía aún más difícil de concretar que tener un amante. Y como si existiera cierta relación entre las tres cosas. Tal vez la haya. Nunca le pregunté sobre la bikini ni sobre el amante, pero sí varias veces por qué no aprendió a conducir. «No sé», decía y se quedaba mirando en el vacío como si en realidad sí supiera. Yo tengo mi propia teoría: no aprendió a manejar porque les tenía terror, por distintos motivos, a los dos hombres que podrían haberle enseñado, mi abuelo materno y mi padre.

Manejar es un proceso de iniciación, alguien (pariente, amigo o profesor) te tiene que enseñar. Uno se entrega a ese alguien y ese alguien te entrega su auto, por lo general un bien sobrevaluado —especialmente por los hombres—. Y esa entrega no siempre resulta feliz. En la película de Mike Leigh *Happy-Go-Lucky*, que se estrenó en la Argentina en 2009 como *La felicidad trae suerte*, Poppy, la protagonista, soporta inmutable gracias a su optimismo fuera de lo común las clases de manejo que le da un instructor mal

***

* Publicado en *Clarín* (2011) y revisado para esta edición.

humorado. «¡Vanidad versus seguridad!», le grita el hombre cuando se queja de que Poppy asiste a las clases de manejo con botas de taco alto. El instructor pasa de la repetición de un mantra a los gritos desaforados, e incluso a la agresión física. Tanto soporta Poppy que el hombre se confunde y cree que ella siente algo por él. Error: para muchas de nosotras tolerar ese maltrato fue el precio que debimos pagar por aprender a manejar. Pero ese «contrato» venía con una venganza redactada en letra chica: «Ya aprenderé y no necesitaré más de vos».

Empecemos con el caso de mi madre. Por las anécdotas que se cuentan en la familia mi abuelo no era el más indicado para enseñarle a manejar ni a ella ni a nadie. No porque no tuviera paciencia ni buen trato, sino por testarudo. Mi abuelo era un conductor terco, esos que no están dispuestos a modificar sus rituales de manejo ni su auto preferido, aunque el progreso se le venga encima. Y lo de venirse encima fue literal: durante mucho tiempo mi abuelo no se resignó a manejar por la derecha después de que en la Argentina se impuso esa orientación, abandonando la británica que va por la izquierda. Los pocos vecinos que tenían auto en aquel entonces se arrojaban sobre las veredas cuando lo venían venir. Años más tarde, cuando mi mamá estaba en condiciones de aprender a conducir, él finalmente y mal que le pesara había adoptado la derecha, pero seguía fiel a su Ford T que estaba muy lejos de convertirse en reliquia de algún coleccionista, y al que para hacer arrancar no alcanzaba con darle a la manivela. En la década del sesenta, cansado de que ese auto fuera más terco que él y arrancara cuando quisiese, mi abuelo lo cambió mano a mano por un televisor y adoptó la bicicleta.

Mi padre era otro tipo de conductor. Un conductor irascible, de esos que creen que manejan mejor que nadie y no toleran los supuestos errores de los otros. Para colmo, no tenía ni la paciencia ni el buen trato de mi abuelo. Mi madre, que casi muere ahogada cuando le enseñó a nadar en el Club de Regatas de Avellaneda, precavida ella, nunca intentó aprender a manejar con él. Pero cuando yo cumplí dieciocho años quería manejar y estaba dispuesta a soportar lo que fuera. Mi papá tenía entonces un Renault 4, con la palanca de cambios al lado del volante. Con ese auto aprendí a manejar. Soporté insultos y gritos que me helaban la sangre. Será por eso que hace unos días cuando un amigo me mostró en la web el video en el que un padre paquistaní le enseña a manejar a su hijo, en lugar de reírme como era su intención, lloré desconsoladamente. Un padre/conductor irascible como el mío, en otro país, por rutas muy distintas, con un micro mucho más difícil de manejar que aquel Renault 4, que ante cada error le da a su hijo un golpe «correctivo» en la cabeza. Más de una vez, petrificada ante algún grito correctivo de mi padre, estuve a punto de abandonar. Pero soy terca como lo era mi abuelo: algún día manejaría sola y me liberaría de esos gritos.

En el aprendizaje, descubrí trucos para sobrevivir al intento. Algunos funcionaron, otros no. Como una de las cosas que más alteraban a mi padre era que el auto «tosiera» al pasar de punto muerto a primera para arrancar, aprendí a dejar siempre la pierna izquierda en el embrague. Eso permitió que el arranque fuera más suave. Hasta que mi padre se dio cuenta del truco: «¿No sabés que el embrague es una cinta y se gasta?», gritó y me golpeó en la pierna para que lo soltara de inmediato, así como el paquistaní golpea en el video la cabeza a su hijo. Apuesto a que hoy soy una de las personas que saca más rápido el pie del embrague, a pesar de que en los nuevos modelos ya no se gasta.

A las mujeres de mi generación nos enseñaron a manejar hombres. Los mismos que se quejan de que manejamos «mal». Hace un tiempo me subí a un taxi y el chofer, después de que un colectivero y él se pelearon por definir quién doblaba primero en una esquina, se dio vuelta y me dijo: «Si tengo que elegir quién maneja peor, no sé si me quedo con los colectiveros, las mujeres o los coreanos». Un combo de discriminación para el Inadi. Pero la relación instructor-aprendiz fue cambiando de género y hoy muchas de nosotras somos quienes les enseñamos a manejar a nuestros hijos, varones o mujeres. Intuyo —o deseo— que eso traerá alguna modificación en las formas de manejo de nuestra sociedad. De hecho, mientras le enseñaba a mi hijo no me preocupé por advertirle del desgaste de la cinta de embrague, sino que siempre ceda el paso al otro, que deje que se le adelanten si lo quieren hacer, que no discuta de auto a auto, que espere con tranquilidad a que un peatón cruce la bocacalle sin apurarlo con la bocina, y algunas otras delicadezas que habría querido tuvieran conmigo. Una apuesta que nadie sabe cómo saldrá. Tal vez, aunque no le grite mientras aprende a manejar a mi lado como hizo mi padre, aunque no aplique golpes correctivos como hace el padre del video, mi hijo considere que soy una conductora pesada, incluso insoportable, que lo tiene harto con tanta recomendación, advertencia, o por si acaso, y se diga en silencio: «Ya aprenderé y no necesitaré más de vos». La ley de la vida.

Mujer a los sesenta

Hace aproximadamente diez años escribí un texto que se llamaba «Mujer a los cincuenta», para la sección *Mundos íntimos* del diario *Clarín*, que dirige Daniel Ulanovsky Sack. Desde hace un tiempo, me digo que tengo que escribir el texto de la siguiente década. Me detuvo, hasta ahora, no la pereza de escribir lo nuevo, sino el miedo de leer aquello ya escrito. En general no releo lo que ya publiqué porque me enojo conmigo cuando encuentro frases que no me gustan, palabras que hoy no usaría, erratas, repeticiones, pasajes aburridos, incluso cambios de ideas. Temía que releer ese artículo me iba a producir enojos varios. De hecho, cuando me encuentro con alguien que me dice: «Leí tu artículo de la mujer a los cincuenta», sufro. Inmediatamente, me pregunto si lo habrá leído hace tiempo, y eso me alivia; o si lo leyó recientemente y eso me angustia hasta la tortura, tratando de adivinar no qué le habrá gustado del texto a la nueva lectora, sino lo que no.

Me pasó hace poco en Guadalajara, donde se llevó a cabo una edición más de la Bienal Vargas Llosa. Coincidimos allí con varios escritores y escritoras, con los que compartimos mesas, conferencias, comidas, karaokes. La querida escritora española Olga Merino me dijo en uno de los primeros desayunos cuánto le había gustado mi artículo de la mujer a los cincuenta y las veces que había vuelto a él —delante de la también querida escritora mexicana Cristina Rivera Garza—. El uso del pluscuamperfecto me tranquilizó. Si lo había leído hacía tiempo quizás no había detectado los probables errores o arrepentimientos de hoy. Pero al día siguiente, también en el desayuno, Cristina me dijo: «Busqué tu artículo de la mujer a los cincuenta. Lo leí», y mientras asentía con la cabeza, aunque sin decir nada, me regaló una sonrisa hermosa que no calmó mi inquietud sino más bien la reafirmó, imaginando que ella sí había detectado los muchos inconvenientes del texto y no se atrevía a decírmelos.

Lo cierto es que casi no reescribo artículos del pasado, excepto para cortarlos o corregir errores flagrantes, antes de que vuelvan a ser publicados. Y ése era el caso porque estaba previsto que «Mujer a los cincuenta» sería uno de los incluidos en este volumen. Pero, también, porque pasó tiempo y ya tengo una década más. Así que tomé coraje y allá fui, o acá voy.

Lo primero que debo reconocer es que aquello que señalé entonces como una de mis mayores obsesiones y desasosiegos, la muerte, lo sigue siendo. En eso soy consecuente, la finitud de la vida es algo que me perturba desde edad muy temprana. Siendo niña, cerca de mis cinco o seis años, una tarde mi madre me descubrió llorando en su cama y al preguntarme por qué, le respondí entre sollozos: «Porque un día me voy a morir». Ella quiso tranquilizarme convenciéndome de que eso no sucedería por largo tiempo: «Sos una nena, recién va a pasar cuando seas muy viejita». Yo no logré explicarle que no lloraba porque pensara que me iba a morir al otro día, sino algún día, dentro de los muchos años que fueran. La maldita finitud, desde entonces hago malabares para olvidarla o para que me pese menos. Ya no intento tranquilizarme multiplicando mi edad por dos —como hacía hasta los cincuenta— para comprobar que aún me queda por vivir tanto como lo vivido. El número que obtendría no daría el resultado deseado. De todos modos, las matemáticas siempre me gustaron y sigo tratando de calmar mi ansiedad haciendo otros cálculos probabilísticos. Ahora defino los años que supongo puedo tener por delante —a veces más, a veces menos, según el optimismo del día—, los comparo con la edad que tiene alguna persona cercana que conozco —un hijo, un sobrino, una amiga—, y entonces, traducido el número a carne y hueso, me digo que sí, que falta, no sé si mucho, pero bastante. Aunque no me lo creo del todo.

Sigo también pensando, como entonces, que los cincuenta son la edad bisagra en la que hay que decidir si una cambia algunas cuestiones o no: amores, lugar donde se vive, trabajo. A los sesenta también se pueden hacer esos cambios si son necesarios, por supuesto. No digo de ninguna manera que ya no podamos mudarnos, dedicarnos a otra cosa, romper una relación insatisfactoria y volver a enamorarnos. Pero a la nueva casa, la nueva ocupación o la nueva pareja, le exigiremos más antes de tomar una decisión, porque a esta edad tenemos claro qué es lo que queremos, pero, sobre todo, qué es lo que no queremos. Y si finalmente lo hacemos, será con menos energía para enfrentar lo que viene y con el enojo de habernos dado cuenta de que el problema que exigía ese cambio ya existía a nuestros cincuenta y postergamos la decisión esperando una solución que nunca llegó.

En cambio, en lo que más en desacuerdo estoy con respecto a aquello que escribí, es en las cuestiones relacionadas con el cuerpo. O mejor dicho, con las exigencias estéticas sobre el cuerpo. Porque no niego, por supuesto, que a los cincuenta y hormonas mediante el cambio corporal es brusco, a veces brutal, y que nos impacte. La menopausia hace modificaciones que son evidentes, perturbadoras e impertinentes. Algunas son importantes y hay que atenderlas, otras son molestas y la costumbre las va aplacando. Incluso, hay de las que podrían tener consecuencias graves, como la trombosis cerebral de la que me repuse sin secuelas, producida por la ingesta de anticonceptivos con estrógenos recetados por un médico como parte de una terapia de recambio hormonal para hacerle creer al cuerpo que yo no tenía los años que tenía. En cambio, visto a la distancia, ese rollo en la cintura que hizo que no me entrara más un jean que usé toda la vida no parece tan trascendente. Y mucho menos las canas, que ya no me tiño más. A mis sesenta esos detalles estéticos, que parecían ser los responsables de un verdadero drama, perdieron relevancia e intensidad. Sin embargo, esa modificación no se debe sólo a que los años vividos me hicieron ver la cuestión de otra forma, con más dignidad, sino a que cambió el mundo, rotundamente, y, en este punto, para bien. Las mujeres lo cambiamos, mujeres de todas las edades, y lo seguimos cambiando, también en lo que respecta a amigarnos con nuestro cuerpo y a romper los condicionamientos estéticos impuestos durante siglos sobre nosotras. Algunas ya lo lograron, no importa su edad, otras aún no. A la mía, agradezco que el movimiento de mujeres haya hecho tanto esfuerzo por liberarnos de la tiranía de un cuerpo moldeado según estereotipos que nos oprimen.

Ahora, una vez revisada aquella mujer que fui, ¿qué de la mujer que soy? ¿Qué quiere la mujer de sesenta? Sé que habrá diversos deseos para otras de mi generación, pero la mujer que soy, a los sesenta, tiene una obsesión bastante clara frente a la finitud de la vida: multiplicar los mundos y vidas posibles. Si no puedo sumar más años en sentido vertical, quiero ensanchar horizontalmente.

¿Cómo? Viajando y leyendo, casi compulsivamente. Si siempre viajé y siempre leí, ahora necesito hacerlo, pero más. Quiero más lugares por conocer fuera de recorridos habituales, más amigos que visitar en la ciudad donde viven, más desconocidos con quienes entablar una conversación en un tren, más caminatas en las que perderme. Dice Rebecca Solnit en *Una guía sobre el arte de perderse*: «Perderse, una rendición placentera, como si quedaras envuelto en unos brazos, ido, absolutamente absorto en lo presente de tal forma que lo demás se desdibuja. Según la concepción de Benjamin, perderse es estar plenamente presente, y estar plenamente presente es ser capaz de sumergirse en la incertidumbre y en el misterio. Y no es acabar perdido, sino perderse, lo cual implica que se trata de una elección consciente, una rendición elegida, un estado psíquico al que se accede a través de la geografía». Cada vez que estoy en una nueva ciudad, camino durante horas. Aunque tenga un lugar a donde llegar, el recorrido es aleatorio, me desvío de lo marcado —ya no por mapas en papel, sino por aplicaciones en el teléfono—. Otras veces camino sin rumbo fijo, me detengo a mirar balcones y ventanas. Intento descubrir detalles que me cuenten una posible historia: un suéter que quedó sobre una silla, una maceta descuidada, una mascota atenta a los movimientos de la calle, un juguete olvidado. Esos detalles me llevan irremediablemente a pensar quién vivirá allí, pero también a imaginarme a mí misma viviendo en ese lugar. Me pregunto cuánto podrá costarme alquilar un departamento o una habitación con un balcón como ése, y me convenzo de que podría vivir en esa ciudad un tiempo. Un tiempo que puede ser semanas, incluso meses. Y otra vez vuelven las matemáticas, y la multiplicación de lugares posibles por tiempos posibles que me alarguen la vida. Pero ahora de manera horizontal, sin sumar años que no puedo «comprar», sino capas de vida. Como en esos juegos en los que uno alarga su existencia comiendo una frutilla, o una moneda, o un símbolo indeterminado que titila anunciando que si queremos más debemos pasar por ese camino. Viajar, estoy convencida, es comer muchas de esas frutillas, para así ensanchar la vida hacia los costados, sumar sustancia, profundidad, tener la sensación de que el tiempo se mide de otra manera, que rompimos el paradigma.

Leer también es viajar. Pero, además, la lectura rompe el paradigma del tiempo finito de otro modo, nos mete en mundos donde los años se suceden página tras página, con otras reglas: puede saltear siglos, ir hacia atrás en el tiempo, plantear fechas futuras que aún no podemos imaginar. En una novela un día puede durar casi mil páginas como en el *Ulises* de Joyce, o un siglo contarse en unas quinientas como en *Cien años de soledad*, de García Márquez. El tiempo narrativo no apura los acontecimientos, se demora en el texto todo lo que haga falta, todas las palabras que hagan falta, o lo comprime para ganar en intensidad. Parafraseando a George Steiner en *Lenguaje y silencio*: Faulkner versus Hemingway. El tiempo narrativo multiplica nuestro tiempo real, la hora, dos o tres que nos pasamos leyendo, hasta convertirlo en infinito.

A los sesenta, entonces, tengo consciencia de que los cambios fundamentales que tenía que hacer los hice ya hace rato, no me tiño más las canas, y la finitud de la vida sigue perturbándome. Pero cada vez que alguien me propone un viaje, yo armo la valija. Y cada vez que alguien me recomienda un libro, lo recibo con entusiasmo. Vuelvo a Solnit: «Dejar la puerta abierta a lo desconocido, la puerta que da

a la oscuridad. Es ahí de donde vienen las cosas más importantes, de donde venimos y también hacia donde iremos».

Me gusta este elogio que hace Solnit de la oscuridad,
esta revalorización frente a la luz que nos muestra cosas más
previsibles. En esa oscuridad están el tiempo y el infinito.
Y estamos nosotros, tal vez, para siempre.

4. De otros intereses y preocupaciones

Si no hay cuerpo, ¿no hay delito?[*]

«Si no hay cuerpo no hay delito», pregona un clásico dicho en materia forense.

«¿Si no hay cuerpo no hay delito?», contesta la realidad con pregunta retórica.

Tehuel de la Torre, un joven trans argentino de veintidós años, sigue desaparecido. No hay cuerpo. Sin embargo, la hipótesis más fuerte sobre la que trabajan los investigadores es que lo mataron. Quién, dónde, cuándo, cómo y por qué son cuestiones para las que aún no tienen respuesta cierta. Su desaparición tomó estado público gracias al activismo LGTB, que no se detuvo hasta que el caso pasó de medios locales y alternativos a los grandes medios nacionales.

El 11 de marzo de 2021 a media tarde, Tehuel se despidió de Michel, su pareja. Iba a ser la última vez, aunque no lo sabían. Había conseguido un trabajo temporal como camarero en un evento. Salió contento, con la sonrisa pintada en la cara. La misma sonrisa que hoy se ve en los carteles de búsqueda, en los que el Ministerio de Seguridad ofrece una recompensa de dos millones de pesos a quien aporte datos sobre su paradero. De camino a esa entrevista, Tehuel se encontró con Verónica, su hermana; le contó que iba a la casa de un conocido suyo que lo había convocado para esa tarea. Con ella, igual que con Michel, también sería la última vez que cruzarían un saludo.

---

[*] Publicado en *El País* (2021) y revisado para esta edición.

Al rato, Tehuel se metió en el barrio La Nueva Esperanza y allí comenzó el misterio.

Tehuel, Michel y el pequeño hijo de ella vivían en Alejandro Korn —a sesenta kilómetros al sur de Buenos Aires—, junto a Norma, la madre de Tehuel. El joven y su madre se habían reencontrado un tiempo atrás; ella había dejado la casa familiar cuando Tehuel y Ailén, su hermana melliza, tenían poco más de tres años. A las mellizas y otros tres hermanos los crio su padre, Andrés. En la adolescencia, Tehuel sintió que era un varón; unos años después empezó su proceso de transición. Cuando se fue de la casa paterna, aún lucía una larga cabellera de mujer. A Andrés le cuesta adaptarse al uso del masculino y a veces confunde términos nuevos que tuvo que aprender para salir a pelear públicamente por la aparición de su hijo: «Si fuera una mujer cis la buscarían más y mejor, pero ella es una mujer trans (en realidad, un varón trans)», asegura y se queja de las demoras en el avance de la investigación. Algunos medios hablan de «ella» cuando se refieren a Tehuel. Algunos funcionarios involucrados en su búsqueda, también. Los activistas LGTB denuncian que no será fácil encontrar a Tehuel si los encargados de hacerlo no saben a quién buscan. Se preguntan, como Andrés, si en las demoras y errores del proceso no pesa la discriminación hacia su colectivo. Pero también apelan al compromiso de toda la sociedad: uno de los *flyers* que prepararon para las redes dice: «Buscalo como si fuera cis».

Se lo busca, pero poco se sabe. Quien le ofreció trabajo de camarero fue Luis Ramos (treinta y siete), un hombre con condena cumplida por homicidio y que, según dicen, siempre llevaba un cuchillo en la cintura. Tehuel lo conocía porque habían estado juntos en el MTS (Movimiento de

Trabajadores Socialistas). El joven participaba de la agrupación más por razones de subsistencia que ideológicas: allí se repartían planes y subsidios para personas sin ingresos. Ramos era uno de los encargados de repartir ese dinero. Dicen quienes conocían a Tehuel que a menudo no tenía «ni para comer». Una realidad que en Argentina comparten muchos varones y mujeres trans, condenados a pasar serias dificultades para acceder a un trabajo digno. Prejuicios, desinformación, desconfianza, documentos de identidad que indican un género diferente al de quien se presenta en una entrevista, atentan contra sus posibilidades. Tehuel, como tantos otros, apenas aspiraba a un trabajo informal y precario que le permitiera llevar dinero a su casa. Por eso fue aquella tarde a encontrarse con Ramos. Y ya no volvió.

Michel tardó en poder hacer la denuncia. Primero esperó a que regresara; no tenía claro a qué hora terminaba el supuesto evento. Llamó reiteradas veces a su móvil, estaba apagado. Se quedó sin crédito, le pidió a Norma que lo llamara; seguía apagado. Cuando por fin Michel fue a la policía a hacer la denuncia, no se la tomaron porque era menor de edad. Volvió a las horas con una vecina; entonces le dijeron que debía hacerla en otra comisaría, la que le correspondía por su domicilio. Para cuando finalmente tomaron la denuncia, Tehuel llevaba dos días desaparecido. «En democracia, seguimos sin saber cómo buscar con eficiencia a las personas que desaparecen», sostiene Myriam Bregman, dirigente nacional del Frente de Izquierda. Sin embargo, la fiscal del caso, Karina Guyot, asegura que se están tomando todas las medidas necesarias para el esclarecimiento y que en ningún otro caso contó con tanto apoyo de parte de organizaciones de Derechos Humanos y de organismos del Estado. Se refiere, principalmente, al Ministerio de Mujeres, Políticas de Género y Diversidad Sexual de la provincia de Buenos Aires. De hecho, una de las personas que más conoce la causa es Agostina Balastegui, titular de la Dirección Provincial de Situaciones de Alto Riesgo y Casos Críticos de ese ministerio, una joven de veinticuatro años, apasionada y resuelta a esclarecer el caso, que parece entrenada por la teniente Olivia Benson de *La ley y el orden*.

Sin embargo, no hay cuerpo.

El barrio La Nueva Esperanza tiene poco más de diez años, está lleno de niños jugando en las calles, de merenderos y kioscos, de personas yendo y viniendo. Algunos lo llaman «La toma», porque fueron terrenos apropiados sin papeles, lotes que no tienen quien los reclame, ganados a la laguna Miriní. Allí la gente levantó casillas de madera o de cartón. También casas de material; algunas, como la de Ramos, sin siquiera vidrios en las ventanas. Por esas calles caminó Tehuel, cerca de las 19, poco después de encontrarse con su hermana. Aunque parece que nadie lo vio. O nadie se atreve a decir que lo vio y contradecir a ese hombre que declaró que se encontró con Tehuel, que el evento se suspendió, que entonces se despidieron y cada uno se fue para su lado. Ramos mintió, las antenas de telefonía celular comprueban que Tehuel estuvo en su casa entre las 19.45 de ese día y las 0.30 del día siguiente. También mintió Oscar Alfredo Montes (cuarenta y seis), un chatarrero amigo de Ramos que en algún momento se metió en esta historia arrastrando su carro y que aseguró que nada sabía de Tehuel. Pero se rescató una foto de un teléfono de Ramos que apareció enterrado en su casa junto a la campera quemada de Tehuel. Es una *selfie* de ese día: los tres, alrededor de una mesa, en la casa del mismo Montes que dice que no lo vio.

Ramos y Montes fueron encarcelados por encubrimiento y falso testimonio. A partir de entonces hicieron un pacto de silencio y se negaron a declarar. En los allanamientos de sus casas, aparecieron libros satánicos, velas y otros elementos de prácticas umbandas. La prueba de luminol detectó una mancha de sangre que está siendo cotejada con el ADN de Ailén, la melliza de Tehuel.

Por fin la búsqueda de Tehuel, que al principio se demoró días, sumó buzos tácticos, perros rastreadores y drones. Se realiza, primordialmente, en el lugar donde van a parar tantas mujeres y personas trans, víctimas de muertes de odio: en la basura. El sitio preferido por sus asesinos para descartar cuerpos. Los rastrillajes se hacen en el recorrido que describe el camión de residuos. Se buscó en basurales cercanos al barrio y en todos aquellos por donde pasan los desechos hasta terminar en el último lugar de descarte. Terrenos en los que se arrojan mil quinientas toneladas de basura diarias, que dibujan pequeñas montañas circundadas por caminos de desperdicios. En ese escenario las grúas van y vienen procesando la basura. Hay allí animales de todo tipo, pájaros, roedores. Y personas que esperan revolver y encontrar algo que pueda servirles para reciclar, vender o comer.

Hasta ahora todos los rastrillajes dieron resultado negativo.

No hay cuerpo. Ni rastros de ese cuerpo en medio de la basura.

Se lo buscó también en un chiquero muy cercano a la casa de Ramos. Todos esperan que el cuerpo de Tehuel no haya sido descartado en ese lugar donde se crían cerdos. «Si alguien tira un cadáver a los chanchos, lo único que puede esperar que aparezcan son dientes», confiesa en voz baja uno de los responsables de la investigación.

El evento no existía, era un jueves de pandemia, en aislamiento por Covid-19. ¿Tehuel fue engañado? ¿O sabía? ¿Por qué se sumó Montes a la reunión entre Tehuel y Ramos? ¿Por qué se trasladaron a la casa de Montes? ¿Quién cubre a quién en el pacto de silencio?

Es probable que muchos tengan que aprender una palabra nueva: transhomicidio. Pero detrás de este crimen hay otro, uno social: la precarización laboral del colectivo trans. Tehuel nunca tuvo un trabajo fijo, su pareja hacía rosquitas que él salía a vender; a veces ayudaba a los vecinos cortando el pasto. En su vida, signada por la falta de recursos y la discriminación, Tehuel se alegraba si jugaba Boca Juniors o cuando escuchaba la música de Romeo Santos. A pesar de las carencias, era un joven feliz. Si no se soluciona definitivamente el crimen detrás de este crimen, habrá otros Tehuel que vayan a citas laborales sospechosas, invitados por personajes con prontuario, a tratar de ganar un dinero que, tal vez, les alcance apenas para comer.

¿Si no hay cuerpo no hay delito?

La noche que las vi

Yo sabía de ellas, claro. En mi casa, durante la dictadura, se hablaba de sus rondas y del dolor por la desaparición de sus hijos. Pero una cosa es saber y otra cosa es ver. Aquella noche, en un recital en la cancha de River, yo estaba rodeada de setenta mil personas que habían ido a escuchar al cantante británico Sting. Era diciembre de 1987. El clima político se había enrarecido, los dictadores de la Junta Militar seguían presos pero habían sido aprobadas las leyes de Punto Final y Obediencia Debida. Sin embargo, en ese rato tratábamos de pensar en otra cosa, estábamos en un recital de rock, saltando, bailando con la música de este rubio inglés al que todos admirábamos.

Y de pronto, en algún momento la noche cambió. Las luces del estadio bajaron su intensidad. La música que sonaba pasó a ser muy lenta, algo triste, dulce. Quedamos en espera, atentos a no sabíamos qué. Entonces Sting, hasta el momento protagonista de la noche, cedió su lugar sin dejar de irradiar seducción, las hizo subir al escenario dándole la mano una a una para ayudarlas a acomodarse en un lugar extraño para ellas, un lugar que tuvieron que aprender a usar para que se las viera. Allí, con sus pañuelos blancos, hicieron su ronda, marcharon en círculo, como habían hecho tantas veces en la Plaza de Mayo, mientras Sting cantaba «Ellas bailan solas». *Danzan con los muertos, los que no están, amores invisibles, no dejan de danzar.*

Y yo, al fin, las vi. Y bailé con ellas. Y lloré.
Como lloro ahora con este recuerdo.

El derecho a ser felices[*]

Estuve ahí. Fui una de esas pequeñas manchas celestes y blancas que componían la marea humana, una entre los cinco millones de personas que esperaron el paso del plantel de la Selección Nacional de Fútbol en su regreso al país después del triunfo en el Mundial de Qatar 2022. Esperé en vano, sobre la avenida Lugones, porque el paso no se produjo. También fui una de las tantas personas a las que no les importó que no llegaran. Más que la alegría de verlos a lo lejos se trataba de estar ahí, de que ellos supieran que éramos millones quienes queríamos agradecerles. Se trataba de sumarnos a esa marea humana, festejar, cantar, bailar, reconocernos por las calles vestidos de celeste y blanco, ser felices con la extraña sensación de estar todos y todas del mismo lado.

Desde la mañana temprano, nos pasamos mapas del recorrido. La información cambiaba en cuestión de minutos y la decisión sobre cuál era el mejor lugar donde esperarlos se modificaba con cada mensaje. «¿Alguien sabe dónde está el micro?», se repetía de mesa en mesa en el bar en el que paramos a tomar algo, en la calle, en las redes. Y, sorprendentemente, al confirmar que los jugadores nunca lograrían llegar porque su avance era mínimo, no sentimos

---

[*] Publicado en *Tiempo Argentino* (2022) y revisado para esta edición.

frustración sino consenso de que eso era lo lógico, de que mejor no avanzaran más. La preocupación dejó de ser que no llegaran para convertirse en otras: «¿Esos chicos (los campeones mundiales) tendrán puesto protector solar?», «¿nadie les puede alcanzar gorras para que no se insolen?», «¿estarán bien hidratados?», «¿cómo van a lograr sacarlos de ahí?», «¿los helicópteros son seguros?», «¡que lo dejen a Messi ir a tirarse al pasto a tomar mate con Antonela!», «¡que vayan a sus pueblos, con sus familias!».

Tuve muchas objeciones con respecto a que el mundial se celebrara en un país donde hay serias restricciones a los derechos de las personas LGTBI+, de las mujeres y de los trabajadores. Mis objeciones no desaparecieron cuando vi cada partido, cuando sentí taquicardia en alguna jugada, cuando festejé los goles, cuando me di vuelta para no mirar los penales, cuando salí a regar las plantas —mi cábala para que las cosas, en términos futbolísticos, salgan bien—. Tampoco desaparecieron con la tercera copa mundial en casa. Ni mucho menos con los dichos de argentinos con distintas responsabilidades cívicas que parecían voceros de Qatar intentando minimizar esas circunstancias. No me alcanza ni el «está escrito en alguna parte que no se puede, pero no pasa nada», ni el «tengo muchos amigos *gays* que me dicen que está todo bien». Nada de lo que pensaba con respecto a este tema se modificó. Pero también soy consciente de que, en un mundo capitalista y patriarcal donde las reglas del juego las ponen los que mandan —que siempre son otros— y a pesar de todas las luchas que demos por cambiarlas, no hay que dejar que además nos roben la alegría. Nadie, ni periodista, ni político, ni troll, ni el amargo vecino de al lado que siempre tiene a mano una objeción inoportuna, aunque nunca salió a la calle a batallar un derecho.

Somos un pueblo sufrido, dividido, con muchos asuntos por resolver, con defectos y virtudes que me reservo para otro momento. Pero en nuestro ADN hay un dato indiscutible: somos un pueblo futbolero. Y no sólo nos gusta ese deporte: jugamos bien a la pelota y ganamos campeonatos. En un mundo con tremendas desigualdades y violaciones a los derechos de las personas, donde se esgrime la palabra cultura o religión para avalar desde que una mujer no pueda educarse, hasta la ablación de clítoris o la pena de prisión por tener una pareja fuera de lo heteronormativo. En un país que no pertenece a los círculos de poder pero donde existe aborto legal seguro y gratuito, ley trans, matrimonio igualitario y recibimos a inmigrantes casi sin restricción alguna.

El futbol es pasión y es catarsis necesaria. Es deseo y alegría compartida cuando juega la selección. No tengo dudas de que hay que seguir luchando por cambiar el mundo. No tengo dudas de que a instancias del fútbol no se debe avalar que ningún país que restringe los derechos de las personas limpie su imagen. Pero conscientes de eso y de que el dueño de la pelota es otro, cuando la tira al portero y rueda se hace imposible que nuestro ADN no indique que tenemos que ir a patearla. Entonces, que vaya ahí nuestra selección, ésta, estos chicos, este entrenador, este cuerpo técnico, a jugar y a hacernos felices. El tiempo que esa felicidad dure. Porque no tenemos muchas cosas, pero tenemos derecho.

Pensar distinto[*]

Me produce extrañeza la vehemente necesidad de convencer a otros acerca de determinadas opiniones o ideas. No me refiero a asuntos en los que se juega el destino de un país, de un colectivo o de una persona. Me refiero a lo cotidiano, a cuando lo que está en juego es algo en lo que no se va la vida de nadie. Por ejemplo, alguien dice: me encantó tal libro o tal película, y el otro no sólo da su opinión contraria —lo que por supuesto es lógico en cualquier conversación— sino que trata de convencer a su interlocutor de que no está bien que a él sí le haya gustado. Y en esa discusión, lo que se pone en juego no es si la juzgada es una obra de calidad o no, sino algo mucho más subjetivo como lo es el gusto, el deseo o el pensamiento del otro.

De mismo modo pasa, aunque con mayor intensidad, cuando se habla de temas políticos en una rueda de amigos cualquiera. Otra vez alguien da una determinada opinión política que no es tolerada por el resto y se le disparan frases del tipo: «Vos no podés pensar eso», «A vos no te pueden engañar así», descalificando no sólo el pensamiento diverso, sino a la persona. Seguido de una sarta de argumentaciones con el afán de convencer al insurrecto. Hasta que la conversación estalla, alguien se levanta de la mesa y se va. O, por el contrario, entra en un punto muerto que alguien rompe hablando del tiempo.

---

* Publicado en *Télam* y revisado para esta edición.

Sin embargo, y como dije antes, se trata de escuchar y respetar la opinión ajena sin tratar de convencer a nadie de lo contrario, siempre que no se vaya la vida en ello. Y en ocasiones, sí que se va. En la película *Doce hombres en pugna* (1957), dirigida por Sidney Lumet, un jurado debe decidir si un joven mató o no a su padre. Le toca a Henry Fonda, el miembro del jurado número 8, hacerle ver al resto del grupo que tal vez, además de las pruebas presentadas como contundentes en contra del acusado, hubo en el juicio varios puntos para tener en cuenta que permitan dudar acerca de su culpabilidad. Al principio el esfuerzo por convencer al resto parece que no va a dar ningún resultado. Pero poco a poco algunos miembros del jurado van revisando su postura, dejando muy en claro su posición ante la vida, su personalidad, su propia ética. Hay quien cambia sólo porque se cansa y quiere terminar con ese trámite, especulando con que es mejor decir que sí, así se van todos a casa de una buena vez. Hay quien no se lo permite: «Si vas a cambiar tu voto tiene que ser porque estás convencido de eso, no porque estás cansado». Lo cierto es que lo que empezó siendo 11 a 1 se revierte y el joven es declarado inocente. O «not guilty», lo que no es estrictamente lo mismo y quizás sirva para reflexionar también sobre los usos del lenguaje según el idioma que se trate.

Hace muchos años, cuando todavía trabajaba de contadora, me invitaron a un curso de toma de decisiones y liderazgo. El curso tenía un nombre más rimbombante que ya no recuerdo. Tampoco recuerdo si había alguna otra mujer además de mí. Al menos en mi grupo, no: éramos ocho hombres, todos ingenieros, y una mujer, yo, contadora al borde del divorcio profesional. Nos leyeron un texto, un caso acerca de un conflicto en una empresa y la solución que se había encarado. Y luego nos dieron un cuestionario de diez preguntas. La idea era que cada uno las respondiera individualmente, y que luego consensuáramos entre todos para dar una respuesta grupal. En todo momento tuve la sensación de que a ninguno de mis compañeros le importaba demasiado lo que yo opinaba. Me sonreían, parecía que me escuchaban, pero terminaban siempre votando las respuestas de los otros, nunca la mía. Cuando se dieron los resultados el instructor llamó la atención acerca de un caso muy particular, justamente el de nuestro grupo: teníamos la peor respuesta grupal y la mejor respuesta individual (la mía) entre todos los participantes del curso.

Más allá de que tal vez no nací para líder, varios factores se deben haber conjurado ese día para no haber podido convencer a mis compañeros de aceptar ninguna de mis respuestas. Uno de esos factores, no tengo dudas, la consabida cuestión de género: esos ingenieros estaban convencidos de que una mujer no podía saber más que ellos. Otro factor, mi pereza; no tenía ni por casualidad la energía de Henry Fonda para convencer a sus compañeros de grupo. Pero seguramente, el motivo de más peso fue la importancia o la poca importancia de lo que estaba en juego: en el caso de *Doce hombres en pugna* era la vida de alguien, en el caso del grupo que debía tomar decisiones acertadas en ese curso se trataba apenas de un ejercicio que proponía, en todo caso, una lucha de egos, no más que eso.

El asunto es que, en una sociedad, entre la vida y los egos hay muchos temas que se discuten y se intentan consensuar convenciendo al otro. Desde la legalización del aborto, la discriminación a minorías, la muerte asistida, la explotación irracional de nuestros recursos, o cómo se va a solucionar el problema de la pobreza, hasta temas de otro estilo, tenor y peso, como la ropa con la que se viste una diputada, si tal o cual actriz recurrió a una cirugía estética, o la vida sexual de algún personaje público.

Si pudiéramos reflexionar acerca de a cuáles temas dedicarles nuestra energía y cuáles ignorar, quizás lleguemos a consensos que nos den la misma satisfacción que sintió Henry Fonda cuando escuchó decir «not guilty».

El ocaso del primogénito[*]

Hay ciertas palabras que con el tiempo, aunque signifiquen lo mismo, pierden sustancia, valor o carga. La palabra primogénito, por ejemplo, sigue apareciendo en el diccionario como «el hijo que nace primero». No aparecen allí muchas más aclaraciones que la referencia al mayorazgo español y a la posibilidad del uso del modo femenino de la palabra —primogénita— a pesar de que en la antigüedad la primogenitura fuera un derecho reservado a los varones. Era el primogénito varón quien heredaba fortunas, reinos, títulos nobiliarios, y otros privilegios. Y aunque hoy las fortunas se gastan en vida o se reparten y los títulos nobiliarios fueron abolidos o conservarlos cuesta más impuestos que el prestigio que otorgan, la tradición, el modelo «familia tipo» y hasta factores político-económicos (como en China), hicieron que muchos matrimonios desearan que su primer hijo fuera varón. Yo misma, primogénita mujer, me decepcioné al enterarme de que ése había sido mi caso cuando le pregunté a mi madre cómo había elegido mi nombre, y ella me contestó: «No, yo nunca pensé nombre de nena. Tenía pensado nombre de varón y te ibas a llamar Claudio, así que tuve que cambiar la última letra y listo». Sospecho que varios

* Publicado en *La mujer de mi vida* (2008) y revisado para esta edición.

de mis infinitos años de psicoanálisis se habrán originado en esta pequeña anécdota.

Ser primogénito hoy, a diferencia de lo que fue en tiempos más lejanos, resulta ser una carga más que un beneficio. Cuando una recibe a su primer hijo no tiene que presentar un título habilitante, ni tampoco se le otorga garantía alguna de que sabrá cómo ser padre o madre. No hay otra escuela donde estudiar más que la vida y no queda otro remedio que ir avanzando a prueba y error sobre el propio hijo o la propia hija. Y aunque cada uno de esos pasos se den con amor y buena voluntad, poco a poco la relación va cayendo con distinto grado de intensidad en lo que Ingmar Bergman llamó en su película *Con las mejores intenciones* y Alice Miller en su libro *Por tu propio bien.* Así, el conejillo de Indias soporta estoicamente cada una de nuestras incompetencias, mientras nosotros vamos aprendiendo con ellos, o sobre ellos, o a costa de ellos. Pero peor aún que la prueba de aprendices sobre un inocente es la carga que ponemos en su mochila: cómo va a ser, qué va a ser, quién va a llegar a ser, todas preguntas respondidas de antemano a partir de una serie de expectativas de logros, sueños propios incumplidos y estándares narcisistas de sus padres que hacen que el hijo nunca se termine de sentir a la altura del desafío al que, sin consultarlo, fue sometido.

La literatura ha dado grandes primogénitos, algunos de los cuales salieron airosos, y otros no. Tal vez uno de los más logrados ejemplos de un fracaso en esta particular relación entre los padres y su primer hijo lo ha dado el teatro en *La muerte de un viajante,* de Arthur Miller. Willy Loman, el protagonista, tiene dos hijos: Biff y Happy —nombres que ya marcan la diferencia para lo que se proyecta sobre esos hermanos—. Biff, el primogénito, es un fracasado que siente que nunca cumplió con lo que se esperaba de él, pero que además está convencido de que fue justamente el intento vano de cumplir con ese mandato lo que lo hizo infeliz. Hay una escena en el primer acto de la obra que evoca la infancia de Biff, donde Miller muestra con sencillez un diálogo padre-hijo que resulta muy ejemplificativo. Un niño que intenta satisfacer a su padre y ese padre que espera que su hijo triunfe, sobre todo, para contarlo.

> Willy: ¿Qué dicen de ti en el colegio, ahora que te han hecho capitán? (...)
> Biff: Este sábado, papá, este sábado... en tu honor voy a lanzarme a través de las defensas y hacer un lindo tanto.
> Willy: Ya sabes que tienes que pasar.
> Biff: (...) Estate atento, papá, cuando veas que me quito el casco, será señal de que voy a lanzarme. Verás cómo me llevo todo por delante y alcanzo la línea.
> Willy: ¡Oh! Esto tengo que contarlo en Boston...

Prueba y error, más prueba y error, más prueba y error, y llega una noche, muchos años después, en que Biff se confiesa cuando vuelve a su casa a dormir en su viejo cuarto junto a Happy, después de incontables intentos fallidos de llevar adelante su propia vida. Le habla a su hermano menor del porvenir que siente que trazaron para él sus padres y usa para explicar lo que le pasa la siguiente frase demoledora: No sé qué quieren que quiera. La precisión del verbo que eligió Miller —querer— es lo que demuele. Podría haber escogido que su personaje dijera «no sé qué quieren que haga», o «no sé qué quieren que sea», o «no sé qué quieren de mí», pero ninguna de esas opciones habría sido tan descarnadamente precisa en boca de ese primogénito. Un primogénito sin más herencia que sueños de otros que nunca podrá cumplir, ni querer. Una acepción de la palabra primogénito que el diccionario, a pesar de tantas frustraciones, aún no incluye.

Los dueños de la palabra[*]

Buenos Aires, 8 de julio de 2010

CARTA AL ESTIMADO DIRECTOR DE LA REAL
ACADEMIA ESPAÑOLA:

Me dirijo a usted porque supongo que debe ser la persona indicada para responder una duda que tengo y que en estos últimos tiempos se ha convertido, para mí, en una verdadera obsesión: ¿Quién es el dueño de las palabras? ¿Quién? Ésa es mi pregunta, tal vez le parezca a usted tonta, o ingenua, o inútil, pero es hoy para mí una pregunta ineludible. Primero, ¿quién es el dueño?, y luego otras preguntas que aparecen por añadidura: ¿Se paga para ser el dueño? ¿Se compran las palabras? ¿Se venden? ¿Se apropian luego de una guerra, una invasión o una simple batalla? ¿Existe título de propiedad de las palabras como existe una escritura para un bien inmueble?

Estimo que usted no es ese dueño que busco, porque de lo que se ocupa el organismo que usted dirige es de tomar las palabras que todos nosotros usamos y definirlas, decir qué significan, qué nombran, y aceptar, a posteriori, los cambios que los usos y costumbres van imprimiendo en ellas. Sin embargo, ya que es el material con el que usted

---

* Publicado en *La Nación* (2010) y revisado para esta edición.

trabaja, estoy segura de que no habrá persona más indicada para orientarme en la búsqueda de ese dueño, si es que existe. Porque con ese señor o señora, también tendrá que vérselas usted. Y eso, encontrarlo, es el objetivo último de esta carta.

Como usted sabe, las palabras nombran la realidad, nombran todo lo que existe, sea tangible como una mesa o intangible como un sueño. Pero el camino es de ida y vuelta, porque al nombrar, las palabras también construyen la realidad. O la niegan. Por ejemplo, si alguien con el poder suficiente se apropiara de la palabra «casa» y sólo dejara que se mencionara con ese nombre las construcciones de tres ambientes, con dos baños y patio al fondo, todas las otras «casas» serían negadas como realidad y no les quedaría más remedio que ser nombradas de otra manera o desaparecer. Lo que no puede nombrarse con la palabra que corresponde, se niega, se ignora y desaparece. En definitiva: quien nos niega el uso de una palabra, nos niega también la existencia de lo que esa palabra nombra, y si esa palabra nos nombra a nosotros, entonces quien se apropió de ella nos reduce a lo que no existe.

Ahora bien, ni yo ni nadie tenemos problema con la palabra «casa». Pero imagine usted que alguien se apropiara de la palabra «amor» y definiera qué puede nombrarse así y qué no. O «madre». O «justicia». O «dignidad». U «honestidad». O «flor». O «niño». O «lo normal». O «lo sano». O «la cultura». O «lo natural». O «la felicidad». Bueno, señor Director de la Real Academia Española, en mi país, ha habido una apropiación de palabra. Alguien cree que es dueño de la palabra «matrimonio». Alguien cree que puede decir qué es un matrimonio y qué no. Y no es una cuestión legal como nos quieren hacer creer. Porque las leyes, señor Director, son una construcción teórica, un acuerdo entre los hombres (y le sugiero como lectura al respecto no el Derecho Romano ni la Historia del Derecho sino *El malestar en la cultura*, de Sigmund Freud). Las leyes, como construcción teórica de los hombres y su tiempo, se modifican. Si no fuera así en mi país seguiríamos sin votar las mujeres, no habría divorcios y los hijos extramatrimoniales no tendrían los mismos derechos que los que nacieron dentro de un matrimonio, por sólo nombrar algunos ejemplos.

La ley, las leyes, pueden modificarse, y eso lo saben hasta quienes lo niegan. Por eso la verdadera batalla no está allí sino en la propiedad de la palabra. La palabra MATRIMONIO es una palabra que hoy está en tránsito. Durante mucho tiempo alcanzaba con que nombrara sólo a un hombre y a una mujer que deciden unirse legalmente. Hoy ya no. Si sólo nombrara ese vínculo, hombre-mujer, estaríamos negando la existencia a algo que existe. Si la palabra matrimonio sólo nombrara el vínculo heterosexual, ¿cómo llamaría yo al vínculo de años entre mis amigos Mauro y Andrés, o entre mis amigas María y Vanessa, o entre Patricia y Olga? Yo quiero esa palabra para nombrarlos porque eso son. Mucho más que otros matrimonios que conozco. Mucho más que otros matrimonios que no quieren revisar el uso de la palabra porque lo que se caería es el vínculo que ellos sostienen con alfileres. Porque hacerlo los pondría frente a un espejo donde no se quieren ver. Los que se arrogan la propiedad de la palabra «matrimonio» salen a decir: «Pero bueno, que sean lo que quieran, que vivan juntos si prefieren, pero que usen otro nombre». Y no es ingenuo ni legal lo que plantean, es ontológico. Saben que negar la palabra, negarles ser nombrados, es negar la existencia misma. Un método que viene de los campos de concentración y de los centros clandestinos de detención donde se llamaba a las personas privadas de su libertad por un número, donde no había que nombrarlos, porque el objetivo era que desaparecieran.

Estimado señor, no quiero robarle más de su precioso tiempo. Pero sé que a usted como a mí nos importa la palabra, su uso, y las batallas que se libran en su nombre. Espero con ansiedad su respuesta, quiero tener la posibilidad de estar cara a cara con quien diga ser el dueño de la palabra «matrimonio», quiero discutir con él, quiero librar batalla. Por los amigos a los que hoy no me deja nombrar, pero también por mí, por mis hijos, por los amigos de mis hijos, por la memoria de mis padres muertos, y por todos los otros innombrables que aún hoy niega no sólo su Real Academia sino parte de nuestra sociedad, esa que construimos entre todos.

La Negra Sosa

En el documento de identidad argentino figuraba como Haydée Mercedes Sosa. Su familia la llamaba Marta; ése era el nombre que le habría querido poner su madre, pero su padre dijo que se equivocó al anotarla. En el mundo la conocían como «La voz de América Latina». Y para nosotros, los que la queremos, los que la admiramos, fue y será: la Negra.

Descendiente de calchaquíes, franceses y españoles, ganó un concurso en la radio, a los catorce años, al que se presentó sin que supieran sus padres. Y desde entonces su carrera no se detuvo hasta su muerte, en el año 2009. La Negra había nacido en una familia humilde, su padre era un trabajador de la industria azucarera y su madre una lavandera. Ella convirtió su origen en compromiso, por eso decía que no cantaba porque quería, sino porque debía. En lo que hacía, más allá del placer, había militancia, tesón y coherencia. Suscribió el Manifiesto del Nuevo Cancionero, pero a diferencia de muchos otros y otras que pertenecieron a este Movimiento, la Negra lo honró siempre. El manifiesto se proponía buscar la integración amplia de la música popular —tanto a nivel regional como latinoamericano—. Pero sobre todo, fomentar el espíritu crítico del público para que el folclore no fuera sólo un pasatiempo, sino que se tomara conciencia de su valor cultural, de su ligazón con el pasado y presente de los pueblos. Por eso, ella era tan meticulosa a la hora de elegir sus canciones y tan abierta a tomar elementos de otros ritmos populares como el rock, el tango y el pop.

Mercedes Sosa fue, tal vez, la mayor cantora argentina —así elegía llamarse en lugar de cantante—. El compromiso con sus ideas y con todos nosotros estuvo presente en cada uno de sus gestos. Se tuvo que exiliar en España después de que los militares irrumpieran en uno de sus recitales; pero volvió a nuestro país en cuanto pudo. Juró que no cantaría en Chile hasta que Pinochet no se hubiera ido del poder y así lo hizo; pero junto a Joan Baez se ocuparon de llevar las canciones de Violeta Parra por el mundo, apoyando la campaña del NO de las fuerzas democráticas, para que el militar chileno no se perpetuara en el poder.

La vida no fue sencilla para nuestra Negra Sosa, ni en lo personal ni en lo profesional. El exilio dejó huella, minó su ánimo y su salud. Tuvo paciencia, a pesar del dolor no se dejó doblegar. Cantó siempre como quiso, lo que quiso y donde quiso. Su libertad y su música son su mejor legado. No se puede separar lo uno de lo otro. La Negra fue y será total.

La secta de la bicicleta *indoor**

Cada tanto me asalta la idea de que si no hago ejercicio algo terrible va a suceder sobre mí, mi cuerpo y mi salud. La sensación de catástrofe antideporte me atormenta en especial cuando viajo por trabajo. Instalada en hoteles siento que en esos días, además de comer peor que nunca, me muevo cada vez menos. A veces me impongo prescindir del ascensor y subir y bajar las escaleras. Otras me tiro sobre la cama y, hundida en el colchón mientras miro televisión, muevo las piernas haciendo bicicleta o tijera en un intento inútil de esfuerzo abdominal. He llegado incluso a llevar una pequeña soga de saltar en la valija, aunque nunca la usé.

Hasta que un día, hace más de quince años, descubrí un mundo nuevo, o creí descubrir un mundo nuevo. Había viajado a Perú a la Feria del Libro de Lima y estaba instalada en un hotel en Miraflores, donde tenía que vivir durante una semana. Llegué un domingo, día tremendo para estar sola en cualquier ciudad del mundo. Recorrí el hotel y vi que en la planta baja funcionaba un gimnasio abierto al público. En distintos aparatos, una considerable cantidad de gente hacía sus rutinas con energía. Me puse la ropa adecuada y bajé con un libro dispuesta a caminar en la cinta, siempre camino leyendo. Entre las distintas opciones que veía alrededor mío, lo que de verdad parecía un éxito

* Publicado en *Clarín* (2009) y revisado para esta edición.

era una clase de bicicletas fijas que transcurría en un salón contiguo, desde donde llegaba una música alentadora. No sólo el lugar estaba completo sino que la gente parecía, no sé qué otra palabra usar, feliz. Cuando terminé con la cinta fui a averiguar de qué se trataba. La recepcionista le puso nombre al éxito: *spinning* o bicicletas *indoor*. Le pregunté qué diferencia había con respecto a hacer bicicleta fija; se sonrió ante mi inocencia: «No, no, esto es otra cosa». Intentó dar algunas explicaciones que no entendí, pero de lo que dijo pude concluir que *spinning* era/es una actividad grupal, y que la fuerza del grupo sumada a la música y a las indicaciones del profesor «hacen la diferencia». «La fuerza del grupo», volvió a repetir. Me imaginé que la cosa era algo así como una *secta de la bicicleta* y, de inmediato, me puse a inventar un cuento donde los protagonistas eran los miembros de esa secta, que se trasladaban en bicicleta *indoor* por ciudades como Lima, La Paz o Buenos Aires —bicicletas que tenían un mecanismo que, ante emergencias, las hacía desplazarse fuera del gimnasio, aún sobre su eje y de un modo muy particular— y que marchaban por las ciudades dibujando una ve corta, como hacen los patos cuando vuelan, los más fuertes adelante rompiendo el viento, los más débiles detrás.

No pude seguir con mi cuento porque la recepcionista me interrumpió con una advertencia: «Eso sí, si te interesa te tendrías que anotar ya, hay mucha demanda». Miró un papel donde tenía marcado con una cruz el lugar de cada bicicleta: «Ay, no, discúlpame, no me queda ni una libre, porque ésta —y golpeó una de las cruces con su uña— también la tengo reservada; es que todos quieren». «Gracias», dije, y empecé a irme, pero la chica me detuvo: «Sabes, hay una, en la última fila, contra la pared, tiene una reserva de palabra pero creo que te la puedo dar, si es que estás decidida». «Sí», dije aunque no estaba ni decidida ni interesada ni quería ingresar a la secta, pero el hecho de saber que una bicicleta *indoor* era un bien tan escaso despertó mis más bajos instintos.

Allí estuve, a la hora señalada, como Gary Cooper pero en lugar de llevar un revólver y una insignia de sheriff, llevé, también siguiendo las instrucciones de la recepcionista, una toalla pequeña y una botella de agua. Esperé que casi todos hubieran ocupado sus bicicletas antes de subir a la mía. El profesor se paró junto a la suya con una sonrisa. Era lindo, joven y atlético, lo que debe haber contribuido a la energía que se desplegaba a un lado y al otro del salón, con risitas histéricas y elongaciones más exageradas de lo necesario. Supuse que alguien, él o alguno de sus ayudantes, se acercaría a darme instrucciones acerca del alto del asiento, de la inclinación del manubrio, o de la forma en que debía ajustarme los pedales. Nada. Sentí que, por el lugar que ocupaba o por mi actitud, yo era para los demás invisible. Me gustó ser invisible. «¿Listos, amigos?», preguntó el profesor. Y mientras todos a mi alrededor empezaban a pedalear al compás de la música yo intentaba en un mismo acto montarme en la bicicleta, calzarme los pedales y descubrir de dónde demonios tenía que agarrarme. «Espero que hoy no se me desmaye nadie», dijo el instructor y todos se rieron. «¿Se desmayó alguien?», le pregunté a quien tenía más cerca pero no me contestó. A poco de andar, o de pedalear, tenía tres certezas: si no me desmayaba y lograba completar mi clase, al día siguiente me harían ruido las articulaciones de las rodillas, me dolería la cintura y tendría moretones en las nalgas casi llegando a la entrepierna, allí donde el cuerpo calza en el asiento. Entre pedaleo y pedaleo el profesor arengaba a la tropa: «Vamos, amigos, ¿cómo están hoy?». «Bieeeennn», contestaban todos menos yo. «¿Con ganas de pedalear?». «Síííííí». «¿Con muchas ganas de pedalear?». «Síííííííí». «¿Con infinitas ganas de pedalear, amigos?». Entonces parece que por fin obtuvo un sí que lo dejó satisfecho así que indicó: «Marcha normal, entramos en calor y después ponemos carga». Yo intentaba imitar lo que hacían quienes me rodeaban: pedaleaba tratando de llevar su ritmo, cuando se agachaban me agachaba; si movían una perilla roja que estaba debajo de asiento, yo me agachaba y hacía como si la moviera; cuando mis compañeros se reclinaban sobre el antebrazo, yo me reclinaba sobre el antebrazo. Y como todos, sudaba. Lo que no podía imitar era la sonrisa. «Ahora un poco de velocidad, antes de subir la montaña», gritó el profesor. Yo a esa altura estaba más cerca de ir dejando que de subir ninguna montaña, pero todos se agacharon a girar la perilla otra vez así que eso hice. El de mi izquierda se secó la frente y el cuello y yo, que ya me había acostumbrado a imitar todo lo que hacían los demás, hice lo mismo. Al dejar otra vez la toalla en su lugar se me cayó la botella de agua que giró por el piso hasta detenerse junto a la bicicleta del profesor. «¿Quién perdió el agua, amigos?», ningún amigo contestó, yo menos. Mis fuerzas llegaban a sus límites, miré el reloj y no habían pasado ¡ni diez minutos! «Ahora sí la montaña, la carga al máximo, vamos, vamos, vamos...». Busqué algún cómplice a mi alrededor: todos seguían pareciendo felices. ¡¿Pero nadie le explicó a esta gente lo que cuesta ser feliz?! ¡¿No le dijeron que la vida es finita?! ¡¿No leyeron a Clarice Lispector, a Thomas Bernhard, a Fernando Pessoa?! Me entregué, *gave up*, me senté cómodamente en el asiento y pedaleé sin carga, lento, desafiante. Por primera vez pareció que el instructor me registraba: «El que no puede que no se esfuerce, cada uno a su ritmo, escuchen lo que le pide el propio cuerpo». Algunos miraron a un lado y al otro buscando al desertor cuyo cuerpo pedía a gritos un poco de clemencia. Me dieron ganas de levantar la mano y decir: «Yo, ¿y qué?».

No volví a hacer *spinning* en esa semana en Perú. Me contenté subiendo y bajando las escaleras. El segundo intento de hacer ejercicio con bicicletas fijas fue hace un par de años, y en ese caso la actividad tenía un atractivo: se trataba de *spinning* acuático, las bicicletas estaban sumergidas en una pileta, con peso adicional en las bases para que no anduvieran flotando por ahí. La experiencia no fue muy diferente a la peruana. Sólo que esta vez el sudor, en medio de tanta agua, no molestaba. Tampoco pasé de la primera clase.

Lo intenté por tercera vez hace un mes. Trajeron bicicletas *indoor* a un gimnasio cerca de mi casa. Les dije a mis hijos: «Hoy empiezo *spinning*». Los tres se pusieron contentos. «¿Viste?, ¡mamá hoy empieza *spinning*!», se repetían unos a otros. A ellos les enseñaron desde chiquitos que el deporte es salud, y les preocupa la salud de esta madre. Aunque debo reconocer que la reacción era una mezcla de alegría y sorpresa, con incredulidad. Cuando llegó el momento de partir, me despidieron como si fuera a la guerra pero disimulando. «Va a salir todo bien», dijo el del medio y eso no me dejó nada tranquila. La rutina de la clase fue similar a la que conocía: entrada en calor, marcha con carga, velocidad, subir la montaña, velocidad, bajada de ritmo, elongación. Pero lo que me sorprendió esta vez fue que sólo éramos tres los integrantes de la secta a pesar de que cuando había llamado para anotarme me habían dicho que si no reservaba bicicleta para todo el mes no me podían asegurar continuidad. «Hay mucha demanda», me había advertido quien me atendió tal como lo había hecho aquella primera vez la recepcionista peruana. Me hicieron elegir el lugar de mi bicicleta vía internet como quien elige la posición de una carpa en un balneario o de una tumba en un cementerio. «Bicicleta cuatro», me confirmaron luego con un mail, lo que me dio mala espina porque nunca me gustó el número cuatro. Como dije, el día de la clase éramos tan pocos que el instructor hizo subir a las bicicletas a los dos auxiliares, a su mujer que se ocupaba de cobrar, y a un chico de unos quince años que parecía ser su hijo. Había sobre las bicicletas más empleados del gimnasio que alumnos interesados en tomar una clase de *spinning*. Sospeché que la secta estaba de capa caída, que ya no podían pedalear por la ciudad marchando en ve como hacen los patos, que otra secta (hidro fit, gimnasia pasiva, pilates, entrenamiento aeróbico fraccionado, tratamiento ortomolecular) habría mermado su membrecía.

Me acordé entonces, mientras pedaleaba, de los patos que aparecen en el primer capítulo de *Los Soprano*, y pensé que Tony Soprano debería haber intentado, además de con Prozac y terapia, con *spinning*. Pero que Vito Corleone no, que a Vito no lo suben a una bicicleta *indoor* ni a palos, que a Vito no le importan los patos ni ese tipo de deporte. *Más carga*. Aunque sí le cobraría su comisión a los gimnasios. Y que Tony también se la cobraría. En eso coincidirían y hasta irían juntos a apretarlos. *Yo no subo ninguna montaña*. O mandarían a alguien. *No la subo porque no tengo ganas. Y porque Tony me protege*. Sí, eso, mandarían a alguien mientras ellos esperan comiendo pasta en un restaurante italiano. *Que la suba tu mujer*. Y los apretarían hasta que paguen. Los apretarían, sí, lo bien que harían. *Tony y Vito te van a cobrar mucho, muchísimo, te van a sacar hasta la última moneda, te van a fundir, y vas a tener que vender las bicicletas para honrar tus deudas, y yo voy a hacer que vendas primero, antes que ninguna, la cuatro, esta en la que estoy subida. Espero que te encierren y te condenen a pedalear hasta el infinito, que te conviertan en patos, que te esquilmen.*

Entonces, me desmayé.

Fútbol, violencia y literatura*

Viajo mucho por trabajo y hace tiempo aprendí que las mejores anécdotas están fuera de programa. Si escribiera un diario de viaje me detendría en esos momentos, los que no se enuncian en la nota de un diario, los que no se cuentan en el informe de un periodista. La semana pasada me tocó viajar a Rosario y lo comprobé una vez más. Estaba claro lo que tenía que hacer, cuántas reuniones de trabajo me esperaban, cuántas entrevistas, charlas, foros. La agenda era apretada y no daba margen para el azar. Fui, hice, trabajé.

Pero el azar es terco y cuando terminaba el día me invitaron a un cóctel en el Círculo, el majestuoso teatro que se conoció como «la Ópera» en algún tiempo y como «La cueva de los ladrones» en otra. El cóctel era en las catacumbas. Llegué con el escritor Antonio Santa Ana y la librera Silvina Ross. Allí estaban todos los que participaban del FILA (Festival Internacional de las Artes que se inició este año con eje temático en el gran Roberto Fontanarrosa). Nosotros éramos, técnicamente, «los colados». Gabriela Mahy, motor del proyecto, recibía a invitados y participantes. Reconocí a Gabriela Acher, Laura Esquivel, Felipe Pigna, Sara Facio, Yuyo Noé, Adolfo Nigro. Los canapés y la bebida iban y venían sin solución de continuidad, y entre bandeja y bandeja el gran editor Daniel Divinsky dijo: «¿Vamos a cenar?».

---

* Publicado en *Télam* (2011) y revisado para esta edición.

La voz corrió, alguno invitó a otro; hubo quien se sumó en el camino; hubo quien se perdió en el camino, también. Avanzábamos por las calles de Rosario seguros de que íbamos a Davis, en los ex silos junto al río, pero después de andar unas cuadras alguien dijo: «¿Y si vamos a El Cairo?», y cambiamos el rumbo. No se puede coincidir en Rosario en un homenaje a Fontanarrosa y no ir a El Cairo.

En la mesa de los galanes, estaban los galanes. A nosotros nos armaron una mesa larga. Me senté, estratégicamente, en el medio. En una punta quedaron Rep, Juan Sasturain y Daniel Rabinovich. En la otra el escritor colombiano Santiago Gamboa, el mexicano Juan Villoro y Daniel Divinsky. En el medio Antonio Santa Ana, Kuky Miller, el periodista y escritor colombiano Daniel Samper Pizarro y yo. Alguien me dijo después, cuando le conté de esa cena: «Me habría gustado ser mosca para escuchar de qué hablaron». ¿De qué hablamos?, me pregunté. Algo de literatura cuando Gamboa analizó la obra de un colega que acababa de ganar un importante premio. Mucho de violencia, cuando le pregunté a Villoro por la situación de su país, México, ya que en pocos días viajo a Saltillo, a pocos minutos de Monterrey, una zona por momentos apremiada por la violencia del narcotráfico. Y muchísimo de fútbol. En esta mezcla, fútbol, violencia y literatura, estuvo la gracia de la noche, y la certeza de que todos somos latinoamericanos.

Para los postres Rabinovich le daba explicaciones a Rep y a Sasturain acerca de la última derrota de Independiente, pero poco después estaban hablando de la violencia en el Líbano. Mientras en la punta de Gamboa del escritor premiado pasaron, vaya a saber por qué mecanismo de la conversación, a Messi. Y Samper fue de Messi a las ciudades taurinas y a las corridas de toro. Varios hablaron de lo que se siente ser latinoamericano y vivir desde hace tiempo en otro lugar del mundo: Samper en Madrid, Gamboa en Italia y en la India. Hablamos de la obra de teatro de Villoro que se estrenó en Buenos Aires, de Rosario Central, de la baja de la violencia en Colombia y el aumento en México —en ese entonces no parecía urgente hablar de la violencia en Rosario, aunque seguramente ya lo era—, de los zapatos que le apretaban a Kuky, de Fontanarrosa, por supuesto y otra vez de Messi.

Y así, como una pelota que se va pasando de un jugador a otro, la palabra fue moviéndose de la literatura, a la violencia y al fútbol una y otra vez. Hasta que Samper dijo la frase de la noche: «El Palomo Usuriaga murió de muerte natural. Más natural que morirte después de que te pegan diecinueve balazos, no debe haber». Un verdadero microrrelato protagonizado por el jugador colombiano, que unió el fútbol, el Club Atlético Independiente —el equipo de mis amores—, la violencia y la literatura. Porque al Palomo lo mató un narcotraficante que estaba enamorado de su mujer, un gran final para el héroe de una novela. Lástima que se tratara de la vida. Y de la muerte.

Llamadas perturbadoras[*]

Nací en épocas de Entel (Empresa Nacional de Telecomunicaciones) y en mi casa no había teléfono. Ni en las casas de mis amigos. Mis padres «tenían pedida la línea» desde que se casaron. Yo no entendía qué significaba «tener pedida la línea», pero sí que había que resignarse y esperar. Y la espera duró más de una década. Mientras tanto, el único teléfono en el barrio era el de «Pichi», el carnicero, que lo prestaba siempre que no fuera un llamado de larga distancia. Era un aparato negro, con manivela; el mayor inconveniente no era lograr comunicarse sino hablar y escuchar al otro con el sonido penetrante de la sierra eléctrica cortando un costillar.

Desde aquel primer teléfono hasta el celular que llevo en la cartera cambiaron no sólo los modelos sino los usos y costumbres. Algunos para bien, otros para mal, aunque bien y mal pueden ser relativos. Por ejemplo, que ahora podamos ubicar a nuestros hijos adolescentes donde estén y a la hora que sea: una ventaja para nosotros, una condena para ellos. Que alguien ya no pueda llamar, escuchar la voz del otro y cortar sin ser identificado: bueno para unos, malo para otros. Que uno pueda mirar en el visor quién llama y decidir si atiende o no: otra vez bueno para uno, malo para otros. Que un hombre o una mujer revise el teléfono de su pareja y lea mensajes privados: malo para todos.

---

[*] Publicado en *La Nación* (2010) y revisado para esta edición.

Las ventajas de la telefonía de hoy son fáciles de ver. Las desgracias también. Una de ellas, para mí la peor, los llamados entrantes de *call centers*. Llegan desde un número privado y si quien los recibe es apocalíptico como yo podrá no atender el primer llamado, el segundo se contendrá de hacerlo con dificultad y el tercero lo atenderá seguro de que, si alguien insiste tanto, será porque se acaba el mundo. Por supuesto que del otro lado, el mundo no se acaba y cuando escuchamos la voz se pueden dar distintas opciones.

1. Encuesta en vista de próximas elecciones que asegura no durará más que unos pocos minutos. A veces esta llamada la atiendo y cuando verifico que mintieron, porque pasó bastante más que «unos pocos minutos», corto.
2. Voz grabada de un candidato político. Corto más rápido aún.
3. Televentas, escucho dos segundos y digo: Ya tengo, gracias.

Pero claro, así como el primer celular pesaba casi un kilo y medía como un zapato talle 36, los llamados de los *call centers* también evolucionan. Me pasó hace unos días. Primer llamado: ¿La señora Claudia Piñeiro? Sí, contesto. La llamamos del banco Tal y Cual, me aclaran. El banco Tal y Cual, vale aclarar, no es cualquier banco sino donde yo tengo cuenta. Imagino desgracias posibles: la cuenta está sin fondos, alguien me sacó la tarjeta y la usó en el cajero, robaron las cajas de seguridad, hackearon mi cuenta de *home banking*, el banco quebró. La voz interrumpe mis pensamientos: Usted tiene una cuenta con nosotros, dice. Sí, ¿qué pasó? No, sólo que estamos ofreciendo un seguro integral para su casa... Respiro, no era nada grave, casi agradecida le digo: Ya tengo, gracias. Nos despedimos amablemente. Dos días después, otra llamada de número privado; no la atiendo, estoy en una reunión; insisten, una, dos, tres veces: Hola, digo. Sí, ¿la señora Claudia Piñeiro? Sí. La llamamos del banco Tal y Cual. Me preocupo, esta vez no puede ser por el seguro si ya me llamaron hace dos días. Para no hundirme en una marea de catástrofes imaginarias me adelanto: Sí, tengo cuenta con ustedes, ¿qué pasa? Queremos ofrecerle un seguro integral para su casa. Me lo ofrecieron hace dos días y les dije que ya tengo. Ah, perdón, debe ser un error. Colgamos. Tres días después llaman a mi casa, no tengo identificador de llamadas en esa línea. ¿La señora Claudia Piñeiro? Sí, digo. La llamamos del banco Tal y Cual, queremos ofrecerle un seguro integral... La interrumpo: Mire, es la tercera vez en una semana que me llaman por el mismo tema, ¿sería tan amable de anotar que no vuelvan a llamar? No los voy a engañar, mis palabras no fueron exactamente esas, y el tono no fue pacífico. Cuatro días después, manejo por Panamericana, ocho de la noche. Suena el celular, número no identificado. No atiendo, una, dos, tres veces. Me desvío: si alguien insiste tanto a esa hora debe ser importante. Estaciono en la banquina. Espero. Llaman otra vez. ¿Sra. Claudia Piñeiro? Sí. Llamamos del Centro de Validaciones del banco Tal y Cual. Centro de Validaciones me cae mal, me preocupa. Se valida una firma, una extracción, un gasto excesivo en la tarjeta. Sí, digo. Tenemos que validar con usted unos datos. ¿Qué pasó? Nada, necesitamos validar si usted recibió en la semana un llamado ofreciéndole un seguro para su casa. Sí, uno no, tres, ¿era una estafa? No, no, sólo que acá nos figura el llamado y tenemos que validar que se haya realizado. No voy

136

a transcribir la conversación a partir de ahí, pero me aseguraron que no volverán a llamar.

Pasaron tres días y todavía no volvieron a comunicarse por el seguro del banco Tal y Cual. ¿La verdad? Siento alguna desilusión, había preparado algunas respuestas adicionales, irónicas, impertinentes, insoportables de tan pacíficas, pasivo-agresivas, para usar según me tomara la ocasión. ¿Algo así como un Síndrome de Estocolmo del *call center*? Nuevas perturbaciones de la vida moderna.

Los planos y la realidad*

Plano detalle: una antena de televisión satelital.

Plano conjunto: una antena de televisión satelital en un lugar que la desmiente: agua turbia, sucia, juncos vencidos, malezas, basura que flota. ¿Dónde está la casa? Hasta ahí lo que puede verse en esta foto. Si no usáramos otros planos podríamos suponer que la imagen fue tomada en la costa de un canal en el Delta, o en un arroyo del que no sabemos el nombre, tal vez en un afluente del Paraná o del Uruguay. Podríamos suponer que la foto fue tomada allí, en ese río, en esa isla, donde llegó una antena de televisión satelital para procurarse un lugar en medio de la maleza que la desmiente y que nos lleva a preguntarnos cómo, por qué, quién.

Sin embargo, si el plano se abriera más, si consiguiéramos, por ejemplo, un plano general, tendríamos la segunda desmentida. O una desmentida en vía inversa: ¿desmiente la antena a la maleza o la maleza a la antena? ¿Cuál de las dos está donde no debería estar? Porque entonces sabríamos que esa agua turbia, esa antena y esos juncos vencidos están en un parque de Buenos Aires, en una plaza. El Parque Tres de Febrero, los Bosques de Palermo, la Plaza Sicilia, entre Plaza Alemania, Sarmiento, Libertador y Figueroa Alcorta. La

---

* Publicado en *Escritores del mundo* (2010) y revisado para esta edición.

misma plaza donde está el Jardín Japonés, pero en la otra punta del terreno. Una plaza no tan concurrida como otras cercanas, elegida por paseadores de perros, algún turista distraído que busca en un mapa doblado en varias partes el nombre del lugar donde se encuentra, una pareja que se besa, el dueño de la antena. Y frente a ella, frente a la Plaza Sicilia, avenida de por medio, la plaza donde está el Rosedal, esa donde mucha gente corre alrededor de un lago que no tiene malezas, camina, hace gimnasia en un circuito de aparatos instalados bajos los árboles, elonga, anda en *rollers* o en bicicletas, alquila botes, baila salsa siguiendo el ritmo de un profesor que se sube a una tarima para marcar los movimientos que ellos repiten en espejo, gente que ignora que a metros hay una absurda antena de DirecTV entre la maleza. Una zona, alrededor de las dos plazas, donde el valor del metro cuadrado es uno de los más altos de la ciudad.

Una antena de televisión satelital, en la orilla repleta de malezas, junto al agua turbia donde flotan basura y juncos vencidos, en una plaza que pertenece a los Bosques de Palermo, donde la tierra tiene un valor muy alto. Pero entonces, si abriéramos el plano y pudiéramos tomar la foto desde más distancia, con un angular mayor, obtendríamos un plano panorámico que desmentiría la primera percepción por tercera vez. Porque la plaza de tierra tan cara está en la ciudad de Buenos Aires, que, tomada en su conjunto, incluye tierras de distintos valores, no sólo desde el punto de vista económico. Unas cuadras en dirección suroeste está Plaza Italia, llena de colectivos de distintas líneas, gente que va y viene, bocinazos, frenadas, gritos, ruido indiferenciado. Algunas cuadras en dirección este el Barrio 31, donde otras antenas se procuraron su lugar en el mundo, allí donde hacen falta más que en ningún sitio porque tienen que reemplazar demasiadas otras cosas que faltan. Hacia el sudeste el Hospital Fernández, una ambulancia que llega, una sirena que no se calla. Hacia el noroeste las vías del ferrocarril, y después el río.

Un plano cenital desmentiría una vez más: una antena, junto a la maleza, junto al agua turbia y los juncos vencidos, en una plaza donde la tierra es cara, cerca de otra plaza ruidosa llena de colectivos, cerca de un barrio popular donde hay otras antenas, de un hospital con sus ambulancias, un tren y un río, en una ciudad diversa, extendida, vasta.

Usando Google Earth podemos abrir todavía más el plano, y desmentir el recorte original: antena, maleza, agua turbia, juncos, plaza, parque, ciudad, país. Y luego: antena, maleza, agua turbia, juncos, plaza, parque, ciudad, país, continente. Y después: antena, maleza, agua turbia, juncos, plaza, parque, ciudad, país, continente, resto del mundo. Así hasta el infinito, si la tecnología lo permite. Desmentida tras desmentida, que se confirman con abrir el plano, dejar que entren más cosas, querer ver. Caja china de desmentidas sucesivas. Desmentidas de ida y vuelta, hacia un lado y hacia el otro. Para llegar, por último, a una paradójica conclusión: lo único que podemos afirmar es que aquello que vemos ahora, delante nuestro, es una antena de DirecTV.

El bar del Gallego[*]

Leer a Cortázar en la adolescencia, además de otros placeres e inquietudes, me producía la certeza de que yo podía estar dentro del cuento que leía, ser uno de los protagonistas principales o secundarios de esa historia, vivir en esos mundos. Uno de los cuentos que me hacía sentir incluida en la ficción era «Continuidad de los parques». Estaba segura de que un día yo estaría leyendo una novela y que lo que leería no sería otra cosa que mi propia vida en tiempo real. Y aunque en «Continuidad de los parques» quien lee puede ser asesinado, de todos modos yo soñaba con ser parte de esa aventura o una similar. En la casa de mi adolescencia no había un sillón de terciopelo verde, pero sí uno de respaldo bien alto, cómodo para apoltronarse en él y ejercer el hábito de la lectura. Era el mismo sillón que usaba mi padre para leer el diario o dormir una siesta rápida. Estaba colocado estratégicamente de espaldas a la puerta, de manera que si alguien entraba al ambiente por detrás del lector, éste no veía interrumpida su lectura o su descanso porque no lo percibiría, tal como le sucede al protagonista de «Continuidad de los parques».

A pesar de la intensidad de mi fantasía, nunca me pasó estar leyendo en tiempo real algo que me sucedía.

---

[*] Publicado en *La mujer de mi vida* (2010) y revisado para esta edición.

Hasta hace unos pocos días en Palermo Hollywood. Alguien me había recomendado leer la novela *El divorcio*, de César Aira, y la llevaba conmigo por si tenía tiempo de hacerlo mientras esperaba a un amigo. Decidí tomar un café porque llegué antes al encuentro. Elegí para hacerlo uno de los pocos bares que resistían con su propio estilo en la zona, un bar que había definido su estilo mucho tiempo antes de que a ese Palermo le agregaran el apellido: Hollywood. El bar/restaurante no tenía nombre a la vista, ni en el frente, ni en la carta, ni en ninguna parte. Pero sus habitués lo llamaban «el bar del Gallego». Porque el dueño, efectivamente, era el Gallego, un señor de unos cuantos años, bajo, con unos pocos pelos blancos alrededor de su cabeza calva, y que no parecía muy preocupado por agradar a sus clientes sino porque el bar/restaurante marchara como tenía que marchar.

Me senté en una mesa cuadrada de madera y patas finas, de esas que sólo siguen existiendo en bares como éste, con sillas del mismo estilo. Una barra de aluminio y fórmica —sin sofisticación alguna— servía de apoyo para las bebidas que iban saliendo de la heladera industrial que estaba debajo de ella. Los mozos, hombres con chaqueta que conocen el oficio porque de eso han trabajado durante años, iban y venían haciendo chistes a los clientes a quienes, evidentemente, conocían. «Gente del barrio», dijo un mozo cuando me alcanzó la carta para justificar la confianza excesiva con que trataba a otro cliente. Di una mirada alrededor: un ventilador de pared desenchufado, una pantalla eléctrica que no parecía pudiera dar calor cuando hiciera falta, un cuadro que enmarcaba la página de un diario de varios años atrás con una noticia que ocupaba todo el espacio: «Un empresario le quiso comprar al Gallego su esquina de Palermo en un millón de dólares y el Gallego no vendió». Guapo el Gallego, pensé.

Pedí mi café y una gaseosa, abrí la novela de Aira, y me puse a leer. A mi lado, un hombre se paró de la mesa donde acababa de beber algo, dio dos pasos y se cayó redondo al piso. Miré preocupada al mozo que se acercaba al caído. «No se inquiete», me dijo, «tomó mucho, nada más». El mozo levantó al cliente y lo volvió a depositar en su silla. Primeras páginas de la novela de Aira: un norteamericano recién divorciado decide venir a pasar una temporada en Buenos Aires. Seguí leyendo, Aira me contaba de su hija, de por qué necesitaba venir a Buenos Aires, de cómo consiguió lugar donde alojarse. Pero lo importante para mí, lo que cumplió mi fantasía de continuidad de los parques, fue leer en la página 9 «una mañana estaba precisamente en una de las mesas de la vereda del bar del Gallego (...) El Gallego era un simpático pequeño restaurante atendido por su dueño histórico, fundador y alma mater, un viejo inmigrante español al que apodaban, desde siempre, el Gallego». Y luego: «... era un hombrecito de muy escasa estatura: un centímetro menos y habría sido enano. A pesar de sus ochenta años se mantenía muy activo, en excelente forma física». Me impresionó, me conmoví. ¿Es esa la palabra? ¿Conmoción? Miré la página, miré al Gallego detrás del mostrador. Era él, tenía que ser él. Seguí leyendo, el Gallego de Aira sale a la vereda a desplegar el toldo verde para que no moleste el sol a los clientes que están sentados allí. Miré el toldo, no era verde sino rojo. El Gallego de la novela despliega el toldo y apenas lo hace arranca con toda su potencia la máquina de contar de Aira. No hay dudas, estaba en ese bar. La ficción se arma así, si el toldo real hubiera sido verde habría dudado, pero el toldo era rojo porque la ficción no copia la realidad sino que la reinventa.

Dejé un instante mi café y salí a verificar si a la vuelta existía el simpático hostal temático donde se alojaba el divorciado Kent del libro de Aira. Y existía, pero en la realidad no era un simpático hostal sino un discreto hospedaje que advertía en un cartel improvisado: habitaciones disponibles. Había entrado, como por un portal, en la novela. Volví a lo del Gallego, el mozo estaba a punto de llevarse mi café; llegué a oír el final de su queja: «... se hizo la simpática pero se fue sin pagar». «Tranquilo, acá estoy», le dije, y me senté otra vez. Pedí otro café, abrí el libro y seguí leyendo. El tiempo, como el tiempo de la novela de Aira, se detuvo, y yo aproveché ese instante infinito para leerla toda, para revolcarme en esas imágenes inolvidables de una máquina de contar ilimitada que hizo que se cumpliera, al fin, mi fantasía de lectora.

¿Mi amigo? Se enojó por un tiempo porque nunca llegué a la cita. Reconozco que no fui amable, no le di explicaciones a posteriori, pero cómo explicarle a alguien que había encontrado, por fin, la continuidad de los parques.

No me morí mañana[*]

Hace un par de semanas, domingo a la medianoche, ya metida en la cama poco antes de apagar la luz y dormirme, me dispuse a dar una última mirada a las redes sociales y a mi correo electrónico. Grave error si uno quiere dormir. Pero allí estaba yo, leyendo un tuit de alguien que no conozco y que decía: «@claudiapineiro Me asusté xq me metí en Wikipedia y vi que te habías muerto pero cuando me di cuenta d q era 1 fecha futura me tranquilicé».

Se tranquilizó él y me intranquilicé yo. Después del primer impacto me metí en mi página de Wikipedia, algo que no había hecho nunca antes, y allí estaba el texto: «Murió el 26 de noviembre de 2015 a las 16.45». Era recién abril de 2015 así que la fecha, aunque enunciada en pasado, era futura. En medio de la perturbación inicial, enseguida me vino a la cabeza «El perseguidor», de Julio Cortázar, y su famosa frase que desestructura el tiempo tal como lo conocemos, dicha por Johnny Carter, el músico de jazz protagonista de esa historia: «Esto lo estoy tocando mañana (...) Esto ya lo toqué mañana. Es horrible». Allí, en el futuro, estaba la peor cuestión. No en el anuncio de una muerte que si hubiera sido anterior se podía desmentir con el solo hecho de que aún yo seguía respirando. Un presente futuro para Johnny, un pasado futuro para mí.

---

[*] Publicado en *El País* (2014) y revisado para esta edición.

En cuanto pude dejar a Cortázar para volver al problema concreto y luego de molestar con el asunto a mi familia donde nadie es muy experto en cuestiones de internet, fui a pedir ayuda a las propias redes. Escribí un tuit que cito de memoria: «Alguien puso en mi página de Wikipedia que morí el 26 de noviembre de 2015. ¿Saben cómo puedo corregirlo?». Enseguida empecé a recibir ayuda de amigos tuiteros, la mayoría de los cuales no conozco. Alguno me explicó cómo editar en Wikipedia, otro se ofreció a hacerlo él mismo y de hecho lo hizo. Varios fueron aún más allá, lo que no dejó de ser inquietante. Un amigo virtual me mandó la IP que identifica la computadora desde donde se anunció mi muerte futura. Otro usuario de Twitter me pasó la latitud y la longitud del lugar donde estaba ubicada esa computadora según la misma IP. Alguien subió a la red la foto de Google Street View en la que aparece la entrada del edificio donde estaba dicha computadora. Y como para esa altura de la madrugada la ayuda de mis amigos, pero sobre todo su compañía, habían distendido la cuestión, un tuitero se permitió bromear con que el señor mayor canoso y con bastón que aparece en la foto, tomada por Google vaya uno a saber cuándo, debía ser el «asesino».

Lo cierto es que a las pocas horas el sistema —o sea todos nosotros— había puesto en funcionamiento sus anticuerpos y la cuestión formal estaba solucionada. En cambio, la otra cuestión, el hecho de que alguien se tomara el trabajo de anunciar mi muerte, siguió un tiempo más en mi cabeza y me permitió reflexionar sobre algunas ideas. La más importante, que el mundo virtual en el que vivimos —mundo que yo valoro y en el que participo activa y hasta exageradamente— viene demostrando a diario uno de sus mayores riesgos: olvidarnos que del otro lado hay una persona. Ahí está la paradoja. Hemos creado un sistema de comunicación e intercambio de información fabuloso, pero no siempre entre personas. El que anunció mi muerte futura no pensó en mí, en esa mujer que metida en la cama poco antes de dormir lee que ha muerto en el futuro cercano. El suyo no fue un acto privado, sino un acto público. Quien escribió en mi biografía de Wikipedia usó esa página como si fuera una pared donde pintar un grafiti que desea que todos vean. Pero del otro lado estaba yo. Y otros varios. Mi amigo tuitero desconocido que se inquietó con mi muerte, los que me ayudaron, mis hijos, los amigos o los desconocidos que se preocuparon, y hasta los que me agredieron, «Eso te pasa por vanidad, por entrar a ver qué dicen de vos en Wikipedia». Quien anunció mi muerte no tiene por qué saber que este año tuve un grave problema de salud, que estuve internada en terapia intensiva más de una semana y, menos aún, que el alta médica final coincidirá con la fecha que se le ocurrió como el día de mi deceso. No tiene por qué saberlo. Las redes nos corrieron del lugar de personas para convertirnos en otra cosa. Un nombre de fantasía, un huevito en el lugar que debería ocupar nuestra cara.

El anonimato es el gran talón de Aquiles del sistema virtual. Antes, hace unos cuantos años —parecería que en la prehistoria—, cuando alguien quería insultar a otro, escupirle la cara, darle un puñetazo o inclusive clavarle un cuchillo, debía ponerse frente a él y mirarlo. Hacer contacto visual, aunque sea un instante. En ese breve momento anterior a la agresión, los dos, agresor y agredido, eran personas. Hoy, en esta virtualidad, no. No sabemos quién es el que agrede. Perdemos la consciencia de que el agredido también es una persona que puede sufrir con nuestro propio acto. Dejar de mirarnos antes de lastimarnos, o de abrazarnos, o de tocarnos, creo que es uno de los mayores riesgos de las redes.

Aunque yo, como diría el Johnny de Cortázar, no me morí en el próximo 26 de noviembre de 2015 a las 16.45. O eso espero.

5. De los años que vivimos en peligro

Voces y sonidos de la pandemia[*]

Al Covid-19 le debo una habilidad que desarrollé en alguna de las tantas noches de insomnio: escuchar lo que antes sólo oía. Oír es percibir sonidos involuntariamente. Escuchar supone la voluntad de prestar atención a los sonidos, la intención de comprender. Desvelada y en la oscuridad de mi cuarto, una noche empecé a escuchar. Al principio, el silencio. Pocos días después de decretado el aislamiento obligatorio, Buenos Aires, esta ciudad bulliciosa que nunca duerme, se había apagado de voces y ruidos. La absoluta falta de sonidos irrumpía en la noche, más contundente que ninguno.

De a poco, así como los ojos se acostumbran a la oscuridad y en el negro se empiezan a ver formas y matices, mi oído se acostumbró al silencio y aparecieron rupturas del vacío absoluto. La respiración de quien dormía en la cama conmigo, mi propia respiración, la gota que caía de una canilla. El auto que pasó sobre el asfalto, doce pisos debajo de donde yo estaba. El llanto que me hizo levantar y salir del cuarto a buscarlo. Caminé por el departamento intentando descubrir de dónde venía el quejido. ¿Del departamento de abajo? ¿Del balcón contiguo? Escuché los pasos de mis pies descalzos. Fui al escritorio, me senté frente a la computado-

* Publicado en *Página 12* (2020) y revisado para esta edición.

ra. Escuché el golpe sobre las teclas al tipear el nombre de una canción en el buscador: «The sound of silence». Aparecieron las opciones en la pantalla; no elegí la versión de Simon y Garfunkel, sino una de Disturbe, de 2015. Puse el video con el sonido bajo, para no despertar a nadie. *Hello darkness, my old friend.* La gutural voz de David Draiman cantó con dolor, en una octava más baja que la versión original, sobre imágenes que bien podrían ser las de un mundo post pandemia. *Pero mis palabras cayeron como silenciosas gotas de lluvia / E hicieron eco / En los pozos de silencio.* Fui a buscar un libro en mi biblioteca. Otra vez escuché mis pasos descalzos, el libro que se deslizó sobre la madera, las hojas que yo misma di vuelta hasta encontrar el párrafo que buscaba, subrayado con lápiz muchos años atrás: «Hablar, adoptar la singularidad y soledad privilegiadas del hombre en el silencio de la creación, es algo peligroso. Hablar con el máximo vigor de la palabra, como hace el poeta, lo es más todavía. Así, incluso para el escritor, y quizás más para él que para los demás, el silencio es una tentación, es un refugio cuando Apolo está cerca», dijo George Steiner, en *Lenguaje y silencio.*

El silencio fue una tentación.

Pasaron los días y seguí escuchando.

El ascensor que bajó y subió en medio de la noche. La sirena lejana de una ambulancia. El motor de un auto que no arrancaba y se ahogó. El diario que alguien, seguramente con guantes y barbijo, desplazó por debajo de mi puerta.

Escuché un golpe, continuo, periódico, sostenido. Lo había oído antes de la pandemia. Pero esta vez lo escuché: una pelota que rebotaba una y otra vez, completando un ciclo que al terminar se reiniciaba. Imaginé a un adolescente, aburrido, desesperado, harto de los adultos con los que estaba encerrado, descargando contra esa pared la bronca que lo envenenaba. Escuché a los vecinos quejarse, indagar quién era, apostar a uno y a otro, pedir que parara. El silencio, otra vez. Y la pelota retomando el ciclo, rebelde.

Escuché el audio de una amiga escritora que vive en Berlín, varada en la Patagonia. En el audio, ella leía un texto de Vivian Gornick: «Lo que significa para mí el feminismo». No me pasó el texto escrito, eligió leerlo para que yo escuchara. Se lo reenvió a otros amigos y amigas para que escucharan también. Nos dio su tiempo y su voz. El audio no era público sino privado, no fue concebido para las redes. Un regalo, una joya. «Entendí lo que las feministas visionarias llevaban doscientos años entendiendo: que el poder sobre la vida propia sólo llega a través del control estable del pensamiento propio», dijo Vivian Gornick con la voz de mi amiga. Y yo escuché. Escuchamos.

Escuché mi respiración, profunda, mientras hacía una rutina de yoga. Y palabras que no conocía: Namasté. Escuché el sonido que hicieron mis vértebras al acomodarse. Y el ruido que emitió mi cuerpo, involuntariamente, en una torsión. Escuché cuencos que vibraban cuando alguien los rozaba para provocar el sonido.

Y un grillo. El zumbido de mosquitos. Escuché el aleteo de una bandada de pájaros. La lapicera que corría sobre la hoja de papel. El agua repiquetear sobre la bacha, al lavarme las manos una y otra vez.

Escuché aplausos en los balcones. Escuché el himno nacional desde un departamento al otro lado de la calle. Escuché batir cacerolas. Escuché «Viva Perón». Escuché mis pasos, del balcón a la biblioteca. Y el sonido de otro libro al desplazarlo por el estante de madera: *Escribir en la oscuridad*, de David Grossman. Luego el de las hojas al pasarlas una a una hasta llegar al párrafo buscado, aquel en el que Grossman habla de la escritura en zona de catástrofe: «Y cuanto más insoluble parece la situación y más superficial se vuelve el lenguaje que la describe, más se difumina el discurso público que tiene lugar en él. Al final sólo quedan las eternas y banales acusaciones entre enemigos o entre adversarios políticos de un mismo país. Sólo quedan los clichés con los que describimos al enemigo y a nosotros mismos, es decir, un repertorio de prejuicios, de miedos mitológicos y de burdas generalizaciones, en las que nos encerramos y atrapamos a nuestros enemigos. Sí, el mundo cada vez más estrecho».

Escuché nuestra propia zona de catástrofe.

Escuché la música que escucha mi hija.
Y ella escuchó la mía.
Bailamos con «Proud Mary» cantada por Tina Turner.

Escuché un audio de mi amigo de la juventud que vive en Brescia: «Pasan camiones con muertos apilados unos sobre otros, los traen desde Bérgamo». Escuché un audio de mi amiga escritora que vive en Madrid: «Murió mi madre en el hospital. Me avisarán cuando pueda retirar las cenizas. Mi hermano y yo no podremos siquiera abrazarnos». Escuché a mi traductor italiano llorar al escritor chileno que vivía en Gijón, cuando finalmente murió por el Covid. Escuché y vi un video de Zoom donde mi editor suizo y el personal de su editorial me cantaban el feliz cumpleaños en alemán.

Escuché a una mujer gritar porque en su barrio no había agua, ni lugar suficiente para aislar a los enfermos. Y porque les faltaba comida. Escuché a sus compañeros llorar su muerte por coronavirus.

Escuché otra vez mis pasos en medio de la noche. El silencio es una tentación. Las ruedas de la silla que corrí para sentarme frente a la computadora. El golpe de la yema de mis dedos sobre las teclas cuando escribí: «The sound of silence», Disturbe. El piano y la voz del cantante. Los timbales. Mi voz sobre la de Draiman, traduciendo lo que él cantaba: *Gente conversando sin hablar / Gente oyendo sin escuchar / Gente escribiendo canciones / Que las voces nunca comparten / Y nadie se atreve / A perturbar el sonido del silencio.*

Lloré. Me escuché llorar sobre la última imagen del video: un arca que transporta instrumentos musicales y personas sobrevivientes de alguna catástrofe, sobre aguas oscuras y humeantes, envueltos en el sonido del silencio.

Balcones[*]

Mi madre, que había estudiado perito mercantil en el colegio Baldomero Fernández Moreno de San Telmo, me enseñó, desde muy chica, aquello de «setenta balcones hay en esta casa, setenta balcones y ninguna flor». A mí, una niña criada en Burzaco, en un barrio de casas bajas con alguna suerte de jardín, el poema de Baldomero me resultaba una queja absurda: flores me sobraban; balcón, no. No había ninguno en los alrededores, ni en mi casa, ni en las de mis vecinos, ni en las de mis amigas. En la primera infancia añoré el balcón por donde lanzaba su trenza Rapunzel; años después el balcón de Julieta, por supuesto. Solía subirme a los techos de mi casa o a los de la de mi abuela, trepando por escalones improvisados en los pliegues del tronco de una parra añosa o en los huecos que dejaban ladrillos faltantes. Me gustaba mirar el mundo desde la altura, inventar historias allí y disfrutar la soledad de un lugar que, para otros, era inaccesible.

El deseo de un balcón me acompañó desde entonces. Hoy lo tengo, un balcón sin las flores que reclamaba Baldomero, pero sí con distintas variedades de suculentas, esas plantas tan resistentes que no necesitan una dueña de manos verdes para sobrevivir lozanas. Mi balcón, además, da a un parque con mucho verde. De día veo árboles; de noche

---

[*] Publicado en *Clarín* (2020) y revisado para esta edición.

156

una negrura que se extiende hasta donde aparecen, otra vez, las luces de la ciudad. En una esquina del parque hay una plaza con juegos infantiles; extraño los gritos de los niños que hasta hace poco me sobresaltaban.

En épocas de aislamiento tener un balcón es un privilegio, soy consciente de ello. La posibilidad de comprar comida saludable, de acceder a los elementos de salud e higiene para cuidarse o de tener asistencia cuando es necesario no debe ser, en cambio, un privilegio, sino derechos garantizados. De todos modos, me pregunto si la luz que entra por una ventana, el aire de un balcón o la posibilidad de un rayo de sol no tendrían que ser un bien del que pudiéramos gozar cualquiera de nosotros, bajo las reglas del nuevo mundo, el que sobreviva a esta pandemia. Tal vez es algo que necesitamos reconsiderar. Eso, y tantas otras cosas.

Valoro mi balcón, aquel que deseé desde chica y ahora tengo. Desde allí, miro la ciudad quieta. Me gustaría, el día que esto termine, invitar a mis amigos a asomarnos a él; alzar las copas de cara al parque frente a nosotros y brindar con alegría porque lo peor pasó; permanecer en ese balcón, sabiendo que podemos bajar cuando queramos o que podemos elegir quedarnos ahí, abrazados. A pesar de que el mundo sea otro, a pesar de que el que era no exista más. Me imagino a mí y a mis amigos, contemplando ese otro mundo del que todavía no conocemos sus reglas. En mi balcón, les recitaría a ellos y a quienes quieran escucharlo, otro verso del poema de Baldomero, el que dice: «Si no aman las plantas no amarán el ave, no sabrán de música, de rimas, de amor». Tal vez ese verso pueda ser un buen inicio para empezar a pensar las nuevas reglas.

La incomodidad de las preguntas sin respuestas*

«El coronavirus es un golpe al capitalismo al estilo Kill Bill, que podría conducir a la reinvención del comunismo». Así titula Slavoj Žižek el texto de su autoría incluido en *Sopa de Wuhan*, el libro de descarga gratuita que reúne artículos en tiempos de pandemia escritos por filósofos y otros pensadores contemporáneos, recopilados por Pablo Amadeo, profesor de Comunicación Social. Unas páginas después, en «La emergencia viral y el mundo del mañana», Byung-Chul Han replica: «Žižek se equivoca, nada de eso sucederá (...). El virus no vencerá al capitalismo (...). Ningún virus es capaz de hacer la revolución (...) Confiemos en que tras el virus venga una revolución humana». ¿Se contradicen el filósofo esloveno y el nacido en Corea del Sur? ¿Quién de los dos tiene razón? ¿O están, finalmente, diciendo lo mismo? Si ellos tuvieran que escribir esos textos hoy, apenas unas semanas después, ¿plantearían las mismas cuestiones?, ¿llegarían a similares conclusiones? Al recorrer los demás textos incluidos en el mencionado compendio del pensamiento contemporáneo, me hice estas preguntas en varias ocasiones más. Pasaba de la lectura de un pensador a otro, con la sensación de que no sólo tenían distintas respuestas —válidas, interesantes, pertinentes— frente a iguales cuestionamientos, sino, incluso, respuestas radicalmente contrarias.

---

* Publicado en *Infobae* (2020) y revisado para esta edición.

Me pasa lo mismo cuando escucho opinar sobre las consecuencias que derivarán de esta pandemia a periodistas, referentes o amigos. A partir de la extraordinaria situación en que nos colocó el Covid-19, tratamos de contestar —con voz propia o ajena— preguntas que, tal vez, todavía no tienen respuesta. Aún más que antes y por la irrupción de lo real absoluto, en tiempos de coronavirus nos resulta imposible soportar el estado de incertidumbre. Tiene que haber una respuesta para todo, para lo que pasa y para lo que está por venir. Nos repartimos roles: algunos son los encargados de dar esas respuestas, otros de exigirlas. Cualquiera sea la pregunta, desde las originadas por una inquietud existencial: ¿Cómo serán las relaciones humanas después de la pandemia?, hasta las que derivan de inquietudes concretas, específicas o personales: ¿Cuál será el régimen económico para salvar a las pymes?, ¿cuándo se reanudarán las clases?, ¿cuándo podré ir al oculista y recuperar los anteojos que perdí?, necesitamos que se nos responda. Y si eso no sucede, nos incomodamos y recorremos un arco que va de la queja a la angustia, eligiendo pararnos más cerca de un extremo o del otro de acuerdo con las características personales de cada una o cada uno de nosotros. Hacemos lo que podemos, pero necesitamos que alguien nos diga, con la mayor certeza posible, qué va a pasar.

Desde hace días, en este aislamiento que compartimos con gran parte de la humanidad, pienso en Ricardo Piglia. Evoco con dolor el confinamiento que por su enfermedad —esclerosis lateral amiotrófica— tuvo que soportar dentro del propio cuerpo los últimos días de su vida. Pero, sobre todo, reflexiono acerca de lo que el escritor definió como «ficción paranoica». Y me pregunto si puede ser ésa una herramienta narrativa adecuada para explicar el estado de las cosas a partir de esta pandemia. A pesar de que, a la hora de buscar referencias literarias, muchos asocian lo que estamos transitando con la ciencia ficción, sospecho que el género más indicado para describir el mundo replegado, en alerta y aterrado por el coronavirus es, justamente, esa ficción paranoica que enunció Ricardo Piglia en un seminario de 1991. Porque la ciencia ficción parte de una mirada sobre el presente tecnológico que lleva hacia el futuro. Pero la ficción paranoica suma contenido político, extrapola alguna característica «negativa» de la sociedad del presente en que vivimos —o en que vivíamos— para llevarla al escenario de un mañana. «Todo relato va del no saber al saber. Toda narración supone ese paso», dijo en aquel seminario donde definió esta suerte de género que deriva del policial, para una sociedad contemporánea en la que no siempre se puede dar respuesta a la pregunta clave del género original: *quién lo o la mató y por qué.*

Traigamos aquel concepto de ficción paranoica a la situación pandémica actual. Los elementos son:

1. Una subjetividad amenazada: nosotros, los hombres y mujeres que habitamos el planeta Tierra en 2020.
2. El enemigo o el perseguidor: el virus Covid-19.
3. El complot que acecha la conciencia de quien narra: todos nosotros intentando dar respuestas que no tenemos, respondiendo como sea; nuestra conciencia paranoica.
4. El delirio interpretativo: una interpretación que intenta borrar el azar, que busca decodificar el mensaje cifrado porque sentimos que tenemos la obligación de descifrarlo.

Metidos por el coronavirus en una novela de Piglia, nos convertimos en una máquina paranoica de producir sentido. Y si no lo encontramos, pretendemos que alguien nos dé las explicaciones necesarias para entender, para saber qué va a suceder, para poder planear, prever, anticipar. Exigimos que respondan a riesgo de forzar una mentira. «Por un lado tenemos el enigma, como borde entre la sociedad de los hombres y de los dioses. Por otro lado, el monstruo es el otro límite: aquello que es lo inhumano, lo que pertenece a la naturaleza», dice Piglia. Y lo que dijo resuena hoy, cuando nos amarra dentro de esta virósica ficción paranoica con dos elementos: uno, la amenaza, el enemigo, el complot de quien nos persigue, el coronavirus; el otro, «el delirio interpretativo, la interpretación que trata de borrar el azar, que considera que no existe el azar, que todo obedece a una causa que puede estar oculta, que hay una suerte de mensaje cifrado que *me está dirigido*». Aunque cabe destacar que para Piglia «el delirio interpretativo es también un punto de relación con la verdad».

A veces imagino que escribo el guion de una serie en la que un jefe de Estado tiene que responder a una rueda de periodistas, en una conferencia de prensa donde informa la situación de su país en medio de la pandemia ocasionada por el coronavirus. En mi escena, frente a esa pregunta, que puede ser cualquiera, luego de una leve vacilación, mi personaje, el jefe de Estado, en un arranque de sinceridad brutal, mira al periodista, suspira y responde: «No tengo la menor idea». Y el auditorio en lugar de vapulearlo lo aplaude, primero tímidamente, hasta que el aplauso crece y lo terminan aplaudiendo de pie. Pero, claro, esa escena sería rechazada por el productor porque no resistiría el verosímil

de nuestra ficción paranoica: no es creíble que un personaje tan importante reconozca que no tiene respuesta, aun
frente a una situación extraordinaria y sin precedentes
como la que estamos viviendo. Sería inverosímil, porque los
verdaderos jefes de Estado, no los que inventamos los guionistas, además de luchar contra el avance de la pandemia,
cuidar la salud de la gente y sostener los países que gobier-
nan, deben llevar tranquilidad a la población. Y en pos de
esa tranquilidad, no cabría ninguna posibilidad de que respondieran lo que yo quisiera que responda mi personaje, la
verdad, para dejarnos luego sumidos en la incomodidad de
aceptar que hay preguntas que, mal que nos pese, hoy no
tienen respuesta.

Don't stop me now[*]

No es fácil vivir en cuarentena, para qué engañarnos. Lo hacemos, claro, y tratamos de mantener la moral y el ánimo lo más alto posible. Yo, como tantos, me esfuerzo y hasta puedo salir en un vivo de IG recomendando libros o leyendo el párrafo de un libro de un autor que admiro, sin dejar ver las pantuflas que llevo puestas. Pero en este texto me quiero permitir ser sincera, porque en cuarentena también lloro, me desvelo, me enojo, cocino, barro, lavo, aspiro, me enojo y vuelvo a llorar.

Paso el aislamiento obligatorio en Buenos Aires, en un departamento frente a un parque, tal vez el parque más lindo y verde de la ciudad. Comparto ese aislamiento con mi pareja y mi hija. Soy consciente de que la compañía y el lugar son privilegios que no todos tienen. Pero a mis otros dos hijos no los veo hace más de un mes, y esa distancia física es de las cosas que más me cuesta sobrellevar. Busco fotos de ellos en la nube, de cuando eran chicos, de cuando íbamos a playas y nos reíamos y nos abrazábamos. Se las mando y me vuelven mensajes cariñosos, aunque tengo la sensación de que para ellos esas imágenes no significan lo mismo que para mí. Yo sé que hay algo de aquellos encuentros, olores y sabores del pasado que ya no volverá. Mis hijos, en cambio, si todos tenemos suerte, disfrutarán esas u otras playas.

---

* Publicado en *El País* (2020) y revisado para esta edición.

Leo, pero me cuesta leer. Tengo una biblioteca con muchos libros. Puedo escoger autores, géneros, estilos. Sin embargo, no hago una verdadera elección. Muevo los ejemplares, los abro, dejo que mi vista caiga en cualquier página, hojeo hacia adelante y hacia atrás, los cierro. La ficción no me atrapa, sólo me atrapan las palabras. Una frase, una línea. Pero me irrita seguir las aventuras de personajes que no saben que el mundo está detenido por el avance de un virus que se convirtió en pandemia. ¿Cómo hacen para viajar, para enamorarse o para descubrir a un asesino si no llevan barbijo ni guantes de látex? Toda ficción me resulta hoy inverosímil, todo personaje actúa de manera descabellada. El azar, motor de tantas narraciones, quedó acotado al cuarto donde cada uno de nosotros está aislado. Las historias se me desvanecen, sólo quedan allí las palabras. Y no es poco.

Cumplí años en cuarentena. Lo mismo que tanta gente. Pero cumplí sesenta y ese detalle, en épocas de coronavirus, agrega una dimensión dramática al hecho de haber consumido las dos terceras partes de la vida: pertenezco ahora a un grupo de riesgo. Claro que no era yo una persona tan diferente en mi último día de los cincuenta y nueve. Claro que no aumentó el peligro de manera brutal unas horas después de las 12 p. m. de ese día. Pero la pandemia nos hizo expertos en números, curvas, tendencias, probabilidades. Y el número 60 me perseguía en sueños. Más aún cuando muchos, incluso amigos cercanos más jóvenes, pedían que dado que se supone que los adultos mayores somos los que corremos más riesgo se nos dejara a nosotros en aislamiento, pero que a ellos se les permitiera hacer vida normal. Edadismo del peor.

Más allá de las circunstancias, o justamente por las circunstancias, no quise que la fecha pasara inadvertida. Lo único que me atraía para ese día era estar con personas queridas. Así que hice un Zoom de cumpleaños (no sé si la Real Academia habrá ya aceptado el modismo «hacer un Zoom»). Amigos expertos en la plataforma me advertían que con tantos invitados iba a complicarse, que les apagara los micrófonos, que pusiera contraseña, que no pusiera. Allí fui, como pude, mandé la invitación virtual, me puse un vestido de fiesta, mi marido un traje, y arrancamos. Fue inolvidable, estaban en la pantalla amigos de toda la vida, amigos que me dio la literatura, familia. Personas queridas que viven en distintas partes del mundo se miraban unos a otros en cuadraditos minúsculos y trataban de cantarme un feliz cumpleaños desordenado. Me emocionó ver la alegría cuando uno descubría que allí estaba otro a quien extrañaba y movía las manitos o se reía hasta las lágrimas.

Como cierre, intenté que cantáramos y bailáramos, cada uno en su espacio virtual, la canción de Freddie Mercury que es mi himno para esta pandemia: «Don't stop me now». El intento no salió muy bien en términos artísticos, pero sí emotivos. La canción fue un mensaje en una botella tirada al mar, y un deseo, y un grito, y un ruego: No me detengas ahora, señor coronavirus, que tengo sesenta, pero yo también quiero más playas.

Lenguaje Covid

Palabras que no conocíamos, palabras que usábamos de otro modo, palabras que inventamos, el Covid hizo que las usáramos a diario y como si fueran parte del habla habitual:

Aislamiento
Distancia
Distancia social
Virtualidad
Falso positivo
Imagen pixelada
Estás muteada
Encierro
Conviviente
Contacto estrecho
Burbuja
Positivo
Virus
Curva
Pico
Meseta
Vacuna
Respirador
Terapia intensiva
Uti
Camas

Saturar
Contagios
Altas
Barbijo
Cepas
Zoom
Admitime
Fiebre
Oxímetro
Test
PCR
Antígenos
Muerte

Respirar libros[*]

Dice Neil Gaiman en *American Gods*: «A mi modo de ver, una ciudad no es una ciudad sin una librería. Puede llamarse a sí misma ciudad, pero a menos que tenga una librería no engaña a un alma». Coincido con las palabras de Gaiman, pero en el caso de la ciudad donde habito, extremaría el concepto: no existiría Buenos Aires sin sus «muchas» librerías. Sin todas ellas.

Una ciudad respira en distintos lugares. Así como las plazas son «pulmones verdes» donde cargar oxígeno, las librerías son órganos de otro tipo donde respiramos historias, pensamiento, ideas, lenguaje. Grandes o pequeñas, escondidas o en medio del paso en un shopping, atendidas por sus dueños, por libreros expertos o por empleados que recién se inician en el oficio, exitosas o sobreviviendo como pueden, con cafetería o sin, con jardín de invierno que regala luz natural o en un sótano atiborrado de ejemplares casi en penumbras. Quizás porque las librerías de Buenos Aires son esos otros pulmones que necesitamos, lectores y libreros peleamos por ellas y logramos que durante el aislamiento obligatorio a causa del Covid-19 la venta de libros fuera declarada «actividad esencial».

La de mayor fama, la librería Ateneo Gran Splendid, es una de las más grandes del continente, reconocida interna-

---

[*] Publicado en *Tiempo Argentino* y revisado para esta edición.

cionalmente por su belleza. Funciona en lo que fue hace muchos años un cine-teatro de amplias dimensiones. Sus libros ocupan no sólo el espacio reservado a la antigua platea, sino también los palcos en altura. Alguna vez, donde hoy hay libros se sentó una señora con abanico o un señor con binoculares para disfrutar un espectáculo. Ahora el espectáculo son los libros. Sobre lo que fue el escenario, se encuentra la cafetería con una perla que no todos descubren: el antiguo tablero de luces del teatro, que ocupa una pared lateral, del piso al techo. Me gusta tomar un café junto a ese tablero hoy inactivo, leer un libro sentada en una mesa cercana y cada tanto levantar la vista e imaginar que soy la iluminadora del teatro, que la actriz que representará el personaje principal de la novela que leo está a punto de salir a escena, y que yo deberé iluminarla.

Pero en Buenos Aires la atracción por una librería no se produce sólo por una cuestión de fama, cada lector elige su preferida. Puede ser la Librería de Ávila, la más antigua, apareció en el casco histórico de la ciudad a finales del siglo XVIII; allí compraron libros Jorge Luis Borges, Victoria Ocampo, Roberto Arlt, Adolfo Bioy Casares. O la Librería Norte, tradicional y de público fiel, fundada por el gran librero Héctor Yánover en 1967 y aún a cargo de su familia. O Eterna Cadencia, elegante y acogedora, con un bar-restaurante donde el lector o la lectora puede repasar los libros que quiere comprar y descubrir que en la mesa de al lado está almorzando Martín Kohan o Gabriela Cabezón Cámara. O la Librería del Pasaje, con un living que invita a apoltronarse en uno de sus sillones para sumergirse en la lectura. La lista de librerías de Buenos Aires tiende al infinito, es imposible nombrar todas las que recorro. Incluso, debería sumar aquellas que no podría nombrar porque desconozco cómo se llaman, pero que me sorprenden caminando por cualquier calle de Buenos Aires, que me convocan al paso desde su vidriera con un libro inhallable o con un autor recuperado del olvido por una editorial independiente. Estas «librerías de barrio», las que no salen en los listados de librerías que un turista debería conocer en su visita a la ciudad, tuvieron un evidente protagonismo durante el aislamiento por la pandemia del Covid-19. Son las llamadas «librerías de cercanía», a las que con un mail, un mensaje de Whatsapp o un llamado, recurrimos en cuarentena para que nos despacharan, puerta a puerta, el libro que necesitábamos con urgencia como quien necesita oxígeno.

Hace unos días, Eterna Cadencia subió a distintas redes un video que llamó mi atención. No se veía a los protagonistas de la acción, pero quedaba claro que se trataba de la entrega de un libro en la modalidad *delivery*. Si hubiera sido un video en el que personal de correo con barbijo entregaba un libro a alguien que lo recibía, también con barbijo, se habría tratado de una imagen entre tantas otras recogidas durante esta pandemia. Pero el caso era bien particular. Cámara, acción, el plano abre con las manos de la persona que desde una ventana y con mucho cuidado hace bajar una bolsa de compras atada a una cuerda. Cuando la bolsa llega a la planta baja, allí la reciben las manos de quien debe entregar el libro. Lo meten dentro y dan el *okey* con el pulgar derecho hacia arriba. Entonces se inicia el «izamiento» del ejemplar esperado. El video fue posteado con la leyenda: «Entregando libros, ¡como sea!».

Entre las librerías de Buenos Aires y quienes viven o transitan esta ciudad hay una historia compartida que está plagada de escenas como la anterior. Esa lista, la de anécdotas de los lectores de Buenos Aires y sus librerías, también tiende a infinito. Pero me atrevo a sacar un denominador común: cada escena compone una historia de resistencia. Lo fue en los oscuros años de la dictadura militar. En crisis económicas brutales como la que nos tocó atravesar en el 2001. Lo habrá sido en momentos particulares de resistencias más íntimas. Lo es ahora, en los enclaustrados tiempos del Covid-19.

La resistencia nos une a lectores y librerías: ellas nos necesitan a nosotros para subsistir, nosotros las necesitamos a ellas para tener un lugar donde respirar.

El oráculo de las palabras[*]

La famosa frase de Theodor Adorno: «Escribir poesía después de Auschwitz es un acto de barbarie», me viene a la mente, a repetición, en estos días. Me pregunto qué será escribir después de esta pandemia, después del Covid-19. Como también me pregunto si alguien está escribiendo poesía o historias de ficción, en este momento, mientras la padecemos. Pienso en ése o ésa que sí puede, que escribe, y siento admiración. Yo, por ahora, no puedo. Las palabras apenas me alcanzan para garabatear textos sobre lo que pasa, pero no atraviesan otras fronteras, no logran ponerse a disposición de la fantasía para armar ficción.

Estamos en un real absoluto.

El mundo que miramos a través de la ventana es un mundo que ya no existe. Como una estrella que murió hace tiempo, pero que seguimos viendo porque su luz tarda años en llegar a la Tierra, lo que vemos ya no está. Sin embargo, y esto es lo que más inquieta, aún no sabemos cómo será el nuevo estado de las cosas que viene a reemplazar a aquel del que sólo nos llega su antigua luz. Tal vez muy distinto, tal vez aterradoramente igual.

En este momento de incertezas, cada uno busca calmar como puede la ansiedad que provocan tantas preguntas. La ciencia, la única capacitada para dar respuestas válidas, tra-

[*] Publicado en *Anfibia* (2020) y revisado para esta edición.

baja a tiempo completo sin encontrar todas las que necesitamos. En especial, no es fácil aplacar las dudas existenciales, las filosóficas, las del por qué —un por qué de sustancia mayor, que no se refiere simplemente a causa-efecto—. Algunos, en el afán de obtener respuestas recurrirán a las religiones, a las seudociencias, a la magia. Sospecho que existen distintos oráculos en cada lugar donde hay personas recluidas por este virus. Pero en todos los casos, no importa el oráculo elegido: lo que augura un oráculo siempre necesita ser traducido por medio de palabras. La palabra es la luz de aquella estrella que aún nos llega. Y quizás no advertimos su belleza porque se nos hace presente por caminos demasiados cotidianos: un mensaje de whatsapp, posteos en las redes, saludos virtuales, un concierto, una lectura de textos.

Yo tengo mi oráculo. Lo copié del que tiene el dramaturgo, director y maestro Mauricio Kartun, aunque aplico una versión libre del suyo. En una clase, el maestro nos contó que, en la sobremesa de cenas con amigos, solían hacerles preguntas a las *Obras completas* de Shakespeare, como quien se las hace al *I Ching*. Y que, créase o no, los textos de Shakespeare respondían. Alguien hacía una pregunta, tiraba las monedas —con un determinado código definido previamente: tomo, obra, página, párrafo—, buscaban, y Shakespeare respondía. En esta cuarentena recurrí varias veces al oráculo de Kartun, versión propia. Y seguiré recurriendo. A cada pregunta que me asalta y para la que no tengo respuesta, me acerco a un libro elegido al azar, uno de los tantos que tengo en la mesa a mano para ser leídos o en la biblioteca para relectura, lo abro, hago correr las hojas como si fueran un abanico, lo más lentamente que puedo, y me detengo en alguna palabra que llama mi atención. Y el libro, como el *I Ching*, como las *Obras completas* de

Shakespeare, me responde. Las palabras de los que escribieron antes, cuando se podía escribir, no defraudan: son la luz de aquella estrella que llega hasta mi lugar de aislamiento. Reemplazan las respuestas que nadie puede darme. Allí, en el universo infinito que es la literatura, está hoy lo que busco, y mi refugio.

No voy a compartir mis preguntas, cada uno tendrá las propias, son íntimas, personales, intransferibles. Pero sí quiero compartir las respuestas que hoy obtuve de mi oráculo frente a cada una de ellas. Se fueron sucediendo desde que me desperté hasta que escribo estas líneas. Tal vez, por el hecho azaroso de que yo las transcriba aquí, otros puedan responder las propias preguntas.

«Qué lindas épocas. Cómo me gustaría volver atrás. En lo de mi mamá hay una (fotografía) donde estamos todos metidos en un Citroën, ¿cómo entrábamos tantos?, me pregunto». *Estás muy callada hoy*, Ana Navajas, Rosa Iceberg editora.

«No nos gusta estar rodeados de lo grotesco sin sentido, somos animales que asumimos la responsabilidad de encontrar forma en lo deforme. Allí está Velázquez sobre un tallo de col. Y los picos aquí, ¿una hilera de dientes?, ¿una fortaleza?, ¿dados? Y este poste tiene el contorno del Mar Muerto, creo. Las formas de la vida cambian a medida que las observamos, nos cambian por haber mirado». *Tipos de agua, el camino de Santiago*, Anne Carson, Vaso Roto Ediciones.

«Ahora las palomas dan una vuelta, dos, tres, parece que caen en una maniobra rasante sobre los techos de la cuadra. Luego se enderezan y vuelan en línea recta hacia la ruta que pasa por el costado del pueblo y separa las últimas casas de la inmensidad del campo». *Yo la quise*, Josefina Giglio, Edulp.

«Es una tarde de abril, gris y templada, el aire porta el dulzor de la nueva primavera. El tipo de clima que induce a que se agiten sentimientos sin nombre escondidos en resquicios insondables». *Apegos feroces*, Vivian Gornick, Sexto Piso.

«¿Qué es el día, qué es el mundo cuando todo tiembla dentro de uno? El cielo se pone vano, las casas crecen, se juntan, se tambalean. Las voces suben, aumentan, son una sola voz. ¡Basta! ¿Quién grita así? El alma está negra, el alma como el campo con tormenta, sin una luz, callada como un muerto bajo tierra». *Enero*, Sara Gallardo, Fiordo Ediciones.

«No entiendo. Esto es tan vasto que supera cualquier entender. Entender es siempre limitado. Pero no entender puede no tener fronteras. Siento que soy mucho más completa cuando no entiendo. No entender, del modo en que lo digo, es un don. No entender, pero no como un simple de espíritu. Lo bueno es ser inteligente y no entender». *Descubrimientos*, Clarice Lispector, Adriana Hidalgo.

No alcanza lo que diga la ciencia, ni la religión, ni la magia. No alcanza lo que diga un sabio, un escritor, o un filósofo. Necesitamos un coro de voces. Todas las voces en un solo canto. Textos enhebrados, escritos por tantos que pierden la autoría individual para fundirse en lo colectivo.

Hoy seguiré haciéndome preguntas. Y seguiré buscando respuestas en escritos de otro tiempo.

Palabras que me abrazan y consuelan como una antigua luz que ya no sé de dónde viene.

6. De la escritura

Acerca de *Elena sabe**

Si alguien me preguntara de qué se trata *Elena sabe*, cuál es el tópico principal de esta novela, diría: el cuerpo.

Es cierto que *Elena sabe* trata temas como la religión, la relación madres-hijas, la burocracia y el sistema de salud, el *burn out* de quien acompaña al enfermo, las normas y políticas que restringen nuestras vidas (especialmente la vida de mujeres y personas LGTBI+). Pero el tema que yo considero principal en esta novela es el cuerpo: quién es el dueño de nuestro cuerpo, quién toma decisiones y controla nuestro cuerpo. Y finalmente, ¿hay algo más cuando ya no tenemos cuerpo?

El cuerpo de Elena es un cuerpo enfermo. El cuerpo de Isabel es un cuerpo forzado a tener un hijo que no quería tener. El cuerpo de Rita es un cuerpo muerto. Las tres, cada una a su manera, lucha con lo que significa ser mujer en este mundo. Y cada una hace lo que puede, lo mejor que puede.

Mi madre padeció la enfermedad del Parkinson. Murió a los pocos años que se le declarara. Aunque no temblaba, era una modalidad grave de la enfermedad que la obligaba a doblarse sobre sí misma, con rigidez cada vez más aguda. Mucha gente, cuando pasaba junto a ella, evitaba mirarla.

---

* Escrito para el blog del International Booker Prize 2022, en el que la traducción de *Elena sabe* al inglés fue finalista.

Como dijo Susan Sontag en su libro *La enfermedad y sus metáforas*, tratamos de no mirar a un cuerpo enfermo. Argumentamos que no haciéndolo, evitamos que la persona enferma se sienta incómoda. Pero al dejar de mirarlos le quitamos el derecho a ser vistos, los convertimos en invisibles. Escribí *Elena sabe* para alentar a los lectores a mirar el cuerpo de Elena y dejar su vista allí por un largo tiempo.

Todos los que estamos dentro del mundo de la literatura sabemos la importancia de ser elegido en la *shortlist* de un premio como el Booker Prize, y las puertas que abre para nuestros libros, para la o el autor elegido, para la o el traductor elegido. Sin embargo, quisiera señalar la importancia que tiene para quienes como yo venimos desde los márgenes. Por eso, me gustaría contar desde qué lugar escribo. Yo vivo en Argentina, un país latinoamericano en la esquina izquierda del mapa, abajo, muy lejos de donde se define este premio. Un país con una alta tasa de pobreza, con una enorme inflación, que debe pagar una astronómica deuda externa. Sabemos que a lo largo de los años hemos cometido muchos errores. Conocemos nuestras debilidades. Pero también sabemos que no somos un país central, y no por el arbitrario dibujo en un mapa: no somos un país central porque no pertenecemos al lugar del mundo donde se establecen las reglas del juego. Es así.

A pesar de esto, mi lejano país trajo varios escritores y escritoras hasta este premio. En los últimos años, desde que el Booker Prize es otorgado a un libro, no a una persona, cuatro mujeres fuimos incluidas en la *shortlist*: Samanta Schweblin, Gabriela Cabezón Cámara, Mariana Enriquez y yo. En ese sentido, siento que puede aplicarse lo que Deleuze y Guattari llaman «minor literature» (literatura menor): una literatura escrita en un lenguaje mayor por una minoría.

Nuestro lenguaje mayor es el castellano. Nuestra minoría: ser latinoamericanas y ser mujeres. Venimos de los márgenes, escribimos en los márgenes. Estamos del otro lado de la frontera. A pesar de que siempre estuvimos ahí, escribiendo en voz alta para ser escuchadas, durante mucho tiempo no fue suficiente. Hoy en día, el mundo literario nos presta más atención. Hay más libros publicados, reseñas y premios para autoras latinoamericanas. Pero no hay un Boom, no somos un Boom ni una excepción. Tal vez el motivo de este cambio sea que el movimiento feminista logró, entre otras conquistas, un mayor respeto para el trabajo de las mujeres.

Todas nosotras, escritoras latinoamericanas, escribimos de manera distinta, sobre distintos temas, de distinto modo, pero como dice Deleuze: «En esta literatura "menor", la literatura es algo que le importa a la gente (...) tiene lugar a la luz del día (...) absorbe a cualquiera como un asunto de vida o muerte». Y como dice el feminismo: lo personal es político.

Cuando escribí *Elena sabe*, lo hice sabiendo que soy parte de esa minoría, la que escribe, según dice Deleuze, «como un perro cavando un pozo, como una rata cavando su cueva».

Tal vez, si esta novela transcurriera en los tiempos actuales de un feminismo con mayor peso y más extendido, tendría que haber tenido en cuenta que hoy hay montones de mujeres sosteniendo la mano de otras mujeres para que nuestros derechos sean respetados. Tal vez ellas podrían haber ayudado a Elena, Rita, o a Isabel. Tal vez, si la novela transcurriera en estos días pero en los Estados Unidos, yo habría escrito que Isabel se viste de verde y sale a la calle a juntarse con otras mujeres vestidas de verde a gritar con toda su fuerza: Mi cuerpo, mi decisión.

Finalmente, y como ya dije, dado que *Elena sabe* discute la importancia de nuestros cuerpos, no quisiera terminar estas palabras sin señalar un uso de la palabra «cuerpo» que hemos escuchamos a diario últimamente: cuerpos civiles, cuerpos ejecutados, cuerpos quemados, cuerpos apilados, cuerpos torturados, todos ellos, cuerpos muertos. Tengo la esperanza de que, tal como hicimos las mujeres, todas y todos nosotros, quienes creemos en la democracia, en la paz, y en el poder de las palabras para resolver conflictos, hombres, mujeres, personas no binarias, viejos o jóvenes, no importa en el lugar del mundo donde vivamos, nos demos las manos y con la fuerza de nuestra unión podamos poner fin a la locura de la guerra, de toda guerra.

El punto de vista como último refugio[*]

Lejos de las moralejas con las que terminan las antiguas fábulas, ya no parece adecuado indicar qué conclusiones deben derivarse de una lectura y, mucho menos, señalar el bien y el mal. Porque, por otra parte, ¿qué es el bien y qué es el mal? Esas definiciones están reservadas al lector, y quienes escribimos deberíamos intentar evitar sentencias, juicios de valor, frases de ideología explícita. No siempre lo hacemos, aunque queramos, porque los autores somos personas políticas en el sentido más amplio de la palabra —incluso quienes declaran que no lo son— y en cada historia se esconde algo de nuestras propias convicciones. Sin embargo, creo que el mejor lugar para ejercer ese derecho, el de las ideas propias, es el punto de vista.

El punto de vista no es una voz, no es quien habla, es la ventana a la que invitamos al lector a asomarse, desde donde queremos que mire el mundo. Punto de vista y narrador no es lo mismo, una novela con un narrador en tercera persona, en apariencia omnisciente, puede contarse desde el punto de vista de un determinado personaje o de otro. Dijo Amos Oz en el discurso que pronunció al recibir el premio Príncipe de Asturias (hoy, Princesa de Asturias): «La lectura de una novela es una invitación a visitar las casas de

---

[*] Publicado en el libro *Cómo escribir. Consejos sobre escritura*, China Editora, 2023.

otras personas y a conocer sus estancias más íntimas. Si no eres más que un turista, quizá tengas ocasión de detenerte en una calle, observar una vieja casa del barrio antiguo de la ciudad y ver a una mujer asomada a la ventana. Luego te darás la vuelta. Pero como lector no sólo observas a la mujer que mira por la ventana, sino que estás con ella, dentro de su habitación, e incluso dentro de su cabeza». La imagen de esa ventana a la que nos asomamos los lectores me acompaña desde que escuché aquel discurso. Me tomé el atrevimiento de adoptarla como propia y la convertí en la pregunta clave al momento de empezar a escribir: ¿A qué ventana quiero que se asome el lector para mirar la historia que voy a contar?

Sin embargo, a pesar de ser uno de los últimos refugios de la ideología, el punto de vista no tiene por qué coincidir con nuestras propias ideas, con la manera en que juzgamos al mundo. Puede que un autor elija contar una historia difícil, desde el lugar en que al lector le sea más sencillo sentirse identificado. Por ejemplo, lo que hace Claire Keegan en *Cosas pequeñas como esas* (Eterna Cadencia, 2021). En esa destacada *nouvelle*, la autora propone mirar lo que pasa en un convento donde esclavizan mujeres, a través de los ojos de Bill Furlon, el hombre que provee carbón y leña a las monjas que maltratan a las pupilas. Una historia muy dura que produciría efectos absolutamente diversos si hubiera sido contada desde el punto de vista de una víctima o desde el punto de vista de las victimarias. La opción que elige Keegan nos permite ser parte de la historia como testigos privilegiados, tal como lo es Furlon.

Otros textos y autores proponen todo lo contrario, buscan poner al lector en un lugar más incómodo, que potencie el sentido crítico de lo que estamos leyendo. Es lo que hace, por ejemplo, Martín Kohan en *Confesión* (Anagrama, 2020). En esa novela, el autor nos lleva a recorrer parte del texto de la mano de Mirta López, una niña enamorada de un joven llamado Jorge Rafael Videla que pasa cada día por su ventana y al que busca en misa los domingos.

En lo personal, dedico mucho tiempo a elegir el punto de vista de cada texto. Siento que si ese punto está bien resuelto, el trabajo que hay por delante será más sencillo y presentará menos escollos. Pero en la escritura de mi novela *Catedrales* (Alfaguara, 2020), elegir el punto de vista me aportó una nueva enseñanza. Durante meses estuve pensando quién debía contar la historia de Ana Sardá, esa joven criada en una familia de fuerte tradición católica, que había aparecido quemada y descuartizada en un terreno de Adrogué, treinta años atrás. Pasé por distintas alternativas, elegía un personaje y no me parecía suficiente. Elegía otro personaje y sentía lo mismo. Hasta que me di cuenta de que debía usar a todos los personajes. Pero, además, no se trataba sólo de que fuera una novela coral al estilo *Rashomon* de Akutagawa, donde distintos testigos de un crimen cuentan lo que saben. En *Catedrales* yo necesitaba que cada personaje no fuera sólo una voz, sino que tuviera la oportunidad de invitarnos a su ventana y mostrarnos el mundo como él o ella lo veía. Y en ese acto, en la escritura de ese texto, darles la oportunidad de que asumieran la pequeña o gran cuota de responsabilidad que habían tenido, tantos años atrás, en la muerte de Ana. Algunos de ellos lo logran, otros no, pero eso ya hace a la trama y a la composición de los personajes. La ventana estuvo abierta, en este caso no sólo para el lector, también para los personajes.

Dice David Lodge en *El arte de la ficción* (Ediciones Península, 1998): «Puede afirmarse que elegir el o los puntos de vista desde el cual o los cuales va a contarse la historia es la decisión más importante que el novelista debe tomar, pues influye enormemente sobre la reacción, tanto emocional como moral, de los lectores frente a los personajes ficticios y sus acciones». Y a pesar de que cambiaría la palabra «moral» por «ética», suscribo sus dichos.

Si escritores y escritoras, por ejercer este oficio que trabaja con palabras y lenguaje, debemos ocupar un lugar político en la sociedad a la que pertenecemos, un lugar desde donde decir más allá de las historias que elegimos, sin moralejas ni golpes bajos, ese lugar, tal vez, sea esta ventana que abrimos delante del lector para que mire el mundo.

Cielo de borradores[*]

¿Cuántas personas están hoy, ahora, en este momento, escribiendo un poema, un cuento, una novela, una crónica? Algunos no dejarán que nadie los lea. Otros se lo mostrarán a algún amigo y luego el texto quedará archivado en su computadora esperando una nueva corrección, otro final, un título. Habrá quienes presenten sus textos a una editorial o a un concurso. Durante mucho tiempo, antes de la era digital, circulaban las poco elegantes copias anilladas. Si eran para concursos, generalmente tres; o tres para cada ocasión, desafiando lo que suelen decir las bases con respecto a que no se puede presentar el mismo original a más de un concurso a la vez. Así andaban y andan por la vida infinidad de copias anilladas —los archivos digitales muchas veces son impresos y anillados en el lugar de destino— que pueden ser buenas o no, publicables o no, premiables o no, gran literatura o no, pero que en todos los casos esconden detrás de la historia un trabajo que le da valor a lo escrito.

Algunos concursos devuelven los borradores. En ese caso, y si uno los retira, hasta puede encontrarse con marcas de puño y letra de quien tuvo la tarea de leer el texto, marcas que pueden ayudar a descifrar un camino de lectura. Otros concursos especifican en las bases que los borradores

* Publicado en *La mujer de mi vida* (2011) y revisado para esta edición.

«no serán devueltos». Entonces la imaginación completa lo que en la frase no está dicho. Si no son devueltos, ¿dónde están todas esas copias? No creo que haya un cielo de borradores, tal vez un infierno suene más literario. Nadie tiene tanto lugar como para guardar borradores a los que no le dará destino, por lo que es de suponer que usarán algún método para deshacerse de ellos. A veces me imagino los borradores deslizados por esas máquinas trituradoras que convierten el papel en tiritas que luego se embolsan y se arrojan a la basura. Otras veces me imagino una pira donde arden como en las peores épocas.

Si los borradores van a sufrir algún tipo de destrucción, me gustaría que se encontraran con un personaje como Hanta, el triturador de papel de *Una soledad demasiado ruidosa*, de Bohumil Hrabal, que hace su trabajo amorosamente y recuerda frases enteras de los libros que está obligado a destruir convirtiéndolos en apretadas balas. «Hace treinta y cinco años que prenso libros y papel viejo, treinta y cinco años que embadurno letras, hasta el punto de parecer una enciclopedia, una más entre las muchas de las cuales, durante todo este tiempo, habré comprimido más de treinta toneladas, soy una jarra llena de agua viva y agua muerta, basta que me incline un poco para que me rebosen los más bellos pensamientos, soy culto a pesar de mí mismo y ya no sé qué ideas son mías, surgidas propiamente de mí, y cuáles he adquirido leyendo (...) Con cada bala doy sepultura a una preciosa reliquia; al ataúd de un niño cubierto de flores marchitas; con orla de aluminio y cabello de ángel».

Una de las tantas veces que mandé borradores a un concurso me encontré con un Hanta. La historia que mandé no había ganado y me imaginé que no iba a tener más noticias. Los originales no se devolvían, así que por un tiempo me olvidé de esas copias anilladas que con ansiedad había acercado a una oficina donde recibían los originales. Hasta que un día me llamó un director de cine y me pidió una reunión. Me preguntó por esa historia, me dijo que le interesaba adaptarla. Cuando le pregunté cómo la conocía me contestó: «Tengo un amigo que es lector de concursos literarios, leyó tu novela y se imaginó que yo podría hacer una buena película con esa historia; cuando tuvo que devolver todos los originales se quedó éste y me lo pasó para que yo lo leyera». Como no contesté de inmediato agregó: «Supongo que no habrá hecho algo del todo permitido, pero estuvo bien, ¿no?». Asentí sin evitar una sonrisa.

Lo bien que hizo, mi Hanta.

La viuda de las viudas[*]

Me pruebo una camisa talle cuarenta y dos, es chica, el botón que cae en medio de los pechos tira, parece que va a reventar; semidesnuda abro apenas la puerta y busco una vendedora para que me alcance un talle más grande, una mujer que sale de otro probador me mira y me dice: «Perdoname, yo te conozco, ¿vos no escribiste *Las viudas de los jueves*?», digo: «Sí», intento una sonrisa y trato de meterme otra vez en el probador, la mujer me detiene, me habla de la novela, de quién se la regaló, de cuánto tiempo le llevó leerla, y yo la escucho, en bombacha y corpiño, tratando de taparme la barriga con la camisa talle cuarenta y dos. Faltan pocos días para las fiestas de fin de año, voy con mi hija al cine, junto al cine hay una librería donde armaron un árbol de Navidad aprovechando el color verde de la tapa de *Las viudas de los jueves*, y sobre el pino de libros, en lugar de una estrella dorada, una foto mía; nos quedamos paralizadas, nos damos media vuelta y volvemos a casa sin ver la película que pensábamos ver. Alguien, por la calle, me dice que conoce al Tano Scaglia, el protagonista de *Las viudas de los jueves*, que vive en Luján. «¿Tus vecinos se enojaron?», contesto: «No», pero no me creen. Una compañera de secundaria a la que no veo hace veintisiete años me llama para felicitarme. No dice: «Te felicito porque escribiste un li-

---

* Publicado en *Gata Flora* y revisado para esta edición.

bro». No dice: «Te felicito porque ganaste un premio». Dice: «Te felicito, saliste en la televisión». Mi sobrino va a un jardín de infantes, sala de cinco, están hablando de libros, escriben libros, pintan libros, mi sobrino le dice a la maestra que su tía es escritora, le pregunta si puede invitarme a hablar con sus compañeros, la maestra le dice que sí, voy, me presento, contesto las preguntas de niños entre tres y cinco años, las maestras cordiales los ayudan a hablar cada uno a su turno, a levantar la mano, a no repetir la misma pregunta, a pedir por favor y decir gracias, hasta que un niño me pregunta: «¿Con cuál de todos los libros que escribiste ganaste más plata?», me quedo impactada por la edad temprana a la que le llega esa pregunta, le digo que con *Las viudas de los jueves*, apenas nombro esa novela todas las maestras me clavan la mirada, una se atreve y pregunta: «¿Vos escribiste *Las viudas de los jueves*?», se olvidan de los niños, se excitan ellas, se alborotan, la directora va a su despacho y trae un ejemplar de *Las viudas* que le prestaron para que se lo firme. Parece que el Tano Scaglia ahora vive en Escobar, me lo asegura alguien que dice que jugó al golf con él. Un periodista me pregunta: «¿Se enojaron tus vecinos?», digo: «No», insiste: «¿Seguro no se enojaron?», respondo: «Que yo sepa no», insiste otra vez: «¿Pero nadie se enojó?», me canso y cedo: «Bueno, alguno se habrá enojado», y él o su jefe titulan: «Algunos vecinos se enojaron conmigo». Suena el teléfono a las siete de la mañana, mataron a una mujer en un country de Córdoba, me preguntan qué opino, ¿opino?, no entiendo de qué me hablan, hace un minuto dormía y ahora me cuentan que mataron a alguien, me preguntan si creo en la literatura premonitoria, me enojo, pero no me atrevo a dejar que se note. Viajo a España a presentar *Las viudas de los jueves*, me invitan a dar una charla en un pueblo perdido en el camino de montaña que se supone hizo el Mío Cid, me espera el intendente y en el salón de actos hay como cien personas cada una con su libro, me escuchan hablar de la década del 90 en la Argentina, me escuchan hablar de los barrios cerrados y los countries, les explico qué es un country, cada uno me trae su ejemplar para que se lo firme, me pregunto si está bien lo que estoy haciendo, si esa gente no haría mejor leyendo otra cosa, me invitan a cenar, me agasajan, siento que estoy robando algo que no es mío, ellos están contentos, me agradecen, dejo que me abracen inmerecidamente. «¿Tus vecinos se enojaron?». Alguien que leyó *Tuya*, mi primera novela, me para por la calle y me pregunta: «¿Es autobiográfica?», me quedo pensando, preguntándome si ese hombre se dio cuenta de que si mi respuesta fuera afirmativa él estaría parado frente a una asesina. Un amigo vuelve de Dallas en avión, junto a él viaja un señor que lee *Las viudas de los jueves*, mi amigo le cuenta que me conoce, el vecino de asiento le contesta: «A ella no la conozco, al que conozco es al Tano Scaglia». Mi hijo de trece años me pregunta: «¿Es cierto que en tu novela un hombre se coge un perro?», trago saliva, quince años de psicoanálisis me impiden escaparle al tema, le explico que no es tan así, que hay un hombre que se masturba frente a una computadora y aparece un perro, que hay ciertas cosas sugeridas pero que en ningún momento la novela, o su autor, o sea yo, la autora o sea su mamá, dice exactamente que el hombre tuvo sexo con el perro, digo «tuvo sexo» en lugar de «se cogió» y me suena raro, a mi hijo también le suena raro, le pregunto cómo sabe lo del perro si no leyó la novela, me dice que se lo contó Laurita, su compañera de colegio, pienso en Laurita y en la madre de Laurita y en las madres de las amigas de Laurita que también son amigas de mis hijos, pienso si alguien me preguntará alguna vez sobre esta escena: «¿Es autobiográfica?», le pregunto a mi hijo si a Laurita le molestó leer acerca del hombre y el perro, me contesta que no, que le encantó. Publico otra novela, no hay countries, no hay Tanos Scaglia, una mujer con Parkinson quiere saber quién mató a su hija, Elena la madre, Rita la hija, me alegro de que ya no me preguntarán por los vecinos. Alguien se sorprende de que le haya dedicado *Elena sabe* a mi madre, le parece duro, se equivoca, no nos conoce, mi madre se ríe en su tumba. Una mujer me pregunta si la novela es autobiográfica, le hago notar que si fuera así yo debería haber aparecido colgada en un campanario, muerta, la mujer se ríe, yo no. Una amiga me trae un ejemplar de *Elena sabe* para que se lo dedique, lo hago pero me equivoco y en lugar de su nombre escribo el de mi madre. Un crítico se queja de que en la novela se repite la baba y el pañuelo que la recoge, me acuerdo de mi madre y de su pañuelo, siempre el mismo, siempre lleno de baba, me pregunto dónde habrá quedado, si lo habré tirado, o si estará seco y abollado en alguna de las cajas, no puedo recordar. «¿Tus vecinos se enojaron?». Una mujer me pregunta por qué siempre hay un muerto en mis novelas, le contesto: «Vos también te vas a morir algún día». «¿Es autobiográfica?». El Tano Scaglia vive en La Martona, Cañuelas. Una mujer me alcanza un ejemplar de *Elena sabe* para que se lo firme, lo hago y se lo entrego, me dice: yo tengo Parkinson, quisiera sacarle el ejemplar de la mano, pero la dejo ir sin hacerlo. Leo en una revista que mis vecinos se enojaron. Me llaman de la universidad, no de la facultad de letras, de la de medicina, quieren saber cómo sé tanto de Parkinson, me pregunto si mentiré o diré la verdad, mi mamá se ríe. Mi hermano leyó *Elena sabe*, no había leído ni *Las viudas* ni *Tuya*, me llama y me dice: «La leí, un día nos juntamos y te digo qué me pareció»; ese día no llega. Una escritora me cuenta que otra escritora leía *Las viudas de los jueves* mientras estaba internada en el hospital, poco antes de morir, me acuerdo de ella y me da una pena infinita. Empiezo una nueva novela, el protagonista es un hombre, el antagonista es un hombre, me pregunto si esta vez alguien me preguntará: «¿Es autobiográfica?», me pregunto si lo será finalmente. Me encuentro con un ex, me dice que leyó *Las viudas*, no sabe que existe *Elena sabe*, me pregunta si gané plata con el libro, evado la respuesta, insiste, vuelvo a evadir hablando de porcentajes y precio de tapa, insiste, quiere precisiones, quiere el monto exacto, me harto, le exagero el importe para que no insista más, me pregunta: «¿Nada más que eso?». Vieron al Tano Scaglia en un country de la zona de Garín. Una amiga de mi madre se enoja conmigo. «¿Tus vecinos se enojaron?». Presento el libro en una feria del conurbano, en la primera fila una señora muy simpática asiente con su cabeza a cada cosa que digo, se la ve atenta, entretenida, al cierre de la charla pide la palabra, me pregunta cómo me llamo, y qué libro vine a presentar, me cuenta que está sentada en esa misma silla desde primeras horas de la tarde, no importa qué escritor ingrese a la sala, ella mantiene su sitio, escucha atenta, luego pregunta y agradece. Mi hijo quiere saber si ya vendí el libro *Elena sabe* para el cine, le digo que no, que vendí las otras dos novelas anteriores, me pide que ésta no la venda, que esa película la quiere hacer él, cuando sea grande. Leo el arranque de la novela de alguien que quiere ser escritor, el arranque no funciona, se lo digo, él escucha atento mis críticas, anota, antes de irse me dice que me va a alcanzar una crítica acerca de mi última novela que salió en un diario, le digo que no se moleste, insiste, sé que es la del crítico que se quejó de la baba. Presento *Elena sabe* en una librería céntrica, cuando termina la presentación alguien me alcanza un ramo de flores, descarto que las flores me las manda la misma librería, cuando acomodo el ramo en mi casa se cae una tarjeta, la leo, es de alguien que conocí veinte años atrás y nunca más vi. «¿Es autobiográfica?». Mi mamá se ríe. El Tano Scaglia también.

En *El Reino*, la ficción también es mentira*

Escribo ficción. Y la ficción es mentira. Puede ser una mentira verosímil o no, entretenida o no, que abre debates en la sociedad o no. Pero siempre mentira. Aunque una mentira que no pretende engañar —como sí lo hacen otros discursos—, porque advierte que lo es y se define a sí misma en el contrato ficcional. Quien está del otro lado acepta o no ese contrato.

Con Marcelo Piñeyro, director de cine con una trayectoria y un prestigio que no hace falta que recuerde en este artículo, escribimos una serie de ocho capítulos, *El Reino*, que puede verse en la plataforma Netflix en más de ciento noventa países. Es la historia de un pastor evangélico que luego del asesinato de su compañero de fórmula queda posicionado para ser el próximo presidente de la Argentina. Aunque pasaron apenas dos semanas del estreno, tuvo un éxito de espectadores que no tiene antecedentes ni en nuestro país, ni en muchos otros sitios. Se escuchan personas hablando de *El Reino* por la calle, en los bares, en programas de radio o tevé (de espectáculos, políticos o deportivos). Se le han dedicado infinidad de notas de todo tipo en los medios gráficos, circulan *memes* con frases y personajes de la serie, caricaturas, *reels* en IG o TikTok. Netflix acaba de anunciar una segunda temporada y los fans de la serie inva-

* Publicado en Diario.ar (2021) y revisado para esta edición.

dieron las redes pidiendo precisiones sobre la fecha de estreno.

El Reino abrió un debate. Tal vez, ése sea uno de sus mayores e impensados logros: que a partir de lo que esta ficción cuenta, se haya habilitado en la sociedad una discusión que permita pensar en voz alta algo que estaba latente, que necesitaba hablarse puertas afuera, entre todos, discutirse: la manipulación de las personas a través del poder de las iglesias, de cualquier iglesia. No sé si se le puede pedir mucho más a una ficción. Un escritor, como cualquier otro artista, ejerce su tarea con libertad. La libertad creativa es un derecho que, felizmente, hoy no sólo no se discute sino que, ante ataques, nuestra sociedad defiende como un valor que no estamos dispuestos a perder. Sin embargo, algunos le piden más de lo que es a la ficción. O al menos a *El Reino*. Se le pide, casi, que no sea ficción, que quien la creó acepte algunas «indicaciones» de todo tipo que pretenden poner límites a la libertad creativa. Que el Pastor Emilio o la Pastora Elena no sean los que inventamos sino otros, más ajustados a los pastores que se describen desde las ciencias sociales, por ejemplo. O mejor dicho, los que describen algunos especialistas consultados en las ciencias sociales, cada uno con su campo de estudio acotado al que definieron al momento de hacer su propia investigación, y que por lo general deja afuera alguna provincia, alguna iglesia en particular, algún fenómeno religioso o empresarial que no interesa para su estudio. O que no les conviene.

Seguramente está bien que así sea. Yo no sé de investigación en ciencias sociales, así que no opino sobre esos trabajos, más allá de que me interesen y los lea. En la ficción no hay campo de estudio ni conclusiones fruto de investigaciones hechas con métodos científicos. Ni tiene por qué haberlos, a menos que quien la conciba los necesite para inventar ese mundo al que quiere darle forma. La ficción no propone conclusiones a las que sí pueden arribar los investigadores de las ciencias sociales sino, como dije antes, un contrato ficcional: el espectador, el lector, sabe que eso que se le cuenta es mentira y, ante la propuesta, decide entrar o no a ese mundo que alguien abrió delante de él sin otra pretensión que contarle una historia. Yo confío en ése que está allí para decidir qué quiere que le cuenten y qué no. Yo confío y defiendo la libertad de creación de quien quiera contar una historia. Los y las escritores de narrativa, guionistas, dramaturgos creamos personajes, y esos personajes, para bien y para mal, son únicos, no responden a un promedio, sino a una particularidad. Dar cuenta de todos los distintos tipos de pastores evangélicos que hay en la Argentina, desde el Chaco hasta Tierra del Fuego, en un solo personaje sería una tarea que a ningún guionista que quiera hacer bien su trabajo se le cruzaría por la cabeza. Ni siquiera se nos ocurriría «mostrar» por acá y por allí, en alguna escena sin necesidad dramática, que hay una infinidad de otro tipo de pastores diferentes a Emilio Vázquez Pena, para que nadie pueda decir que no sabemos que sí, que efectivamente, existen otros. Porque si lo hiciéramos, esa ficción no funcionaría, no abriría debate, no permitiría la discusión, no posibilitaría que los especialistas en la materia dieran su punto de vista sobre la realidad que estudian y de la que no se hablaba en el debate público del modo en que se habla después de un fenómeno como éste. En el arranque de *Ana Karenina,* Tolstoi dice: «Todas las familias felices se parecen pero las infelices lo son cada una a su manera». Y, claro, a la ficción le interesan más las familias y los personajes que tienen conflictos, claroscuros, secretos, desgracias.

Celebro que *El Reino* haya abierto un debate sobre ciertas iglesias y su relación con el poder. Sobre todo, acerca de cómo algunos partidos de derecha, desde Estados Unidos hasta el sur del continente americano, han unido agenda con algunas iglesias para obtener beneficios que nada tienen que ver con la fe religiosa genuina de sus propios fieles, ajenos a esta manipulación.

Porque en definitiva de eso habla *El Reino*: del poder. Y ojalá la discusión pública se extienda a otros poderes de los que también se habla en la serie. Los servicios de inteligencia, por ejemplo. O la política y los políticos. O la justicia. O quién maneja hoy el mundo. En estos días aparecieron hilos maravillosos de personas que saben mucho más que yo de todos estos temas. Uno de los que más me interesó habla de irregularidades en el sistema judicial argentino cuando debe investigar casos de abusos, de desaparición de menores, de padres que reclaman por sus hijos e hijas en puertas que nadie abre, o que incluso cierran a pedido. Ojalá nuestra sociedad también habilite ese debate, el del funcionamiento de la justicia de las «pequeñas causas», las que no ocupan las primeras planas de los diarios.

En estos días recibí testimonios conmovedores de personas que permanecieron muchos años dentro de algunas iglesias y que se sintieron identificadas por lo que cuenta *El Reino*: desde haber perdido su casa o gran parte de su patrimonio, hasta haber sido abusados de distintas maneras, o sometidos a las llamadas «terapias de conversión». También recibí mensajes de personas que, por el contrario, se sintieron protegidas y ayudadas en iglesias evangélicas donde encontraron lo que buscaban. En algunos mensajes me cuentan que conocieron a pastores iguales a los de *El Reino*, y en otros que conocieron a pastores muy distintos, a veces mejores, a veces incluso peores. El mundo que cuenta esta serie es acotado, el que se abrió a debate es mucho mayor. Al debate podemos pedirle más debate, pero a la ficción no podemos pedirle que no sea ficción.

Diario de una nueva novela[*]

Escribo una novela y sólo pienso en esos términos: que estoy escribiendo una novela. Pero de camino, en la escritura se mete la muerte, y con ella aparecen el enigma y la búsqueda de la verdad. Entonces esa novela, la mía, para algunos empieza a adquirir ciertas características que la hacen merecedora de un nombre compuesto: novela noir. En muchas ocasiones, al empezar un nuevo trabajo, me esforcé por intentar que la muerte no irrumpiera. No lo logré casi nunca, excepto en *Un comunista en calzoncillos*; pero ahí la muerte, si bien no estaba presente explícitamente en la trama, aparecía de un modo más siniestro porque estaba instalada en el escenario en que se desarrollaba la novela: la dictadura militar en la Argentina. En *Una suerte pequeña* tampoco evité la muerte pero conseguí que no estuviera relacionada con un crimen. En *El tiempo de las moscas* la muerte es sólo una posibilidad latente, futura.

En cambio, en *Betibú* me entregué. Cuando me di cuenta de que la muerte se instalaba en esa historia y después de negociar conmigo misma, decidí que esta vez sí, que esta vez escribiría una novela noir desde la primera línea. Con el diario de escritura *ad hoc* que sigue a continuación intento dejar registro del proceso que va desde la ima-

---

[*] Publicado en *Escritores del mundo* (2010) y revisado para esta edición.

gen disparadora de esa novela hasta el primer párrafo escrito.

DIARIO DE UNA NUEVA NOVELA:

(Aparece una imagen).

Una mujer con rulos espera detrás de la puerta del departamento que llegue el diario de la mañana. Leerlo es una ceremonia para ella. Le gusta hacerlo. Es uno de los momentos más importantes del día. Conversa con el diario. Discute. Rulos negros. La mujer está sola. No le pesa pero está sola. Tiene hijos, pero está sola. Tiene amigas. Algunos amigos. Sigue en bata. La bata es vieja. Las pantuflas también. Ella no. Todavía no. Pero la mujer no lo sabe.

(No, esta vez la muerte no).
(La imagen se mueve, la mujer camina).

La mujer camina por su departamento con el diario en la mano. Se sienta a tomar el desayuno y a leer las noticias. Piensa en alguien que la dejó. No lo recuerda porque sí, sino porque su foto está en ese diario. Junto al editorial de ese diario. Ella siente que el tiempo no pasó para él, que ese hombre sigue siendo tal como era en esa foto antigua.

(No, dije que esta vez no. Que no la dejaría entrar por más que insista).
(La muerte insiste).

La mujer recibe un llamado. No atiende, pero escucha la voz que sale de su contestador automático.

(¿Por qué otra vez?).

Conoce esa voz. Le duele esa voz.

(¿De verdad otra vez?).
(Me rindo).

El hombre que llama le anuncia una muerte. Una muerte violenta.

(Sí, otra vez la muerte).
(¿Por qué no puedo evitarlo?).

Nombre del muerto.
Ella conoce al muerto.
Todo el país conoce al muerto.
A nadie le importa, creen que bien muerto está.

(Otra vez un policial. Por primera vez un policial).
(Todorov: «Relación problemática entre dos historias, una ausente [la del crimen] y otra presente [la de la investigación] cuya sola justificación es la de hacernos descubrir la primera». «Tipología de la novela policial»).

Ella, la mujer de rulos negros, retira el tubo de su oreja, respira, se lo vuelve a acercar y pregunta: ¿cómo murió?

(El crimen y las cinco preguntas de una noticia [5W]: quién, cuándo, dónde, por qué, cómo).

Degollado, le contesta el hombre que la dejó. Un corte limpio de lado a lado.

(Busco el libro del forense Osvaldo Raffo, *La muerte violenta*. Busco degüello, lesiones por arma blanca. Me sumerjo. No puedo parar de leer, estoy atrapada. El relato de la muerte violenta me atrapa).

«Quiero que te ocupes de cubrir ese caso, linda», le dice el hombre. La voz del hombre. El «linda» la atraviesa como un arma blanca.

(Sigo. Leo. No puedo parar. Vuelvo, no quiero volver pero vuelvo. Herida punzocortante, labios de la herida, orificio de salida, cola de ataque. Miro fotos, tajos, sangre, colgajos).

Ella recuerda esa voz como si la hubiera escuchado cada día de estos últimos tres años en que nada supo de él. Del hombre que la dejó.
El hombre vuelve para anunciar una muerte.

(«En sus expresiones más representativas, ya no se trata de una mezcla turbia en la cual confluyen las novelas de aventuras, los libros de caballería, las leyendas heroicas y los cuentos de hadas, sino de un género estilístico bien definido que exhibe un mundo propio con medios estéticos propios», *La novela policial, un tratado filosófico*, Siegfried Kracauer).

La mujer acepta. Va a ver otra vez al hombre que la dejó. Por causa de la muerte. Va a investigar esa muerte. Para el diario que dirige ese hombre.

(Heridas incisas. Heridas contusas. Heridas punzantes y corto-punzantes. Heridas inciso-contundentes. Heridas de colgajo. Heridas mutilantes).

La mujer, por fin, va a escribir otra vez.

(Otra vez, sí. Otra vez la muerte. Otra vez un muerto. Días, noches, meses, años, buscando palabras que cuenten la muerte. ¿La muerte me lleva a esas palabras, o las palabras a la muerte? Las palabras me torturan, las imágenes me atrapan, los personajes me traicionan).

La mujer se saca la bata. Se viste y sale a la calle. Deja de leer y escribe. Un hombre aparece degollado. Lo descubre su empleada que se ocupa de las tareas domésticas, junto a una botella de whisky. El hombre era viudo, su mujer murió en la misma casa. ¿Muerte o suicidio?

Capítulo 2.

El crimen detrás del crimen

«En esta época nuestra, tan caótica, hay algo que, humildemente, ha mantenido las virtudes clásicas: el cuento policial. Ya que no se entiende un cuento policial sin principio, sin medio y sin fin», dijo Jorge Luis Borges en «El cuento policial» (1979).

En medios literarios, el género policial se debate entre el suceso y la desconfianza. Hay quienes lo alaban porque suele cautivar a muchos lectores, hay quienes lo denostan, tal vez justamente por lo mismo. Lo cierto es que infinidad de grandes autores y académicos le han dedicado páginas memorables. Para hacer un recorrido sobre algunos de esos textos, recomiendo el libro compilado por Daniel Link, *El juego de los cautos, literatura policial de Edgar A. Poe a P. D. James*, editorial La Marca, 2003, que incluye autores tan diversos como Walter Benjamin, Antonio Gramsci, Bertolt Brecht, Gilles Deleuze, Roland Barthes, Raymond Chandler, Tzvetan Todorov o Ricardo Piglia. También recomiendo *Suspenso*, de Patricia Highsmith, donde la autora habla del proceso de la escritura de este género, pero además da pistas para comprender su auge y trascendencia. Y a los argentinos Elvio Gandolfo y Osvaldo Aguirre, que aportaron importantes trabajos en el mismo sentido.

Pero entonces, ¿por qué hay tanta desconfianza con el género negro?, ¿por qué en ciertos círculos académicos lo consideran un género menor? En Argentina, menos, y creo que se debe a que los grandes maestros de nuestra literatura fueron cultores de la novela negra y del cuento policial: Borges y Bioy editaron la colección El Séptimo Círculo, donde tradujeron a grandes autores anglosajones; Piglia escribió policial, estudió el género y lo trabajó en distintos ensayos. Ellos nos enseñaron que el buen policial es mucho más que un juego de intriga y que puede aportar a lo mejor de la literatura. Autores como Chandler, Simenon, Muriel Spark o Lemaitre dan cuenta de ello: el policial que escriben no se reduce a un juego de ingenio, se preocupan por el lenguaje, por la composición de los personajes, por la estructura narrativa, por la curva dramática. A ninguno de ellos se le discuten los méritos literarios más allá de que Simenon se quejara de que nunca ganaría un Nobel. Por otra parte, la literatura argentina está plagada de autores de policial «involuntarios». Esos a los que se les «cuela» un policial en medio de una vasta obra: autores que dentro de su producción literaria escriben una única pieza policial o que en una novela de otro tipo presenta historias secundarias o subtramas policiales. Juan José Saer tal vez fue un autor de policial «involuntario» cuando incursionó en el género con *La pesquisa*. O Vlady Kociancich, o Luisa Valenzuela, o Eugenia Almeida.

Yo también escribí novelas que algunos clasifican dentro del noir; en la mayoría de los casos, sin pensar en el género al momento de poner palabras sobre la página en blanco. A partir de una imagen disparadora, buscando la conciencia de los personajes en la trama, revisando permanentemente el tono, tratando de encontrar un final. Las preguntas sobre el género llegaron después cuando vino alguien, un editor, un agente, un periodista, un librero, que decidió que esa era una novela policial. En todo lo que escribí, excepto en *Betibú*, la clasificación fue posterior y, muchas veces, por motivos muy diferentes a la escritura. Desde tener que ubicar una novela en una serie o colección editorial, elegir el estante de la librería donde será depositado el libro, o atraer más lectores. Todos aspectos que no tienen que ver con la escritura.

Podemos dar un paso más allá y preguntarnos, como lo hizo Borges en aquella clase que dio en la Universidad de Belgrano y que se recoge en el texto citado en el epígrafe, si verdaderamente existen, o no, los géneros literarios. Para ello, Borges cita al escritor y filósofo Benedetto Croce: «Afirmar que un libro es una novela, una alegoría o un tratado de estética tiene, más o menos, el mismo valor que decir que tiene las tapas amarillas y que podemos encontrarlo en el tercer anaquel de la izquierda». Pero lo más interesante tal vez sea que luego de ahondar en el tema, Borges concluye que «los géneros literarios dependen, quizás, menos de los textos que del modo en que estos textos son leídos». O sea, que no sería el escritor o la escritora quien escribe novelas policiales, sino que son los lectores quienes las leen de esa manera. Borges le otorga a Edgar Allan Poe la formación, ya no de un género, sino de sus lectores; asegura que antes de que Poe escribiera, no existían. Él los entrenó con sus textos para leer de esa manera. Si hay un detective, atención lector que allí puede haber una novela policial. Si hay un muerto, mayor atención aún, casi seguro que se trata de una novela policial. Si hay enigma y búsqueda de la verdad, con seguridad es una novela policial. Más allá de con qué intención autoral haya sido escrito el texto que tenemos delante, leemos pensando que la hay. Borges da un ejemplo extremo, propone darle a un lector cualquiera, que no sabe quién es el hidalgo caballero de La Mancha, un ejemplar de *El Quijote* y decirle que es una novela policial. Ese lector, entrenado en el género, dirigido en su lectura por el género, no será virgen cuando lea «En un lugar de La Mancha de cuyo nombre no quiero acordarme, no hace mucho tiempo vivía un hidalgo...». Probablemente, lleno de sospechas, dice Borges, cuando lea «de cuyo nombre no quiero acordarme», dirá «¿por qué no quiere acordarse?», «¿porque es el asesino?», «¿porque ahí se cometió el asesinato del que fue testigo?». «No hace mucho tiempo vivía un hidalgo», será traducido a «el hidalgo es el muerto, si no vive más allí es que lo mataron». Y así hasta el infinito. El lector de policial opera armando sentido en el camino señalado por el enigma-búsqueda de la verdad. No espera que le cuenten, trata de anticiparse, lee por encima del hombro del escritor mientras éste escribe, quiere saber antes de que los personajes sepan, incluso, si se le permite, antes de que el autor sepa.

Pero creo que hoy hay una exigencia más de quien lee género policial, tal vez la más importante, o la más profunda, o la más trascendente: que se le devele el crimen detrás del crimen. El mundo noir se amplió, y ya no todos los textos responden a la pregunta clásica: quién lo mató y por qué. O, aunque respondan, la pregunta no alcanza. Ejemplos de novelas que no atienden la clásica pregunta las encontramos incluso entre ganadores del premio Dashiell Hammett de novela negra del festival de Gijón. Por ejemplo, en 2015, Carlos Zanón, y su novela *Yo fui Johnny Thunders*. Una novela básicamente de personajes, fraccionada, cada capítulo cuenta a uno de esos protagonistas, y lo hace maravillosamente, con escenas inolvidables. Pero ¿quién es el asesino en esta novela? Todos, ninguno, pero sobre todo Barcelona, la ciudad donde transcurre la acción. «¿Qué hace esta ciudad con la gente?», se pregunta uno de los personajes, Ashianti, una inmigrante tratando de sobrevivir en esa ciudad a pesar de que cree que lo mejor sería volver a casa y olvidar que existe algo como Barcelona en el mundo. Dice Daniel Link en el prólogo del mencionado libro *El juego de los cautos*: «¿Qué hay en el policial para llamar la atención de historiadores, sociólogos, psicoanalistas y semiólogos? Nada, apenas una ficción. Pero una ficción que, parecería, desnuda el carácter ficcional de la verdad». Ahí hay una clave importante, el policial es un suceso que atrapa lectores porque viene a descubrir lo que se esconde. Y este segundo crimen detrás del crimen es el que verdaderamente importa. Por ejemplo, lo que hace Petro Markaris cuando arranca una novela en la que un inmigrante es el asesino confeso en las primeras páginas, para luego dar cuenta del crimen que cometen nuestras sociedades con quienes piden refugio. O Mankell, en *Asesinos sin rostro,* que parece querer contar la muerte de dos ancianos en una zona rural, pero al hacerle pronunciar a una de las víctimas, antes de morir, la palabra «extranjero», el autor abre el camino para denunciar la xenofobia en su país.

El descubrimiento de ese crimen detrás del crimen también se sostiene con una estructura narrativa que en el género negro suele ser más rígida o reglada que en otros. ¿Por qué? Por lo que dice Mempo Giardinelli, cuando advierte que el policial tiene «una estructura de la ética de la verdad», entonces hay que buscar con el propio texto esa verdad, aunque no llegue a alcanzarse. ¿Qué lector no se sentiría hoy atrapado por una lectura que prometa la ética de la verdad?

Y no sólo la verdad del crimen que se nos pone delante de los ojos, sino de lo que se esconde detrás de él. Link afirma: «(...) El hecho de que el policial se articule siempre a partir de una pregunta cuyo develamiento se espera, plantea consecuencias importantes tanto respecto de las operaciones de lectura como respecto de "la verdad" del discurso».

El asunto es definir cuáles son esas preguntas. La clásica pregunta quién lo mató y por qué, ¿es suficiente?, ¿qué otras preguntas debemos sumar hoy? Es evidente que las preguntas que se espera que responda el policial cambiaron y ya no son sólo: ¿quién lo mató y por qué? Quizás, tampoco lo fueron antes; tal vez leemos textos policiales de otros tiempos sin el adecuado contexto histórico, sin advertirlo. Por ejemplo, en *¿Acaso no matan a los caballos?*, Horace McCoy, se propone develar quien mató y por qué a alguien que aparece muerto en un concurso de baile. Pero detrás de ese crimen está la situación de miles de norteamericanos que, en tiempos de depresión y sin trabajo ni lo que comer, debían anotarse en concursos de baile con el objetivo de bailar por horas y horas hasta ganar o desfallecer. Que la gente se muera de hambre es un delito, o debería serlo. El problema es justamente ese: que muchas veces el muerto lo está a causa de un delito, pero el crimen detrás de ese crimen no está penado por la ley.

En la mayoría de mis novelas no hay delito en el sentido legal, jurídico o penal de la palabra. Según la RAE, delito es: quebrantamiento de la ley, acción u omisión voluntaria e imprudente penada por ley. Aunque en muchos de mis textos esto no aparece, mis personajes no son inocentes. Qué ley quebrantan. Cuál es la ley no escrita en un código jurídico que se pone en su camino del antihéroe. Sus «crímenes» son de otro tipo. Son cuestionamientos éticos, o acciones vergonzantes, o actitudes mal vistas por la sociedad, pero no delitos. Pablo Simó (*Las grietas de Jara*) no cometió ningún delito, pero oculta que sabe que Nelson Jara está enterrado debajo de uno de los edificios que construyó su estudio de arquitectura. Inés Pereyra (*Tuya*) no incurre necesariamente en un delito al ocultar que su marido dejó que se hundiera el cuerpo de su secretaria en un lago después de que muriera accidentalmente. Las mujeres que pierden a sus maridos en *Las viudas de los jueves* no creen que ellos hayan cometido un delito al manipular las pruebas de su suicidio para que no lo parezca y así lograr que sus descendientes cobraran el seguro. En *Catedrales*, la joven que muere en un aborto clandestino es la única juzgada por la ley en una Argentina donde la interrupción voluntaria del embarazo tenía pena de prisión, mientras algunos de quienes la rodeaban cometieron actos deleznables que no condena ningún código.

Ética, moral, delito, crimen, parecen separados por líneas muy endebles.

En otra de mis novelas, una que no es policial, *Una suerte pequeña*, Marilé, la mujer que es responsable de un accidente donde muere un chico en las vías de un tren, es juzgada por su entorno como si hubiera cometido un delito. Cometió un error, pasó las barreras bajas que hace tiempo no funcionaban, se le detuvo el auto y el tren los arrolló. ¿Fue un crimen? Sus vecinos creen que sí. Los padres del colegio donde va su hijo creen que sí. Su marido cree que sí. Y eso la lleva a tomar una determinación extrema: abandonar a su hijo. Tal vez entonces sí comete un delito. O no. ¿Abandonar a un hijo es delito? ¿Juzgar a alguien con una vara más exigente que la propia justicia hasta degradarla como persona es delito? ¿Quiénes son los buenos y quiénes los malos en esa novela? ¿Quiénes son los buenos y quiénes los malos en cualquier novela? ¿Cuál es el crimen detrás de este crimen? Tal vez no todos los lectores respondan de la misma manera. Porque ciertos textos plantean más preguntas que respuestas, más dudas que certezas y, sobre todo, tratan de que podamos ponernos en el lugar de cualquiera de los juzgados, que podamos ser ellos. Incluso el que mata, por accidente o a sabiendas.

Cuando escribí *Las maldiciones* (Alfaguara, 2015), tampoco pensaba que estaba escribiendo un policial, pero hay un muerto: la mujer del político que quiere ser gobernador de la provincia de Buenos Aires. La política hace con ese cuerpo todo lo contrario a la búsqueda de la verdad: lo esconde debajo de la alfombra, le pasa por encima, le da la vuelta sin mirarlo, a menos que lo necesite y entonces lo trae a la escena política y lo usa. ¿Esa novela es policial? Hay un muerto. Y políticos corruptos. Y perversión. Y una ciudad maldita. Y el cadáver de una mujer que a nadie le importa. Y crimen, muchos crímenes detrás del crimen. Si eso no es negro, lo negro dónde está.

Estructura de la verdad, suspenso, relato dramático clásico, muerte, todo eso me sumerge dentro del género. No escribo voluntariamente novela policial, pero sé que es imposible alejarme de esa clasificación porque lo que más me interesa es el crimen que se pretende esconder. Por eso siempre vuelvo a este párrafo de Chandler en *El simple arte de matar*: «El escritor de asesinatos realista describe un mundo en el que los gánsters pueden gobernar naciones y casi gobernar ciudades, en el que los propietarios de hoteles, bloques de pisos y restaurantes de moda han obtenido su dinero regenteando prostíbulos, en el que una estrella de la pantalla puede trabajar para la mafia, y el afable vecino de al lado ser el jefe de una red de apuestas ilegales; un mundo en el que un juez con la bodega repleta de bebidas de contrabando puede mandar a alguien a la cárcel por tener una botellita en el bolsillo, donde el alcalde de tu ciudad puede haber perdonado asesinatos por dinero, donde nadie puede pasear seguro por una calle oscura porque la ley y el orden son cosas de las que hablamos, pero de las que nos abstenemos de practicar; un mundo en el que podés presenciar un atraco a plena luz del día y ver a los atracadores, para luego desaparecer rápidamente entre la multitud en lugar de decírselo a nadie, porque a lo mejor los atracadores tienen amigos con largas pistolas, o a la policía no le gusta tu testimonio, y de todos modos los picapleitos de la defensa le permitirán denigrarte y difamarte en mitad del juzgado, ante un jurado de selectos imbéciles y con las mínimas interferencias posibles por parte de un juez nombrado a dedo por los políticos».

Mientras el mundo siga así, difícil que escriba otra cosa que policiales, por muy poco que me lo proponga. Quienes escribimos género policial, voluntariamente o no, cruzamos la frontera, develamos lo que se esconde, señalamos crímenes que para otros no existen.

Hacen bien en desconfiar de nosotros.

Premoniciones[*]

La llamada escritura premonitoria no anticipa el futuro sino, en todo caso, anticipa la expresión de lo que ya sucedió o está sucediendo, y aún no pudo decirse. Así lo expresa Antonio Tabucchi en uno de los ensayos incluidos en su libro *Autobiografías ajenas. Poéticas a posteriori*: «La escritura es, a veces, ciega. Y, en su ceguera, ocular. Sólo que su "previsión" no atañe al futuro sino a algo que ocurrió en el pasado, a nosotros o a los demás, y de lo que no habíamos comprendido ni qué había ocurrido ni por qué». Hace años subrayé esa frase en el libro de Tabucchi, y vuelvo a ella cada vez que alguien sugiere o asegura que mi literatura entra dentro de esa categoría. Tengo también marcados con solapitas de colores otros párrafos. «No sabía con seguridad dónde ni quién, pero había sucedido sin duda en algún sitio, anywhere: no fuera del mundo ni sólo en mi cabeza, sino en el mundo real. (...) La ley de la gravedad existía antes de Newton e independientemente de Newton. Y Newton no "inventó" nada: simplemente dio cuerpo a una ley física preexistente, encerrándola en una fórmula matemática. Mi cuento había realizado una función análoga».

Ya con el caso de María Marta García Belsunce —uno de los primeros asesinatos cometidos en un barrio cerrado— se le atribuyó a mi literatura condición de premoni-

___

* Publicado en *Télam* y revisado para esta edición.

toria. Pero como el libro, aunque fue escrito en años anteriores, se publicó después de la muerte de Belsunce, el rumor corrió poco y entre quienes habían leído el manuscrito. Pocos años más tarde, cuando salieron a la luz algunas consideraciones acerca de la muerte de Nora Dalmasso, me llamaron de un programa de radio donde estaban analizando, ahora sí de manera explícita y sin lugar a dudas, el supuesto poder «adivinatorio» de lo que escribo. En el informe, aseguraban que la mujer asesinada y su grupo de amigas concurrían a reuniones en las que mezclaban las llaves de sus casas en una cacerola y luego cada una se iba a la casa cuyas llaves pescaba, con el marido que le tocaba en suerte. Afirmaban, además, que esas reuniones estaban inspiradas en mi libro *Las viudas de los jueves*. Todo era errado por el lado que se lo mirara. Primero, en esa novela no hay ninguna escena donde se pesquen llaves de una cacerola. Ni tampoco, seguramente, Dalmasso y sus amigas hacían nada parecido a ese juego; era evidente que los periodistas lo decían basándose en rumores poco serios, y con afán de producir un alto impacto en la audiencia. Pero el tema les alcanzó para que me tuvieran al aire como diez minutos, ellos insistiendo en su teoría acerca de que lo que escribo es literatura premonitoria y yo negándola. Me hubiera gustado decir que, como con la ley de gravedad, lo que pueda tener *Las viudas de los jueves* de anticipatorio se trata apenas de haber detectado lo que ya estaba en el aire —una forma de vida particular que se rige por reglas similares al cuarto cerrado del policial negro— y de haber encontrado las palabras justas para decirlo. Pero en ese programa de radio no había clima para hablar de Tabucchi.

Un tiempo después, cuando se vino abajo un gimnasio en Villa Urquiza, me llamaron de un diario. Querían que escribiera sobre la premonición acerca de ese tipo de derrumbe a partir de mi novela *Las grietas de Jara*. En esa novela, un vecino que se queja porque le aparece una grieta en la pared de su casa, el mismo día en que una constructora comienza a cavar en el terreno lindante, termina sepultado bajo el hormigón del nuevo edificio. En ese caso, yo tampoco había inventado nada. En varias ocasiones anteriores al caso del gimnasio de Villa Urquiza, se habían derrumbado edificios en la ciudad de Buenos Aires, a partir de ello se había puesto en duda la eficacia de los controles municipales y al poco tiempo se habían diluido las responsabilidades.

Estos hechos similares a los de mis novelas pueden haber quedado en la memoria o no de cada uno, de acuerdo con el impacto que le haya producido el acontecimiento. Muchos los habrán olvidado. Otros los tendrán presentes. Pero seguramente unos pocos, como dice Tabucchi, los habremos guardado en el no-conocimiento hasta que por fin llegó el día en que los evocamos y les ponemos las palabras necesarias para que ese hecho —real pero oculto— exista.

Si hay un escritor al que se le atribuyeron poderes premonitorios, ése es Kafka. Hay quienes aseguran que en *La metamorfosis* anticipó el nazismo. Seguramente no, seguramente en la sociedad en la que vivía había señales y él detectó comportamientos que ya estaban anidando el huevo de la serpiente, eso que se convertiría en uno de los peores genocidios de la humanidad, y lo puso magistralmente en palabras.

Los escritores y las escritoras somos particularmente sensibles a lo que sucede a nuestro alrededor y tenemos antenas en estado de alerta. Vemos aquello que parece oculto a otros ojos, y buscamos hasta encontrar las palabras justas para decirlo, el tono, los personajes, las circunstancias. Nuestras antenas nos permiten ver y nuestro oficio bajar con rapidez a palabras aquello que detectamos. Nada de eso tiene que ver con la premonición, aunque algunos prefieran creer que, como las brujas, que las hay, las hay.

Cuánto vale un guion[*]

A veces pasa.

Llegué a un país donde nunca había estado: Colombia. El avión se atrasó y aterrizó a las cuatro de la madrugada. Sabía que en muy pocas horas, a las ocho, me pasarían a buscar para empezar con los distintos compromisos de trabajo. Me levanté como pude. Esperé en el lobby cabeceando. Quien me tenía que pasar a buscar llegó cincuenta minutos tarde. «Los días de lluvia es difícil encontrar un taxi en Bogotá», se disculpó Lisandro Duque Naranjo, un destacado director colombiano que trabajó en varios films con Gabriel García Márquez. Y lo dijo con amabilidad y calidez, así que lo disculpé, cómo no disculparlo.

A veces pasa.

A pesar del cansancio le puse ganas. Me dolía la cabeza y tenía el estómago revuelto. El taxi entró a la Candelaria, tenía que atravesar el centro histórico de la ciudad para llegar al Postgrado de Humanidades de la Universidad Nacional, donde se realizaba el III Encuentro de Guionistas Colombianos. Faltaba poco, aunque íbamos con retraso faltaba muy poco. Pero el estómago se me revolvía con cada frenada y no aguanté más. Fue inevitable pedirle al taxista que se detuviera. Se lo pedí con vergüenza, la calle era

---

* Publicado en *Télam* y revisado para esta edición.

angosta y el taxi detenido resultaba insalvable para la fila de autos que venían detrás de él. Me bajé ante la mirada de Duque, el taxista, otros conductores y peatones. Me acerqué al cordón de la vereda e intenté vomitar. Pero no pude, creo que no me lo permití. Habría sido empezar de la peor manera. Subí otra vez al taxi. El chofer dijo: «Soroche», y avanzó, Duque me apretó la mano y me dijo: «Tranquila». El dolor de cabeza y el revoltijo de estómago apenas habían cedido. Si el motivo era el soroche, el mal de altura, poco podía hacer más que moverme despacio, dormir bien (cosa que no había hecho) y tomar un té de coca. El taxi recorrió unas cuadras más, pero a la altura de la Casa de Nariño (sede de la Presidencia de la República y residencia presidencial) ya no pudo seguir, la calle estaba cortada. «Mejor caminamos», dijo Duque. En el momento en que pasamos frente a la casa de gobierno salía de allí el vicepresidente de Colombia, Angelino Garzón, alguien lo acompañaba sosteniendo un paraguas para que la garúa no lo mojara. Anduvimos junto a la plaza Bolívar, al Capitolio Nacional, a la Catedral. Me seguía doliendo la cabeza pero gracias al aire fresco el estómago estaba mejor.

A veces pasa.

Llegué al encuentro y me sentaron en una mesa donde los participantes ya se estaban presentando. La coordinaba Alejandra Cardona Restrepo, la guionista y productora de la multipremiada *Confesión a Laura* y hoy miembro de la junta directiva de la Asociación Colombiana de Guionistas. Por un error de comunicación, no me habían anticipado el tema específico de la charla. Miré de reojo el folleto: me presentaban como productora de cine. Lo primero que hice fue aclarar que no lo era.

A veces pasa.

Las posiciones más enfrentadas eran las de José Luis Rúgeles y Ricardo Coral Delgado. Rúgeles, tal vez uno de los más exitosos directores, guionistas y productores de Colombia, después de su ópera prima *García*, exhibe en cuarenta y seis salas colombianas *El páramo*: un nuevo éxito que esta vez no dirige sino que produce, la historia de un comando especial de alta montaña, compuesto por nueve soldados entrenados, que es enviado a un desolado páramo donde hay una base militar con la que se perdió contacto. Por su parte Coral Delgado, prestigioso director, guionista, editor y productor de cine independiente, no sabe aún si la película que está por terminar será exhibida en salas. Apuesta a subirla a internet, a una plataforma de ingreso libre, después de descartar otra opción que también evaluó: llegar a los espectadores con copias de calidad repartidas por él mismo entre vendedores de piratería, para que por lo menos circulen buenas copias de su película.

A veces pasa.

Se abrió el espacio para preguntas. La mayoría de los presentes no preguntó sino que, como suele suceder, aprovecharon el micrófono para enunciar sus propias reflexiones, experiencias y comentarios. Pero hubo una última pregunta que quedó flotando en el aire una vez que se vació la sala. Un joven estudiante de la escuela de guion se adelantó hasta el micrófono y preguntó: «¿Cuánto vale un guion? Si alguien nos pide un guion, ¿es válido que nos pida hacerlo gratis o hay un valor mínimo a cobrar?». La pregunta fue dirigida, en primera instancia, a una productora. «Un guion puede valer una máquina de escribir, o una computadora», dijo. «Si quiero que hagas un guion y no tenés dónde tipearlo, el guion vale eso, te compro donde tipearlo». Aunque tal vez cierta, la respuesta sonó antipática, hubo murmullos. Se habló de los esfuerzos y las dificultades todavía no zanjadas de la Asociación de Guionistas Colombianos por establecer un precio mínimo para cada guion de acuerdo a su extensión y otras características. Entonces la productora interrogada advirtió que, a su entender, poner un valor mínimo no serviría ya que a igual precio ella llamaría al mejor y no a un principiante. Tampoco sonó simpático. «Se supone que el mejor cobrará más que el mínimo», dijo un estudiante. Varios guionistas presentes se quejaron además de que, aun acordado un honorario, muchas veces los productores les pagan después de que cancelan todas las otras deudas, si es que queda resto. Uno de ellos señaló que nadie negocia el valor de las luces que se alquilan para una película, ni le pide a la empresa de catering que espere hasta el final para cobrar por la comida que provee. La variable de ajuste parece ser siempre el guionista, concluyó la mayoría. El documentalista Antonio Dorado propuso que me preguntaran a mí, que seguramente en Argentina tendríamos otras experiencias. Pero yo, por aquel entonces, no tenía mucho más para decir. O por lo menos nada distinto. Porque acá también se nos pedía, con frecuencia, a guionistas y escritores que trabajemos gratis. O casi gratis. En los últimos años hay una mayor conciencia de esta situación, y se vieron algunos cambios positivos, pero eso fue después de aquella charla. De todos modos, las reglas del mercado aún hacen que muchos autores acepten trabajar gratis con la esperanza de que luego llegará, en ese guion, en ese texto, en ese libro, en uno próximo, la remuneración merecida. Entiendo que lo hagan, lo que no entiendo es que en el siglo XXI a alguien le dé la cara para pedirle a otro que trabaje gratis.

Y la falta de consideración no sólo es económica. El lugar del guionista en ninguno de los dos países parece ser el que se merecen quienes aportan la génesis del asunto, lo imprescindible, lo que no puede faltar para iniciar un proyecto televisivo o cinematográfico: la historia y el guion que la soporta. Es habitual encontrar notas periodísticas acerca de programas de televisión, series o films, grandes éxitos o no, donde se nombra a todo el equipo de trabajo, menos a los guionistas.

A veces pasa.

Un avión llega tarde. El estómago se te revuelve. La cabeza te estalla. Te sientan en una mesa en la que nadie te adelantó de qué tendrías que hablar. Te ofrecen un trabajo que se supone deberías estar contento de hacer gratis. Contento y agradecido. Pero aunque lo hagas, aunque en Colombia o en Argentina la necesidad de encontrar un lugar en el mundo de los que escriben (guionistas, blogueros, novelistas, columnistas, etcétera) haga que decidas aceptar trabajar gratis, lo que nunca jamás hay que olvidar es que ese trabajo debe ser pagado. Como todo trabajo. Y que si alguien lo pide gratis es gracias a la perversidad de las reglas de un mercado que lo permite y hasta lo impone.

Mi reino por un título[*]

Encontrar el título de un texto puede ser una tarea fácil, natural, resuelta desde el inicio o todo lo contrario. Parece que no hubiera término medio. Hay escritores que pueden estar mucho tiempo pensando un título adecuado sin lograr conformarse, y otros a los que se les presenta ni bien empiezan a escribir. O aun antes: algún amigo me ha confesado, sin pudor, haber tenido primero el título, del que se enamoró, para el que luego tuvo que pensar una novela que lo justificara. Si el resultado vale la pena, todo camino es correcto. Pero, como dice David Lodge en *El arte de la ficción*: «Quizá los títulos siempre significan más para los autores que para los lectores, los cuales, como cualquier escritor sabe, suelen olvidar o confundir los nombres de los libros que aseguran admirar». De hecho, tal vez pocos de los fanáticos de Stieg Larsson nombran a los tomos de su trilogía Millennium con los títulos rimbombantes con los que su autor se habrá desvelado más de una noche. Imposible recordar sin que se mezclen algunas de las palabras: *Los hombres que no amaban a las mujeres*, *La chica que soñaba con una cerilla y un bidón de gasolina*, *La reina en el palacio de las corrientes de aire*. Sus seguidores suelen decir: el primero, el segundo o el tercero de Larsson. A veces el problema no es el largo de un título, sino

---

* Publicado en *La mujer de mi vida* (2011) y revisado para esta edición.

ciertas dificultades de lectura que puede ofrecer. Me pregunto qué dirán los lectores de Murakami cuando van a una librería y piden su última novela: *1Q84*.

Amos Oz, en *La historia comienza*, libro donde analiza los arranques de varias novelas y cuentos, trabaja con el relato de Raymond Carver «Nadie dice nada», incluido en el libro *¿Quieres hacer el favor de callarte, por favor?* Que Raymond Carver es un maestro muy particular a la hora de poner títulos es algo sabido —que no hay que tratar de imitarlo, también—. Pero lo que hace Oz al analizar este cuento es demostrar la dependencia íntima del relato con el título y viceversa, señala cómo el título sólo se entiende cuando se lee el último párrafo del cuento y cómo el cuento no funcionaría del mismo modo con otro título.

En mi experiencia personal, *Tuya* y *Elena sabe* ya tenían ese título al poco tiempo de que empecé a escribirlas. Por el contrario *Las viudas de los jueves* llegó sin título al último borrador, y fue siguiendo una técnica empleada en agencias de publicidad que hice un listado de títulos posibles. Los conté, fueron cincuenta y ocho. Había algunos muy diferentes entre sí, pero también había otros que apenas variaban del plural al singular. *Las grietas de Jara* se llamaba sólo *La grieta*, hasta que recordé que Doris Lessing (nada menos) tenía una novela con ese nombre. No alcanzaba con pasar el título al plural y llamarla *Las grietas*. Tampoco quería perder la palabra «grieta» porque era sustancial para la novela, ni quería cambiarla por fisura, ni surco, ni hendidura, ni ningún otro sinónimo que me acercaban amigos preocupados por ayudarme. Entonces empecé a agregarle palabras al título original. Primero adjetivos, pero los adjetivos no son confiables y hay que usarlos con mucho cuidado. Por fin, se me ocurrió agregarle a la grieta el apellido de uno de los personajes, Nelson Jara

—quien controlaba cada mañana la que se había dibujado en la pared de su casa— y desoír las advertencias de quienes aseguraban que los lectores creerían que se trataba de una novela acerca del gran músico y político chileno Víctor Jara.

El título de mi libro de cuentos, *Quién no*, se lo debo a la editora Julia Saltzmann, que lo encontró después de que le veníamos dando muchas vueltas al asunto durante días. *Las maldiciones* conservó el título que tenía desde un primer momento, a pesar de que algunos aseguraban que espantarían a lectores aprehensivos. *Catedrales* es un claro homenaje a John Carver. Con *Betibú*, surgieron inquietudes en cuanto a la controversia que podía originarse por utilizar un nombre icónico y registrado, por más que le haya cambiado la ortografía. Pero nunca apareció ninguna queja. Y el título de *Un comunista en calzoncillos* se lo debo al autor peruano Alonso Cueto, que luego de escucharme leer un borrador del primer capítulo de esa novela en el Foro del Chaco de la Fundación Mempo Giardinelli, me dijo: «Me encantó la historia que leíste de ese comunista en calzoncillos». No creo que yo hubiera podido encontrar mejor título para ese texto autobiográfico, aunque en algunas partes del mundo la palabra que designa la ropa interior masculina espantó y fue cambiada por otra.

Como adelanté en el párrafo anterior, los problemas no terminan cuando la novela sale de imprenta titulada. Si el autor o la autora tiene la suerte de que su texto sea traducido, el título puede sufrir algunos cambios. Y los autores sufrir, a secas. El término «Tuya», como firma, parece que es incomprensible en el mundo de las lenguas sajonas sin un circunstancial de modo: «enteramente tuya», «profundamente tuya», «devotamente tuya» o equivalente. Por su parte, *Las viudas de los jueves* en su versión inglesa recibió el agregado de la palabra «noche», lo que la acercó irremediablemente a John Travolta: *Thursday's night widows*. *Elena sabe* en francés se transformó mágicamente en *Elena y la reina destronada*. *Las grietas de Jara*, por su parte, perdió el Jara en todas sus versiones extranjeras, no por el temor de mi amigo sino porque no se entendía, o eso dijeron.

Las traducciones pueden deparar, aún, peores amarguras a los títulos y sus autores. Por ejemplo, lo que le pasó a Juan Martini. La traductora al español de la novela de David Grossman cuyo nombre original era *Una mujer huye de un anuncio*, debe haber concluido que no era un buen título lo porque lo cambió por *La vida entera*, que lleva una novela de Martini bastante anterior, tal vez una de las más importantes y leídas de su bibliografía. Los sitios de internet que alaban la novela de Grossman, alaban casi tanto o más al título que hoy lleva gracias a su traductora, que no tuvo reparos a la hora de usar uno bien conocido en España, en donde la obra de Martini comparte editorial con la que lleva al idioma castellano a Grossman. Algunos críticos hasta dijeron: «No habría título mejor para esta novela de Grossman». De todos modos y a pesar de sus quejas, tampoco Martini había inventado la frase que da nombre a su novela sino que la había sacado de un tango, «Cuesta abajo», que asegura: *Eras para mí la vida entera, como un sol de primavera, mi esperanza y mi pasión*. Y si de títulos de libros basados en canciones se trata —permítanme la digresión— mis preferidos son *Arráncame la vida*, bolero del mexicano Agustín Lara que toma en su novela Ángeles Mastretta, y *Me verás caer*, título de Mariana Travacio, seguramente en homenaje a Gustavo Cerati.

Con las columnas para los diarios no hay que hacerse tanto problema a la hora de poner título, ya que en las redacciones los cambian irremediablemente. Y con las obras de teatro y los guiones, siempre está Argentores para defender un título propio frente a quien quiera usar el mismo.

Una máxima a tener en cuenta cuando no se encuentra título es releer el texto, porque el mejor título siempre está en lo ya escrito, sólo hay que poner atención y buscar esa frase escondida que no habíamos visto hasta entonces, la más indicada para nombrarlo. Otra opción es la estrategia tantas veces usada de tomar una frase de un libro consagrado y hacerle un homenaje. Como *Triste, solitario y final*, el título de Soriano, tomado de *El largo adiós*, de Raymond Chandler. O buscar en la Biblia. Mi reino por un plato de lentejas, dice en el Génesis que le dijo Esaú a Jacob. Con sólo cambiar un «plato de lentejas» por «título», problema resuelto, ya tengo el título de esta columna.

Teatro político: distanciamiento y humor

El instante que transcurre entre el apagón y el aplauso en un espectáculo teatral es, para mí, un momento extraño, incluso de cierta perturbación. La sensación que me produce se parece a aquella que sentía cuando de chica jugaba a la mancha congelada: no hay movimiento, todo se detiene, incluso la propia respiración, arriba y abajo del escenario. Dura un tiempo mínimo, que se intuye mucho más largo de lo que es. Hasta que alguien, desde algún lugar de la sala, arranca golpeando las palmas. Y otro lo sigue, lo siguen muchos, probablemente todos. De inmediato un espectador se para y grita bravo, un segundo grito lo acompaña desde una ubicación imprecisa, un tercer grito se suma. A veces no, a veces después del silencio apenas se aplaude por respeto al trabajo de quienes están arriba del escenario y detrás de él. Otras, alguien se levanta y se va sin ningún gesto. Lo de tirar tomates quedó en el pasado, encontramos maneras más adecuadas de mostrar nuestra disconformidad como espectadores; pero aquella tradición sigue siendo evocada y hasta le dio nombre al popular portal de críticas de películas Rotten Tomatoes. Lo que pasa cuando baja el telón no es más que la condensación de lo que el espectador sintió o reflexionó a lo largo de la obra.

Dejando de lado los tomates y volviendo a los aplausos, sobre todo al silencio anterior, me gusta observar desde afuera, ese instante de quietud y lo que le sigue, como si yo formara parte de la compañía teatral y no del público. Alguien rompe el silencio, pero el aplauso grupal tarda en llegar el tiempo que los espectadores se toman en elaborar una especie de consenso tácito de valoración de la obra. Como si los aplausos y los bravos arrancaran en los extremos de un sintetizador musical, para luego ir buscando el volumen adecuado, el tono justo, los graves y agudos, hasta que, en algún momento, se obtiene una vibración promedio. Algunas veces, ese consenso no se logra; cada espectador permanece en los extremos, sin poder acercarse, luego del apagón algunos gritan con fuerza «bravo» y aplauden a rabiar, mientras otros apenas golpean sus palmas para no pasar por maleducados. Los unos no contagian a los otros. Los que permanecen inmóviles en la butaca, sin emitir sonido, esperan que alguien les venga a explicar por qué ellos no. Otros salen enojados, y en el pasillo de salida dicen frases del tipo: «No pude entrar en ningún momento», «La obra no me movió un pelo», «No me interesó lo que me contaban».

En algunos casos, partiendo de que la dramaturgia, la puesta, las actuaciones y otros elementos teatrales hayan sido adecuados o hasta muy buenos, el origen de esta queja puede estar en el efecto teatral que se conoce como distanciamiento. Lo que tanto buscaba Bertolt Brecht para su teatro épico. El *Verfremdungseffekt* (no me atrevería a pronunciarlo en su lengua original) procuraba evitar la «catarsis» del teatro griego, quería que el público se centrara en las ideas y no en la emoción, que los espectadores no sintieran empatía con los personajes, que no creyeran bajo ningún concepto que esos que estaban sobre el escenario podían parecerse a ellos, o incluso ser ellos. Pretendía que el público pudiera reflexionar de manera objetiva y crítica, porque le importaba despegar su teatro del teatro naturalista y burgués. Brecht quería un teatro político. El distanciamiento le niega al espectador la ilusión de que lo que sucede frente a sus ojos, sucede en la vida. No está ni bien ni mal, es lo que busca. Y lo consigue.

Muchos espectadores disfrutan un teatro que no apela a sus emociones sino a la razón, que los mantiene más conscientes, propensos a la reflexión y a la crítica. Pero aquello que fue la marca de Bertolt Brecht y su teatro épico, hoy no le resulta apropiado a los que van al teatro a reír o a llorar. Ya no en el teatro brechtiano sino en cualquier tipo de obra, se multiplican puestas en las que los espectadores se ríen en momentos impensados, seguramente guiados por el afán de la producción de que se llenen muchas butacas.

Entiendo que una obra que extrema el distanciamiento no es para quienes van al teatro a emocionarse con la historia que se cuenta sobre el escenario. Entiendo que muchos se queden en la butaca esperando que alguien venga a explicarles por qué nada de lo que vieron «los atravesó», por qué se quedaron afuera, y sé que Brecht no vendrá. Pero me resisto a que la solución sea la risa fácil.

¿Quiere decir entonces que no es adecuado el humor en el teatro político?

Por supuesto que no. A veces todo lo contrario. Pero me interesa el humor como lo describe Pirandello, ese que luego de la risa provoca la inevitable reflexión y nos hace preguntarnos «cómo me puedo estar riendo de esta barbaridad». No el mero chiste del que nos olvidamos al rato de ser dicho. El humor que provoca reflexión nos permite llegar a zonas donde otros caminos se nos cierran. Esto lo aprendí al escribir mi primera obra, *Cuánto vale una heladera*, presentada en el marco de Teatro x la Identidad, que llevan adelante Abuelas de Plaza de Mayo. A pedido de las Abuelas, ese año se empezaron a incluir piezas que trataban el tema de la identidad en forma más amplia, no sólo en relación con la apropiación de menores durante la dictadura. Ellas consideraban que así llegarían a más personas, personas que tal vez no se sentían interpeladas por el tema, algunas hasta reacias. Consideraban que si se podía trasmitir al público la importancia de la identidad en general, como algo que nos afecta e importa a todos, luego podrían llegar a trasmitir mejor el objeto particular de su búsqueda. Porque las Abuelas tuvieron la lucidez de pedir que se abriera de esa manera el tema, es que pude usar el humor para hablar de identidad en la obra que presenté a su concurso y se sigue representando hoy en distintas partes del país, simultáneamente, casi veinte años después de su estreno.

La traducción: en busca de la palabra justa[*]

En la novela *La traducción*, de Pablo de Santis, uno de los personajes, Naum, dice: «El verdadero problema para un traductor no es la distancia entre los idiomas o los mundos, no es la jerga ni la indefinición de la música; el verdadero problema es el silencio de la lengua (...) porque todo lo demás puede ser traducido, pero no el modo en que una obra calla; de eso no hay traducción posible».

Hace unos meses, cuando Javier Marías estuvo en Buenos Aires, recomendó a quienes quisieran escribir: traduzcan, traduzcan, traduzcan. Dijo textualmente, según detalla Silvina Friera en *Página 12*: «El traductor no solamente es un lector privilegiado, sino que es también un escritor privilegiado que tiene que volver a escribir el texto original, que es móvil per se porque nunca hay una versión unívoca. Si uno llega a reescribir un texto de Conrad, de Faulkner o Nabokov, tiene mucho ganado. No da talento ni inventiva, pero ponerse a la altura de un gran autor y salir más o menos airoso en la reescritura en otra lengua es un trabajo extraordinario para cualquier escritor».

La traducción tiene amplia tradición entre nuestros escritores. Borges empezó traduciendo a los diez años *El príncipe feliz* de Oscar Wilde, para luego seguir con muchos

_____

* Publicado en *La mujer de mi vida* (2009) y revisado para esta edición.

otros autores: Poe, Kafka, Whitman, Virginia Woolf, Herman Melville, André Gide. Cortázar también tradujo a Poe, y tiene en su haber la única traducción completa del *Robinson Crusoe* de Defoe. Pepe Bianco fue el primero en traducir a Henry James, y más tarde a muchos otros: Beckett, Paul Valéry, Sartre, Ambrose Bierce, Genet. Marcelo Cohen —además de traducir él mismo— dirigió la colección de Editorial Norma «Shakespeare por escritores», donde cada obra fue traducida por un gran autor. Elvio Gandolfo también tradujo a Shakespeare y a varios más, como Tennessee Williams o Tim O'Brien. Esther Cross tradujo a varios, pero nada menos que a Richard Yates. Inés Garland a autoras que admiro y leo gracias a su traducción: Lorrie Moore, Lydia Davis, Jamaica Kincaid. Sólo por nombrar a algunos pocos de los muchos escritores que experimentaron lo que es sentarse frente a un texto original y buscar, renglón por renglón, la palabra justa, la que logre honrar con precisión a aquella otra, la extranjera, la que eligiera el autor sin hacerse, tal vez, tantas preguntas como se hace su traductor. O muchas preguntas, sí, pero otras.

No por contradecir a Javier Marías sino para sumar desde su espejo inverso, el escritor aprende cuando traduce pero también cuando es traducido. De un país lejano pueden llegar a nuestra casilla de mail desde una o dos tímidas preguntas, hasta listados interminables de dudas de todo tipo. Quien está a cargo de la traducción puede interrogar tanto acerca del significado de una palabra como de su uso, del sentido de la expresión, del dicho o de la metáfora a la que alude. Y es entonces cuando esas dudas que no nos habían inquietado hasta el momento, se nos presentan no sobre un borrador sino sobre su texto ya editado y nos disparan una reflexión tardía, pero ineludible.

Un escritor amigo me consoló cuando yo me lamentaba por haber encontrado un error en una de mis novelas ya editada. Me contó acerca de uno suyo, que apareció recién cuando el libro estaba siendo traducido al alemán. Toda su novela se basaba en una serie de eventos fechados que concluían el día en que en la liturgia se conmemora a un santo muy venerado. El traductor alemán consulta: «¿Puede ser que en su país ese santo se conmemore en febrero como dice la novela? Porque en mi país se lo conmemora en agosto». Y tenía razón el traductor alemán. La novela había pasado por editores, correctores, infinidad de lectores, y recién cuando llegó a la instancia de traducción apareció el error de fechas y santos. Entonces mi amigo le respondió: «Tiene usted razón, le propongo que intentemos cambiar la fecha del santo en la liturgia; eso será más sencillo a que yo reescriba toda mi novela».

Algunos de mis traductores me hicieron muchas consultas, otros menos, alguno ninguna. A lo largo de su trabajo recibí infinidad de preguntas —¿cincuenta?, ¿cien?, perdí la cuenta—, y cada una de ellas, además de la pregunta en sí misma, me planteaba la siguiente inquietud: ¿por qué los traductores a otros idiomas no me preguntaron esto mismo? En sus listados había de todo. Dudas locales: cómo traducir «quiero vale cuatro», «quiero retruco», «parda la primera», o «¿cómo venís para el tanto?». Dudas que tienen que ver con sonidos: «¿Por qué Papá Noel dice Jo, jo, jo?». Dudas originadas en refranes: «¿Por qué el personaje dice "no lo va a cobrar ni el día del arquero" si los arqueros hoy en día, al menos en el fútbol europeo, cobran sueldos y primas tan elevados?». Dudas psicológicas —¿o sociológicas?—: «Cuando el personaje dice: yo nunca me analicé, ¿se refiere a que nunca se psicoanalizó o a que nunca hizo terapia?».

Pero además de ese tipo de dudas, en una traducción aparecen otras que obligan a reflexiones que exceden la problemática del lenguaje. Un traductor europeo me preguntó hace muchos años: «Cuando en la novela dice "fueron enterrados en un cementerio privado", ¿se refiere a que es un cementerio que no maneja el Estado, un cementerio manejado como una empresa? Yo lo traduje así pero creo que debo estar equivocada, porque si así fuera, si en mi país manos privadas intentaran organizar un cementerio porque el Estado no se ocupa de los muertos, sería un verdadero escándalo que habría aparecido en todos los diarios». La reflexión tardía e ineludible: ¿Por qué en mi país algunas cosas no producen escándalo o al menos asombro? Me limité a responderle: «Usted entendió bien, una empresa privada que administra los cuerpos muertos». Pero esa pregunta me hizo volver a Naum y su teoría, lo que una obra calla.

Escritores unidos contra el crimen[*]

La madrugada en que encontraron el cuerpo de una mujer asesinada en un country de Río Cuarto, mi teléfono empezó a sonar a horas intempestivas. Y no dejó de hacerlo a lo largo del día. El primero en llamar fue un conocido periodista radial que pretendía que yo diera mi opinión acerca de quién había sido el asesino, eligiendo entre una serie de sospechosos que él mismo proponía en base a trascendidos, comentarios de vecinos y otras «fuentes» dispuestas a hablar a horas tan tempranas. Una tarea complicada para alguien que, escritora de policiales o no, acababa de despertarse y no sabía de qué le estaban hablando. No fue la única vez que me consultaron acerca de casos reales, ya sea para analizar los datos que estaban en la causa —a disposición del periodismo o filtrados—, como para intentar desarrollar una teoría sobre quién había sido el culpable, cuál había sido el móvil, posibles cómplices, armas homicidas, y otras precisiones.

¿Por qué un periodista, un amigo en una reunión, un desconocido que te cruza por la calle o quien sea cree que un escritor de ficción policial puede aproximarse a la verdad en un caso real? No lo sé, pero cada tanto se verifica una cierta confusión entre el rol de un escritor y un detective.

---

[*] Publicado en *La mujer de mi vida* (2009) y revisado para esta edición.

Tal vez ese hecho no hable tanto de la literatura como de una sociedad que acude a un recurso desesperado, cuando no le da respuestas oportunas y confiables quien debería darlas: el Estado.

Pero este afán de consultar escritores en materia forense no es nuevo ni exclusivo de nuestro país. Cuenta Dorothy Salisbury Davis en *Murder Ink* (un libro que compila artículos de los más famosos escritores de novela de misterio de habla inglesa) que hace unos cuantos años ella y otros colegas fueron convocados nada menos que por el jefe del departamento de policía de Nueva York, Patrick Murphy, para formar un «think tank» (algo así como un tanque de personas que piensan) que lo ayudara a él y a sus hombres a resolver ciertos asuntos relacionados con el crimen en esa ciudad. Dice D. S. Davis que lo más destacado de aquel encuentro fue que la mitad de los escritores que participaron no lo recuerda y la otra mitad niega haber estado allí. Pero allí estuvieron y algunos, los más susceptibles a la adulación, hasta creyeron que la idea de Murphy era «la más importante desde que un grupo de ciudadanos en 1840 propuso que la policía llevara uniforme de modo que pudiera ser reconocida fácilmente por los ciudadanos». ¿Y cuáles fueron las brillantes ideas que se les ocurrieron en esa oportunidad a los mejores representantes de la literatura policial? Por ejemplo, que cada habitante de Nueva York llevara colgando un silbato al que podría recurrir en caso de emergencia. O una mejora en el uniforme: incorporar a la gorra un espejo retrovisor que hiciera menos vulnerables a los efectivos policiales cuando se enfrentaran a ataques por la espalda. De lo que se queja D. S. Davis no es de la ingenuidad o de la ironía de sus compañeros escritores convocados, sino de que Murphy no hubiera aprovechado lo mejor de ellos: «Debería haber venido a la reunión con los antecedentes de dos o tres casos no resueltos, para que nuestros más destacados cerebros trabajaran con sus oficiales y aportaran al menos un poco de perspicacia». De todos modos, puede fallar. O no. Conan Doyle se encargó de investigar el caso de un hombre condenado por mutilar ganado. Pero su trabajo como detective sólo sirvió para exonerarlo en la prensa; la justicia, en cambio, rechazó las nuevas evidencias. Sin embargo, con el tiempo, el caso fue un antecedente para la creación de la Cámara de Apelaciones Criminales.

A lo largo de estos años me han ofrecido distintas modalidades de trabajo. En el caso del crimen de María Marta García Belsunce, otra mujer asesinada de cinco balazos en la bañadera de su casa en un country, me propusieron que me presentara de incógnito, con anteojos negros y peluca, en el juicio que en ese momento se llevaba contra el viudo —hoy absuelto—, para analizar sus reacciones y las de sus amigos «del country» presentes en el tribunal. En el de Nora Dalmasso, la mujer que mataron en Río Cuarto, me sugirieron sentarme en los bares de la ciudad y escuchar qué decía «la gente». Hace poco a alguien se le ocurrió que yo podía hacer una ficción basada en el caso de General Rodríguez, donde fueron asesinados tres socios de un laboratorio que tenían negocios con efedrina y con narcotraficantes mexicanos. En todos los casos dije que no. Por un lado, por responsabilidad, porque hay familia, hijos, amigos de la víctima o incluso de los acusados a los que una ficción acerca de hechos aún no resueltos les puede producir algún daño. Pero por otro lado, porque me da miedo. ¿Y si concluyo algo cercano a la realidad?, ¿y entonces vienen por mí? Escribir esa ficción tal vez sí me pueda interesar: la de una escritora que acierta en la resolución de un caso, sin proponérselo, en una novela, y los culpables del crimen intentan vengarse.

En el siglo XXI los tiempos de Dorothy Salisbury Davis parecen lejanos y hasta *naïves*. Tal vez los escritores que hoy abordamos el género nunca seremos convocados por la autoridad policial para opinar acerca de casos irresueltos, o para dar ideas brillantes sobre silbatos y espejos retrovisores. Sin embargo, no dudo de que seguiremos siendo convocados a opinar, en el medio que sea, acerca de casos policiales. Y cada quien deberá tomar su riesgo al momento de aceptar o no. Porque ese riesgo empieza por opinar de lo que uno o una no sabe y puede terminar en cualquier parte.

La silla del escritor[*]

La vida de un escritor trascurre, en gran medida, sentado. Uno escribe sentado, corrige sentado, lee sentado. Cuando va a la presentación del libro de un amigo o a la suya propia, se sienta; cuando firma ejemplares lo instalan en una silla detrás de un escritorio; igual que en una entrega de premios, en un homenaje, en una conferencia o en el más importante congreso de literatura. Difícil compensar tanto tiempo sentado con algún ejercicio eficaz que devuelva tonicidad muscular, agilidad, o elongación después de tantas horas entregados a la inactividad física. Hay excepciones que confirman la regla: Fogwill nadaba; Guillermo Martínez juega al tenis; Murakami y Joyce Carol Oates corren. Yo camino. Pero a algunos les cuesta más que a otros encontrar el tiempo, la voluntad o las ganas para evitar el hechizo de la silla y poner el cuerpo en movimiento.

«El deporte es salud», «El saber no ocupa lugar», «El ahorro es la base de la fortuna», «Lo importante es competir», son supuestos saberes populares que nos repiten a lo largo de nuestras vidas. Eslóganes que aparecen en el momento preciso, o en el peor momento, dispuestos a señalarnos cómo tenemos que vivir. La frase de cabecera de mi padre era «el deporte es salud». Y, por el contrario, se mofa-

---

[*] Publicado en *La mujer de mi vida* (2010) y revisado para esta edición.

ba de «el ahorro es la base de la fortuna», no porque hubiera encontrado otro camino para salir de pobre sino porque tenía la certeza de que las fortunas que veía a su alrededor no se habían hecho ahorrando. De hecho, y aunque llegué hasta las lágrimas, nunca me dejó pegar estampillas en la libreta de ahorro postal como hacían mis compañeros, lo que calificaba de estafa.

No recuerdo un solo día de mi vida familiar en el que mi padre no haya dedicado la hora anterior a la cena a hacer gimnasia. Ajustaba sus necesidades deportivas a los pocos espacios disponibles en una casa de dos dormitorios, uno el de mis padres, otro el que compartíamos mi hermano y yo. Primero saltaba la soga en la cocina, el ambiente más grande, mientras mi hermano y yo terminábamos de hacer la tarea en la mesa familiar, o mirábamos algún programa en el aparato de televisión instalado sobre la heladera. A un lado y de espaldas a nosotros, mi mamá cocinaba. La rutina de gimnasia de mi padre era saltar la soga unos minutos alternando un pie con el otro, luego con los dos pies juntos, más tarde cruzando y descruzando brazos como hacen los boxeadores. Por fin, terminaba saltando a una velocidad que aumentaba con cada vuelta de soga, contando en voz alta los rebotes de los pies sobre el suelo, hasta que en alguno de ellos se trababa con la soga y eso determinaba el fin de la etapa. Nos repetía el número final en voz alta —doscientos dieciocho, trescientos quince, o ciento veinticuatro— como para que estuviéramos al tanto de si había o no batido su propio récord. Después colgaba la soga en el perchero de la cocina y se dirigía a su próxima estación de entrenamiento.

La estación de la soga era la que más me gustaba, oír el golpe del yute trenzado contra las baldosas de la cocina, un sonido seco, raspado, que señalaba la alternancia de un pie y del otro según el ritmo que mi padre le imprimía al rebote. Saltaba descalzo, algo impensado hoy cuando existen zapatillas para cada deporte o trabajo físico, que nos aseguran no pueden ser reemplazadas por otras. La siguiente etapa de su rutina continuaba en su cuarto, en el estrecho espacio que quedaba entre la cama matrimonial y la pared, sobre un camino de alfombra gastado. La especialidad de mi padre eran los abdominales, pero también hacía flexiones de brazos, sentadillas, y otros ejercicios de los que nunca supe el nombre.

Y si el deporte era salud para él, también debía serlo para el resto de la familia. Aunque el único que tenía condiciones era mi hermano, que jugaba bien a lo que fuera: fútbol, tenis, pelota a paleta. Mi madre y yo éramos de otra naturaleza. Un día descubrí que el libro de gimnasia sueca de donde mi papá sacaba sus ejercicios no era estrictamente suyo sino un regalo que le había hecho a mi madre cuando estaban de novios. La dedicatoria decía: «Lo que natura no da, Salamanca no presta». Ironía que le era tan natural a mi padre como el deporte. Y luego, al pie de página, una frase que debe haber agregado por culpa: «Con esfuerzo y dedicación todo es posible». A mí me gustaba más la frase de Salamanca que la de la culpa, porque la sentía más sincera. Mi madre, que siempre intentó complacerlo, terminó jugando al tenis como si le gustara, aunque nunca logró dejar de correr la pelota con la raqueta adelante como si estuviera cazando mariposas.

Yo intenté practicar deporte varias veces y en distintas disciplinas. Primero mi padre se puso como meta enseñarme a correr: «¿Me podés explicar por qué corrés con las rodillas juntas?». Al principio me entrenó en el patio y después dando la vuelta a la manzana. Me esperaba en el pilar de mi casa con un reloj despertador que usaba de cronómetro. Y cuando me acercaba agotada, sudada y sin aire, pero con la alegría de haberlo complacido, me dejaba claro, con el gesto de su cara contraída, que yo seguía juntando las rodillas. Después vinieron la pelota al cesto, el patín, el vóley y el básquet. Y por fin las clases de tenis. Distintos profesores, distintos fracasos. El último me decía King Kong cuando corría desesperada detrás de una pelota, «Dale, King Kong, que llegás». Me quejé con mi padre, que esbozó una respuesta de compromiso para evitar su «lo que natura no da».

Volviendo a mi propia silla, los momentos más estáticos son los que estoy metida de lleno en una novela y no puedo alejarme del teclado. En esos días, aunque no me haya movido, siento que corrí una maratón. En cambio, suelo leer caminando, resolver problemas de la escritura o la trama en movimiento, y hasta corregir sobre papel yendo de una habitación a otra por los pasillos de mi casa. Cuando viajo por trabajo, me traslado a pie en cada ciudad. Cualquier trayecto menor a una hora lo considero *walking distance*. Pero si sé que por la ubicación del hotel y de las actividades no habrá más remedio que usar medios de transporte durante la estadía, me levanto temprano para caminar en el gimnasio del hotel o en los alrededores. Y en cualquiera de las dos alternativas, mientras camino, leo. O mientras leo, camino.

Aún no encontré la forma de escribir en movimiento.

Sin embargo, no pierdo las esperanzas.

7. De la lectura

Libros como hongos[*]

En mi casa, los libros crecen como hongos después de una lluvia. No me atrevo a podarlos aunque juro que los ordeno, cada tanto, no todos los días, quizás una vez por semana, o cada dos, pero los ordeno. Desarmo esas pilas que crecieron a su suerte y, con esfuerzo, les encuentro un lugar adecuado. Después de hacerlo me siento aliviada, pero es un alivio extraño que va más allá de lo estético. Me digo a mí misma que sí, que efectivamente es posible tener los libros ordenados, y eso me tranquiliza aunque no lo crea del todo. Como si el orden significara, además, que puedo abarcarlos, que ordenados ingresan a un espacio de lectura posible, que no se perderán en el caos de los demasiados libros. Sin atreverme a considerar que, tal vez, el orden signifique absolutamente lo contrario: que, puesto en su estante, la lectura de ese libro pierde su carácter de urgente, de inmediata. Como sea, el alivio dura un suspiro, a los pocos días aparece un nuevo brote de papel. Primero trato de no darle importancia, intento no verlo mientras el brote crece, describiendo su camino ascendente libro sobre libro. Hasta que la pila se hace evidente y ya no puedo ignorarla. Así, el ciclo de los hongos de papel y palabras se repite una y otra vez, irremediablemente, como el ciclo de la vida.

---

[*] Publicado en *La mujer de mi vida* (2011) y revisado para esta edición.

Las primeras pilas de libros crecieron sobre mi escritorio, luego en el piso que rodea a mi escritorio, un poco más tarde encima de los radiadores de la calefacción —si era verano y estaban apagados, claro—, debajo de los marcos de las ventanas tratando simular un empapelado con relieve. Un poco más tarde, llegaron a la mesa del comedor y a dos de las sillas que la rodean, anuladas definitivamente para su uso previsto: sentarse. Siguieron por encima del televisor y del equipo de música. En mi cuarto siempre hubo libros sobre las mesas de luz, pero no sólo los que estaban en proceso de lectura sino los que habían sido leídos recientemente y los que esperaba leer en un futuro inmediato. No conformes con eso, se instalaron también sobre la cómoda, al costado de la cama, encima de un baúl que ya no pude volver a abrir a menos que retirara pila por pila, arriba de la cinta de caminar. Ese sí fue todo un descubrimiento: que el mejor uso de la cinta de caminar no es como perchero sino como biblioteca.

Pero como dice el antiguo refrán: «Si no puedes con ellos, úneteles». Entonces busqué un método para que el crecimiento no fuera aleatorio sino controlado. Así, una vez que las nuevas pilas aparecían, el primer paso fue buscarles una unidad, un criterio, o al menos una excusa. Pasé libros de una pila a otra convirtiendo lo que había sido unión azarosa en una acumulación de textos con sentido. Una pila fue la de los libros que llegan por el deseo de otros: editoriales, amigos, autores conocidos o desconocidos. En otra pila ubiqué los de mi deseo, los que compro con voluntad de leer, estableciendo un orden de prioridad en escala decreciente de arriba hacia abajo. Una pila más, reservada para libros que necesitaré releer para completar un texto o una nota en trámite. Otra muy necesaria, la de los libros prestados que aún no leí, esos que, aunque no necesariamente tienen prioridad de lectura por deseo, tienen sí la urgencia de ser devueltos a su dueño. Y una última pila de libros prestados, ya leídos, esperando que los regrese a quienes les pertenecen.

Hoy tengo varias bibliotecas, y nunca alcanzan. Cada tanto detecto una pared donde puedo agregar unos estantes más, pero al tiempo se completan los espacios vacíos, los libros se aprietan lo máximo posible, los huecos se desvanecen. La biblioteca principal está en mi escritorio, pretendía mantener en ella un orden alfabético según apellido del autor, pero la llegada de nuevos libros fue forzando el espacio hasta su máxima capacidad. Frente a esa primera biblioteca, en el lugar angosto que quedaba entre dos ventanas, agregué otra biblioteca y derivé allí todos los libros de literatura infantil y juvenil, con la esperanza de que mis hijos los tuvieran más a mano. Esa, la de literatura infantil y juvenil, fue la primera «colonia». Al poco tiempo colonicé una esquina del escritorio con cuatro estantes en ele y en altura, donde concentré diccionarios, ensayos literarios y libros firmados por escritores que admiro. Un año después agregué un último estante continuo en las cuatro paredes del escritorio, por encima de puertas y ventanas, donde por una cuestión de altura puse publicaciones a las que regreso muy de vez en cuando: ejemplares de la *National Geographic*, enciclopedias, colecciones de historia universal, una colección incompleta de los tomos de Freud, mis propios libros.

Aceptando que en el escritorio no había forma de hacer más lugar, organicé una colonia en mi dormitorio —más ordenada que la irregular que tenía repartida entre mesas de luz, baúl y cinta de caminar—. Debo reconocer que ya había tenido una secreta colonización anterior cuando me divorcié y llené el placar que había sido de mi ex marido con libros. Por fin, compré una biblioteca de esas que se supone que se arman en pocos pasos y con facilidad. Y aunque a mí armarla me llevó bastante tiempo y esfuerzo, lo logré —un estante quedó al revés, pero casi no se nota—. Derivé allí todos los libros de teatro, tanto obras como ensayos.

Años después armé otra biblioteca que instalé en un cuarto exterior de la casa. Un poco después forré de estantes y libros los descansos de las escaleras, las paredes del living y el comedor, una pared irregular donde está la puerta de entrada a los dormitorios. Por último, puse un estante que rodea en altura varios de los ambientes de mi casa. De momento, no tengo donde más colonizar.

Tal vez una solución sea regalar algunos libros. Pero a mí me cuesta desprenderme de ellos. Cada uno, leído o no, tiene una historia detrás, más allá de la que cuentan. Siento que estaría traicionando a quien me lo dio en el pasillo de una feria, a quien me lo envió por correo, a quien se tomó el trabajo de acercármelo a mi casa. Sé que algunas exitosas expertas en orden lo recomiendan fervientemente, pero yo confío más en los libros que en el orden. Así que seguiré teniendo la casa llena de esos hongos de papel que crecen sin pedir permiso. Al menos no son hongos venenosos. Y si lo son, su veneno es de la mejor calidad.

Perlas*

Aparecen cada tanto, cuando se comparte no sólo un momento, sino las palabras que lo describen. Son cuestiones de código, transformadas en perlas preciosas. Por lo general se da sólo en vínculos profundos, no necesariamente con personas cercanas. No son frases buscadas, un día cualquiera se produce la magia y una frase adquiere para dos o más personas un significado intransferible al resto. A partir de entonces, decir esa frase encierra algo que excede lo dicho, que sólo quienes comparten el código pueden descifrar y apreciar.

Como lo que cuenta Natalia Ginzburg, la novelista y ensayista italiana, en su texto «Zapatos rotos» incluido en *Las pequeñas virtudes*. «Yo tengo mis zapatos rotos y la amiga con la que vivo en este momento también tiene los zapatos rotos. Cuando estamos juntas hablamos con frecuencia de zapatos. Si hablo del tiempo en que seré una vieja escritora famosa, ella enseguida me pregunta: *"¿Qué zapatos tendrás?"*. Entonces yo le digo que tendré unos zapatos de gamuza verde, con una gran hebilla dorada al costado».

Al hablar de zapatos, sin necesidad de mención, Ginzburg y su amiga hablaban de carencias y esperanzas. Para ellas preguntar qué zapatos tendrá alguien en el futuro significaba mucho más que la textualidad de la frase, pero no

---

* Publicado en *La mujer de mi vida* y revisado para esta edición.

necesitaban más que esa perla. Decir esas palabras era preguntarse sobre el futuro, sobre el éxito y el fracaso, sobre la felicidad o la tristeza por venir. «Ella y yo sabemos lo que pasa cuando llueve, y las piernas están desnudas y mojadas, y en los zapatos entra el agua, y entonces se oye ese pequeño ruido a cada paso, esa especie de chapoteo». También las amigas usaban los zapatos para reflexionar acerca del futuro de sus hijos. «(...) ¿qué zapatos llevarán de mayores? ¿Decidirán excluir de sus deseos todo aquello que es agradable pero innecesario, o afirmarán que todas las cosas son necesarias y que el hombre tiene derecho a llevar en los pies zapatos fuertes y en buen estado?».

Tengo algunas frases de código secreto con mis amigos y con mis hijos. Después de ver con una amiga la obra de teatro *Luisa se estrella contra su casa*, de Ariel Farace, incorporamos una. Luisa, la protagonista, incapaz de elaborar el duelo por la muerte de su novio, tapa el dolor yendo al supermercado Coto varias veces por día para comprar pollo, polvo limpiador Odex, y otras pocas mercaderías. Incluso el tarro de Odex se convierte en personaje y le hace compañía. A partir de ver la obra, cuando nos llamamos con mi amiga y ante la pregunta de alguna «¿Dónde andás?», si la otra responde «Estoy en Coto comprando Odex», no necesitamos pedir ni dar más explicaciones. El código funciona por la síntesis, pero también porque la angustia cede ante el humor y el saberse comprendido inmediatamente.

Con mis hijos también tenemos una frase que funciona como perla. Cuando nació mi tercera hija, el segundo se puso muy celoso. No quería ir al colegio, lloraba por cualquier cosa, pataleaba. Yo, con muchos años de psicoanálisis encima, senté al niño de tres años y le dije: «Tenemos que hablar». Entonces le expliqué qué era estar celoso, por qué estaba celoso, le conté que todos cuando nace un hermano o una hermana nos ponemos celosos, que yo también estuve celosa cuando nació su tío, que su hermano mayor estuvo celoso cuando nació él. Nombré a muchos personajes celosos, aunque por su edad evité mencionar a Otelo. Mi hijo me miraba obediente. Cuando terminé de decir todo lo que me parecía necesario para aplacar su enojo le pregunté. «Entendiste, ¿no?». «Sí, mami», afirmó e inmediatamente preguntó: «Pero... ¿dónde está el oso?». Lo miré un instante y luego dije: «Andá, andá a jugar, pichón, y no te preocupes por nada de lo que te dijo tu mamá». Hoy, ya adolescentes, cuando me pongo insistente con un tema y hablo más de lo que ellos soportan, alguno me interrumpe y dice: «Todo bien sí, pero ¿dónde está el oso?».

Ginzburg insiste sobre el final del texto otra vez con sus hijos. O con sus zapatos. O con lo que sus zapatos nombran. «Miraré el reloj y llevaré la cuenta de las horas, vigilante y atenta a todo, y me preocuparé de que mis hijos tengan siempre los pies secos y calientes, porque sé que así debe ser, si se puede, al menos en la infancia. Es más, tal vez para aprender después a caminar con zapatos rotos, sea conveniente tener los pies secos y calientes cuando se es niño».

Complicidades hechas con palabras que son el testimonio del tiempo compartido, del recorrido al lado de otro, de los compañeros y compañeras de ruta. Algunas frases quedan, otras se pierden. Pero todas se enhebran en el collar de perlas de nuestra propia historia, que no está hecha más que con palabras.

Magia de Cortázar[*]

Es muy difícil hablar de Cortázar, leerlo, revisar entrevistas o notas en donde alguien habla acerca de él, y que no aparezca la palabra magia.

La escritora Sylvia Iparraguirre me contó alguna vez una anécdota relacionada con Cortázar y sus «poderes», que Abelardo Castillo —su pareja— recogió en el libro *Ser escritor*: «Cortázar vino a mi casa esa tarde. Cuando lo atiende Sylvia, que le llegaba literalmente a las costillas flotantes —Cortázar era un hombre altísimo—, estábamos oyendo jazz, a Charlie Parker, pero por pura casualidad. Estaba encendida la radio, no era un disco nuestro. Supongo que a él le pareció natural. En su literatura se nota que esos pequeños milagros le parecían naturales». Quienes leímos a Cortázar sabemos de su admiración por Charlie Parker; quienes lo conocían saben, además, de sus poderes mágicos.

Gabriel García Márquez también recuerda dos episodios de magia cortazariana. El primero fue en un viaje de París a Viena, junto a Carlos Fuentes. El escritor colombiano lo relata en un artículo de 1984, que hace poco rescató la revista *Lengua*: «Viajábamos en tren desde París porque los tres éramos solidarios en nuestro miedo al avión, y habíamos hablado de todo mientras atravesábamos la noche

---

* Publicado en *La mujer de mi vida* (2013) y revisado para esta edición.

dividida de las Alemanias, sus océanos de remolacha, sus inmensas fábricas de todo, sus estragos de guerras atroces y amores desaforados. A la hora de dormir, a Carlos Fuentes se le ocurrió preguntarle a Cortázar cómo y en qué momento y por iniciativa de quién se había introducido el piano en la orquesta de jazz. La pregunta era casual y no pretendía conocer nada más que una fecha y un nombre, pero la respuesta fue una cátedra deslumbrante que se prolonga hasta el amanecer, entre enormes vasos de cerveza y salchichas de perro con papas heladas».

El segundo episodio fue en un parque de Managua, Cortázar leía su cuento «La noche de Mantequilla Nápoles» frente a poetas, albañiles, comandantes de la revolución y contrarios a la revolución, una muchedumbre sentada en el pasto pero flotando ante su voz. Dice García Márquez: «Fue otra experiencia deslumbrante. Aunque en rigor no era fácil seguir el sentido del relato, aun para los más entrenados en la jerga lunfarda, uno sentía y le dolían los golpes que recibía Mantequilla Nápoles en la soledad del cuadrilátero, y daban ganas de llorar por sus ilusiones y su miseria, pues Cortázar había logrado una comunicación tan entrañable con su auditorio que ya no le importaba a nadie lo que querían decir o no decir las palabras, sino que la muchedumbre sentada en la hierba parecía levitar en estado de gracia por el hechizo de una voz que no parecía de este mundo». Según García Márquez esos dos recuerdos lo definían, porque eran los extremos de su personalidad: en privado, su elocuencia, su erudición viva, su memoria milimétrica, su humor; en público, «una presencia ineludible que tenía algo de sobrenatural, al mismo tiempo tierna y extraña».

Parece que Cortázar era consciente de esa magia y la buscaba. Edith Aron, la traductora al alemán en quien se inspiró para crear su personaje La Maga, dijo hace un tiempo en una entrevista en la revista *Ñ*: «... algunos años después de nuestra relación en París, me dijo que tenía ganas de escribir un libro mágico. Me envió un ejemplar, pero la dedicatoria me molestó mucho y la arranqué... decía algo así como que yo era un fantasma que lo perseguía por la Argentina...». Se trataba de *Rayuela*, un libro mágico por cierto, del que Aron —La Maga— tuvo un borrador.

A esta lista de importantes personajes cercanos a Cortázar que se cruzaron en la vida con hechos mágicos, nos sumamos los que no lo conocimos. Yo también tengo mi anécdota cortazariana. La mía tiene que ver con la edición de mi libro, *Un comunista en calzoncillos*. La novela incluye un pequeño texto suyo, pero además la estructura es un homenaje a Rayuela. De una manera mucho más simple que en su novela, en la mía también se puede elegir el camino de lectura, ir por los capítulos en forma consecutiva o saltando a determinadas llamadas que propongo en el texto. La nota donde explico esto, incluida antes de que empiece la novela, la escribí después de repasar la que incluye Cortázar en *Rayuela*. Hasta aquí, nada fuera de lo común. Pero resulta que un día me contactó alguien por Twitter y me dijo que tenía un ejemplar de la edición conmemorativa por los cincuenta años de *Rayuela* que acababa de publicar la editorial Alfaguara. Y que para su sorpresa, en cuanto arrancó la lectura notó que por error se incluyeron treinta y dos páginas de *Un comunista en calzoncillos* en el ejemplar de Cortázar. Me dijo que iba a pedir a Alfaguara que se lo cambiaran. Le pedí que no lo hiciera, que de ninguna manera lo devolviera, que yo quería ese ejemplar para mi biblioteca. Después de un intercambio de libros, allí está ahora, en el estante donde ubico los libros dedicados por sus autores, como si ése también me hubiera sido dedicado. Después de la tapa que dice «Rayuela, 50 edición conmemorativa», arranca *Un comunista en calzoncillos* hasta el final de la página 32 donde se mezcla con impertinencia una oración mía con una de Cortázar, en el comienzo de la página 33. Así lo leería quien tuviera este ejemplar: «Era esa clase de tiempo, tal vez el primero ... alcanzado a pensar Oliveira, ¿qué valor probatorio tenía?».

Sylvia Iparraguirre no estaba equivocada, con Cortázar te pueden pasar estas cosas.

Leer (y escribir) como revancha[*]

*Con los libros no hay amabilidad, esos amigos nuestros, si
pasamos la noche con ellos, es porque realmente así lo deseamos.*

MARCEL PROUST

Soy una lectora caótica y voraz. Puedo estar leyendo
tres o cuatro libros a la vez sin orden de prelación ni prefe-
rencia de uno sobre otro. Leo simplemente porque no puedo dejar de hacerlo. A veces me voy a la cama llevando
conmigo varios libros y recién en el momento de abando-
narme a la lectura decido qué leer y qué dejar para otro día.
¿Acaso no hay noches en que uno sólo podría leer una novela de amor y noches en que se necesita inequívocamente
un policial negro? Al costado de mi cama, arriba de un baúl
junto a un espejo, sobre mi mesa de luz, hasta a veces sobre
las sábanas, entre quien duerme conmigo y yo, hay libros.
Ensayos, novelas, teatro, cuentos, literatura infantil. El caos
elegido responde a patrones que nadie puede entender más
que yo misma. Avanzo un capítulo de un libro y cuando
siento que el sueño va a vencerme lo cierro y abro otro, especulando con que el cambio me mantendrá activa unos
minutos más.

---

[*] Leído en el Foro del Chaco, de la Fundación Mempo Giardinelli
(2011) y revisado para esta edición.

Pero si una de esas noches siento que el libro que estoy leyendo me suelta definitivamente, si esa cuerda por la que me tenía atada se afloja o desvanece, no tengo ningún reparo en cerrarlo y no abrirlo nunca más. Suscribo absolutamente los «Derechos imprescriptibles del lector» que proclamara el autor francés Daniel Pennac cuyo enunciado número tres instala: el derecho a no terminar un libro. Claro que al rato estaré abriendo otro, con la esperanza de que ese sí me tenga atada de su cuerda hasta el final, y no me suelte. La imagen que propone el escritor serbio Milorad Pavić para describir la relación entre un autor y un lector es la que más me identifica en cualquiera de los dos aspectos, como quien lee o como quien escribe: «Entre al autor y el lector hay dos cuerdas tirantes que sostienen en el medio a un tigre. Ninguno de los dos puede aflojar la tensión, ni perder una posición diametral, de otro modo el tigre los devoraría. A uno o al otro». Al lector o al autor.

Una tarde, hace algunos años, cuando mi hijo mayor tenía seis años, lo pasé a buscar por la casa de un amigo; al subir al auto tuvo que correr un libro para poder sentarse. Agitando en el aire mi libro con su pequeña mano, me miró y me preguntó: «¿Qué tiene esto adentro que lo llevás a todas partes, mamá?». Yo sonreí y le respondí: «Ojalá algún día lo descubras». Más exigente que él, hace un par de semanas mi hija menor se recostó junto a mí mientras devoraba una novela y me dijo fastidiada: «¡Podés hacer el favor de cerrar ese libro y abrazarme!». Para ella no tuve respuesta, sólo cerrar el libro y cumplirle el abrazo.

Mis tres hijos me padecen. Saben que me encontrarán la mayor parte del día escribiendo en la computadora o leyendo. Y que saldré de vacaciones o iré al dentista o a la plaza llevando un libro para mí y uno para ellos, por si les vienen ganas de leer conmigo. Pero esto no siempre fue así. Esta desesperación por robarle tiempo a lo que sea para seguir avanzando las páginas del libro, o esa curiosidad por saber qué lee alguien en la mesa vecina de un bar, la costumbre de andar preguntándoles a mis amigos qué han estado leyendo últimamente no sea cosa que me esté perdiendo una lectura maravillosa, o el afán por contagiar mi pasión a quienes me rodean es algo que no me viene de mi primera infancia. Y a esta altura de mi reflexión me veo obligada a hacer una confesión políticamente incorrecta: de chica he leído bastante menos de lo que habría querido. No leí *Corazón* cuando debí leerlo, no leí *La isla del tesoro* ni *Sandokán* cuando debí leerlos, ni siquiera *Mujercitas* me llegó a tiempo. Sí es cierto que de niña escribía, y mucho, pero la lectura apasionada entró en mi vida bastante más tarde. Cuando acepté que el mundo que tenía alrededor no era suficiente para hacerme feliz, y me di cuenta de que si quería dejar de llorar a escondidas tenía que ampliar el horizonte de mi mundo imaginario. Necesité leer para poder escribir. Y cuando descubrí el placer de la lectura me afligí por no haberlo descubierto antes, sentí pena por esa niña que fui que hubiera encontrado reparo en esos textos amigos, y me lancé a la alocada carrera lectora tratando de recuperar el tiempo perdido.

¿Por qué nadie me había avisado que estaba ese mundo al alcance de mi mano y yo no lo había hecho mío? ¿O me lo dijeron y yo no supe escucharlo? Nunca lo sabré. Lo que sí sé es que tuve mi revancha. Por eso cuando algunos dicen que la causa de la lectura está perdida si a los chicos no se los acostumbra a leer desde una edad temprana, yo callo, pero disiento. Es cierto que yo sentí un deber iniciar a nuestros hijos en el mundo de la literatura cuanto antes, aunque haya una responsabilidad compartida con maestros y educadores. Pero a cada niño le tocan los padres que le tocan, y quizás sean padres amorosos, dedicados y protectores, pero no lectores. Y si así fuera, si un niño no recibiera esa iniciación en el momento que la merece, creo que de todos modos no hay que dar la causa por perdida. Esa sería la actitud más cómoda. O cobarde. El Estado debe cubrir esa falencia. Y así, tal vez para él, como fue para mí, el destino le tenga reservada una revancha.

El camino que tuve que recorrer fue más largo que para otros lectores, con muchos cruces de caminos, idas y vueltas. No recuerdo que mis padres me leyeran en la cama. No recuerdo que me regalaran libros para mis cumpleaños. Pero cuando me veían aburrida no me mandaban a ver televisión sino que me llevaban al kiosco y me compraban una historieta. Creo que en mis primeros años de lectura la ficción, el folletín, la narración por entregas, entró a mi vida gracias a las historietas. Cada uno de esos cuadritos que había que seguir para armar la historia era una invitación que nunca desechaba. Mis preferidas eran *Patoruzú* e *Isidoro Cañones*. Patoruzú era un cacique indio que vivía en la pampa argentina, noble, valiente, querible. Isidoro Cañones era un auténtico *play boy* porteño (de Buenos Aires), engreído, vago, chanta, y paradójicamente querible. También me gustaban las fotonovelas, pero a mis padres les gustaban menos.

Junto con las historietas vinieron aquellos relatos que me hicieron leer en la escuela, algunos de los cuales aún recuerdo. La mancha de humedad que la escritora uruguaya Juana de Ibarbourou me regaló en su libro *Chico Carlo*, y el *Relato de un náufrago*, de Gabriel García Márquez, o la «Casa tomada» de Cortázar. Lo que todavía recuerdo de esos textos, como si los hubiera leído ayer, es la desgarradora soledad de los protagonistas. Una niña, en su cuarto, buscando historias ocultas en una mancha de humedad en la pared. Un náufrago a la deriva, sin más compañía que el océano y una gaviota a la que, en su desesperación por sobrevivir, intenta atrapar y comer. Dos hermanos adultos, solos, cerrando puertas cuando sienten que hay alguien del otro lado.

Cuando terminé el colegio secundario y tuve que elegir una carrera dudé, y ante la duda mis padres, como tantos padres, me mandaron a hacer un test psicológico. Por una mezcla de cuestiones relevantes —una de ella la dictadura militar en la Argentina—, la psicóloga especialista en orientación vocacional me aconsejó que estudiara para ser contadora pública nacional, aunque habría querido estudiar sociología. Yo, aplicada y obediente como era, no pude menos que anotarme en la Facultad de Ciencias Económicas y hacer una carrera meteórica y destacada donde lo más cercano a la literatura que leí fueron los tratados de economía de Adam Smith, Paul Samuelson y John M. Keynes.

Sin embargo, lo que tiene que ser será, y un día mientras hacía un vuelo Buenos Aires-San Pablo para practicar la auditoría contable de una empresa para la que trabajaba, triste y aburrida, sabiendo que me esperaba revisar un inventario de tuercas y tornillos, y sin saber muy bien por qué tenía tantas ganas de llorar, encontré en el diario financiero que estaba leyendo la convocatoria a un concurso literario en España. Al rato, como una revelación me escuché diciéndome a mí misma: «Me pido vacaciones y hago lo que más tengo ganas de hacer, escribir». Escribir y leer. Y a mi regreso pedí mis vacaciones y me encerré a cumplir mi deseo. Sólo que cuando fui a Tusquets a buscar las bases me enteré de que el concurso era de literatura erótica, *La sonrisa vertical*. Pero yo me había hecho una promesa e iba a cumplirla. Así que lo primero que escribí fue una novela erótica. Escribía mi novela y leía a Baudelaire. Y a Henry Miller y a Anaïs Nin. Y el diccionario para encontrar las palabras que me faltaban. A partir de ahí el camino ya no tuvo bifurcaciones y casi en una recta sin fin me fue llevando siempre para el mismo lado, la literatura.

Una vez le preguntaron al escritor italiano Ferdinando Camon por qué escribía y él respondió: escribo por venganza. «Escribo por venganza. Todavía, dentro de mí, siento esta venganza como justa, santa, gloriosa. Mi madre sabía escribir sólo su nombre y apellido. Mi padre, apenas un poco más. En el pueblo en que nací, los campesinos analfabetos firmaban con una cruz. Cuando recibían una carta del Municipio, del ejército o de la policía (nadie más les escribía), se asustaban y acudían al cura para que se las explicara. Desde entonces sentí a la escritura como un instrumento de poder. Y soñé siempre con pasar del otro lado, poseerme de la escritura, pero para usarla en favor de aquellos que no la conocían: para cumplirles sus venganzas». Algo de lo que dice Camon me representa. Tal vez la palabra que yo elegiría sería «revancha», en lugar de «venganza». La sensación de que siempre hay una oportunidad, de que tiene que haber una oportunidad.

Mi historia familiar también tiene su propia anécdota atravesada por la escritura. Mis abuelos paternos vivían en un pueblo de Galicia donde la mayoría de los hombres se dedicaban a labrar la tierra y trabajar en recolección de uvas en los viñedos. Casi todos los hombres, menos mi abuelo, que por aquel entonces era —junto con el cura— él único que leía y escribía en ese pueblo. Por eso, lo usaban como si fuera un notario. Para el padre de mi abuela, en lugar de que su alfabetización fuera una virtud, era una mancha. Un hombre que no trabajaba la tierra y perdía su tiempo leyendo no era digno de llevarse a mi abuela. Pero ellos estaban enamorados, y una noche decidieron huir juntos, y desde un pueblo vecino mi abuela mandó una nota, seguramente escrita por mi abuelo, que decía: «Papá, anoche dormí con Gumersindo en la misma cama. ¿Puedo volver al pueblo y casarme con él?». Y mi bisabuelo cuando recibió la carta no tuvo más remedio que ir al cura y pedirle que le leyera esa nota donde decía que su hija había dormido con un hombre.

Hace un tiempo estuve invitada a un colegio de educación secundaria para adultos donde leyeron *Tuya*, mi primera novela. El curso estaba integrado por personas mayores de edad que por distintos motivos no habían tenido oportunidad de terminar la escuela secundaria. Un señor de pelo canoso, tal vez uno de los mayores del grupo, me dijo: «Lo que más me gustó de tu novela es que la leí desde el principio hasta el final; es la primera vez en mi vida que leo un libro completo, yo creí que nunca iba a poder. Ahora sé que puedo leer otros».

El señor canoso obtuvo su revancha y me regaló una de las frases más lindas y reconfortantes que recibí desde que decidí dedicarme a lo único que me completa: leer y escribir.

Burzaco, Borges y Adrogué*

No sé si recorrer cien kilómetros ida y vuelta por el conurbano bonaerense se puede considerar «viajar». Pero me gusta la definición de viajar que da Tennessee Williams en *El zoo de cristal*: «... el tiempo es la distancia más larga entre dos lugares». Y sí es así, ir a Adrogué o a Burzaco es, para mí, viajar. Viajar hacia mi niñez, hacia mi adolescencia, hacia los lazos familiares, hacia la amistad para toda la vida. Yo nací en Burzaco, y decir Adrogué-Burzaco es como decir Caballito-Flores, o Corrientes-Resistencia. Cercanía y contradicciones. Lo mismo y lo bien distinto.

Fui hace unas semanas a Adrogué porque la Secretaría de Cultura de Almirante Brown organizó un ciclo de homenajes a Jorge Luis Borges. Borges solía pasar sus veranos allí. Un tiempo antes la misma Secretaría había empapelado las calles empedradas con carteles al estilo western «Buscado», donde se apelaba a que quien tuviera cualquier material fotográfico o documental relacionado con el escritor lo sumara a la iniciativa. Así aparecieron fotos de las más variadas con vecinos de la zona. Y hasta una escritura perdida y nunca registrada que testifica que la casa que la leyenda urbana le atribuye a su familia sobre la Plaza Brown, en diagonal a la Municipalidad, perteneció efectivamente a su madre, y avala así lo que tantas veces escuché decir en mi

---

* Publicado en *La mujer de mi vida* y revisado para esta edición.

barrio: que en esa casa Borges escribió «Hombre de la esquina rosada».

En medio de los homenajes mi tarea era participar de una mesa con Guillermo Martínez, Hugo Salas y Osvaldo Quiroga donde hablaríamos de Borges y lo que significaba para cada uno de nosotros. Cualquiera de los tres mencionados sabe mucho más de Borges que yo, lo que me amedrentaba. Me aboqué entonces al hecho de haber crecido con esa figura omnipresente y la frase «acá vivió Borges» escuchada a repetición.

La primera vez que oí su nombre fue en el 68. Yo era muy chica, estaba en la escuela primaria y, por supuesto, no sabía quién era. Goyo Montes, a quien sí conocía porque su familia iba al Club Social de Burzaco igual que la mía, participaba en *Odol pregunta*, un programa de preguntas y respuestas que nadie dejaba de ver en aquella época, y su tema era Jorge Luis Borges. Cacho Fontana decía: «¡Minuto Odol en el aire!», aparecía el sonido del segundero y el mundo se detenía mientras un chico un poco más grande que yo acertaba respuesta tras respuesta. Con el tiempo supe que Goyo fue al programa con un objetivo claro: ganar el dinero suficiente para poder comprarse un caballo, porque los animales eran su pasión. Cuando terminó la temporada ya había ganado los trescientos mil que necesitaba y no pensaba presentarse al año siguiente. Pero su padrino lo convenció y finalmente ganó el millón. La noche de la victoria volvió a su casa y lo esperaba el pueblo entero festejando como se festeja un mundial de fútbol, o como esperan hoy al ganador de *Gran Hermano* o de *La Voz* en su ciudad natal: haciendo caravana y tocando bocina por Esteban Adrogué, la calle principal de la ciudad.

La segunda vez que supe de Borges fue en algún momento de mi adolescencia, no recuerdo el año pero hacia fines de los setenta o principios de los ochenta, aún en dictadura. Se corrió la voz de que el escritor venía a dar una charla a un salón de fiestas que estaba al lado de mi colegio. A esa altura, aunque no lo había leído demasiado, ya sabía bien quién era. Si Borges venía a pocas cuadras de mi casa yo tenía que ir, a pesar de que mi padre me quisiera convencer de lo contrario porque no le simpatizaban sus manifestaciones políticas. Las sillas de plástico que habían distribuido formando filas no alcanzaban para tanta gente. Con unas amigas tomamos por asalto un lugar privilegiado: en el piso, sobre las baldosas frías, entre la primera fila y Borges. Todo iba bien hasta que dijo algo que recuerdo así: «Adrogué y Temperley son lugares de gente bien, Burzaco y Turdera son lugares de orilleros». Me indigné, una indignación adolescente y febril, miré a mi alrededor buscando la complicidad de algún otro indignado pero a nadie pareció importarle como a mí. ¿Cómo este hombre sentado en una casa de fiestas de Burzaco nos viene a decir a nosotros orilleros? Que piense lo que quiera, pero que no nos lo diga en la cara. Quise pararme e irme, pero ese lugar entre Borges y las sillas de plástico era una trampa de la que no era posible salir con discreción. Traté de conformarme pensando que como estaba ciego debía creer que la charla era en Adrogué.

El tercer encuentro con Borges fue cuando años después lo abordé con más profundidad que una lectura apurada en el colegio secundario, para cumplir con la consigna de clase. Tardíamente, yo ya estaba en la Facultad. Los primeros cuentos que me impactaron fueron los que más tenían que ver con ese mundo entre mágico y filosófico que le es tan propio: «El Aleph», «Las ruinas circulares», «El inmortal». Pero fue cuando llegué a cuentos como «La intrusa», «Hombre de la esquina rosada», «El sur» o «El otro», que me reconcilié definitivamente con él. O mejor dicho, que abandoné mi ignorancia para, por fin, entenderlo. Porque leyendo esos cuentos en los que aparecen orilleros, pulperías, gauchos, matones y niños bien, me di cuenta de que lo que dijo aquella vez en aquel salón de fiestas de Burzaco, lejos de ser un insulto, era un elogio. Y ya no tuve dudas de que, puesto a elegir, Borges habría preferido ser un orillero que un niño bien. Al menos por un rato.

El destino le tenía reservado un lugar diferente.

En la ficción, él se procuró el otro.

Libros que dejan marca[*]

Las pequeñas virtudes, de Natalia Ginzburg

Es un libro y es una joya, como casi todo lo que leí de esta autora italiana que admiro. El texto que le da nombre a este volumen de once relatos breves habla de la educación de los hijos, resaltando que padres y madres deberíamos enseñarles las grandes virtudes, en lugar de las pequeñas virtudes, a las que en cambio solemos recurrir porque nos resulta más sencillo. Por ejemplo, enseñarles a nuestros hijos a ser generosos, en lugar de enseñarles a ahorrar. A lo largo del texto la autora remarca una idea que me parece fundamental y que debemos recordar cada tanto porque se nos olvida: los hijos no nos pertenecen. Leí este relato mientras criaba a los míos, muy pequeños entonces, y me conmovió profundamente su honestidad. Otros de mis relatos preferidos de este libro es «Los zapatos rotos».

Apegos feroces, de Vivian Gornick

De corte autobiográfico, el libro de Gornick llega al español treinta años después de escrito y a pesar de eso su vigencia es contundente. Es un libro que me sacudió. Cuenta la conflictiva relación entre una madre de setenta y siete años y una hija de cuarenta y cinco, que caminan por las calles de Nueva York y conversan, discuten, se pelean.

---

[*] Publicado en el blog del International Booker Prize.

Hablan del presente y del pasado. La madre, una mujer deprimida y en duelo, opina acerca de las relaciones sentimentales de la hija que no termina de lograr una situación estable. Y en esta relación de dos, aparece una vecina con un niño pequeño, quien le muestra a la protagonista que hay otras formas de ser mujer. Me conmovió el vínculo de estas mujeres y la salvación de las protagonistas a través de la escritura.

Relato de un náufrago, de GABRIEL GARCÍA MÁRQUEZ

Este libro me marcó a una edad muy temprana, como lectora y como escritora. En mi casa no había dinero como para comprar muchos libros y yo esperaba con ansiedad el que indicaban en el colegio. Cuando la maestra dijo que *Relato de un náufrago* era el libro que leeríamos me desilusioné. ¿Qué me podía interesar a mí de la historia de un marinero que cae desde un barco y tiene que sobrevivir a la deriva diez días? Pensé: absolutamente nada. Sin embargo, me equivoqué, en cuanto empecé a leer la crónica de García Márquez quedé atrapada: yo era ese marinero, yo debía decidir si tomaba o no agua salada, yo debía considerar matar o no a una gaviota para comer. García Márquez, con este libro, me enseñó que lo importante no es qué se cuenta, sino cómo. Una lección tanto como lectora, como escritora.

La vida entera, de DAVID GROSSMAN

En castellano la llamaron *La vida entera*. En inglés *To the end of the land*. El título original en hebreo es algo así como «Mujer que huye de una noticia». O «de un anuncio». Y creo que ése es el título que mejor da cuenta de la historia que cuenta magistralmente Grossman: una mujer decide que no se quedará en su casa esperando noticias de su hijo que fue alistado en medio de un conflicto bélico, y sale a atravesar Israel caminando. Si camina, sabe que nadie se presentará a anunciarle la muerte de su hijo. De eso huye. Y mientras lo hace recuerda su pasado. Hay escenas excepcionales en esta novela, por ejemplo, el viaje en el que ella acompaña a su hijo a reclutarse, conducida por un chofer a quien conocen mucho porque ha hecho ese trabajo desde hace años para su familia, y que es de origen árabe. Recién al ver sus ojos en el espejo retrovisor, la protagonista toma consciencia de que lo está haciendo llevar a su hijo a sumarse a un ejército que peleará contra su pueblo. Leí esta novela cuando tuve la suerte de presentar a Grossman en la Feria del Libro de Buenos Aires, y esa fue una experiencia que nunca olvidaré.

Un cuarto propio, de VIRGINIA WOOLF

Basado en conferencias anteriores, este libro de ensayo es clave para pensar el lugar de las mujeres en la literatura, los condicionamientos a los que nos enfrentamos antes y ahora, las dificultades materiales y no materiales a sortear para poder escribir. El cuarto propio puede tomarse literalmente, porque efectivamente hace falta un espacio concreto para poder escribir, pero también representa la independencia económica necesaria para que una mujer pueda dedicarse a la literatura. Y sabemos que históricamente la economía y el dinero la han manejado los hombres. Este libro representa un hito para pensarnos como mujeres, como escritoras y como lectoras. Muchas de nuestras luchas, de las mías propias, se apoyan en textos como éste.

The Buenos Affair, de MANUEL PUIG

Es la tercera novela de uno de mis autores argentinos preferidos: Manuel Puig. Empezar a leer a Puig fue abrirme un mundo literario inmenso, en donde estaba permitido experimentar con el lenguaje, mezclar registros, traer elementos del cine, ser kitsch. En este libro, Puig cuenta los últimos tiempos de la vida de un crítico de arte y de una escultora. Como en la mayoría de sus obras aparecen el melodrama y los secretos familiares, pero también el suspenso policial, el psicoanálisis y, por primera vez, el momento político que se vivía en nuestro país y que en poco tiempo desembocaría en la dictadura militar. Después de la publicación de esta novela, Puig recibió amenazas y tuvo que exiliarse. Me enseñó que alguna ficción puede ser más política que un manifiesto.

Al rescate de los libros olvidados[*]

Por alguna extraña e inmerecida razón, hay libros que son olvidados por editores y lectores. Hasta que alguien los menciona, los buscamos, resultan inhallables, y nos preguntamos por qué habrán tenido ese destino. A veces encontramos respuesta y a veces no. Por suerte, cada tanto aparece un lector o editor con buena memoria que los rescata de ese limbo.

Si hay alguien que merece llevar el título de «rescatador de libros olvidados», ése es Robert Lohan, uno de los personajes principales de *Una suerte pequeña*, una novela que escribí y se publicó en 2015. Encontrar, en medio de su gran biblioteca, el texto indicado para cada momento es, sin dudas, una de sus mejores virtudes. Con ése y otros libros Robert intenta rescatar a la mujer dañada que conoció en un viaje de Buenos Aires a Boston: Marilé Lauría, o María Elena Pujol, o Mary Lohan, tres nombres distintos porque el nombre de la protagonista cambia según cambian las circunstancias de su vida. Y con esas lecturas la ayuda a comprender qué le pasó, qué la dañó de esa manera, por qué huyó, por qué nunca pudo regresar. Robert le da asilo en un cuarto de su casa que suele alquilar a estudiantes y espera que ella poco a poco pueda salir del estado de conmoción en que estaba cuando la conoció. La paciencia de Robert

---

* Publicado en *La mujer de mi vida* y revisado para esta edición.

parece infinita. Por cada circunstancia del pasado que ella le relata con cuentagotas, Robert intuye más de lo que sabe y con esa información mínima busca en su biblioteca hasta encontrar el texto adecuado. Así aparecen de su mano desde *La mujer rota*, de Simone de Beauvoir, *Las niñas se quedan*, de Alice Munro, o *Wakefield*, de Nathaniel Hawthorne, hasta *Fragmentos de un discurso amoroso*, de Roland Barthes. A veces ella acepta los libros con entusiasmo, otras con desconfianza; incluso llega a arrojarle por la cabeza alguno de esos ejemplares escogidos porque cree que la indicación de lectura de Robert tiene algo de impertinente. Para algunas lecturas Marilé se toma semanas, mientras que para otras le basta una sola noche. Sin embargo, cada uno de los textos que Robert le ofrece la ayuda por fin, de una manera u otra, a salir del encierro al que ella misma se había condenado.

Tal vez, entre todos los libros que le ofrece sea *Un tranvía llamado Deseo*, de Tennessee Williams, el que recorre de una manera más contundente el hilo fundamental de la trama de *Una suerte pequeña* y se constituye en el texto que juega un rol medular en esa otra historia. Tanto que en algún momento hasta pensé en titular la novela *La amabilidad de los extraños*, recorte de una frase robada a Blanche DuBois —la protagonista de la pieza de Williams— cuando le dice al enfermero que ha venido a llevársela a un hospital psiquiátrico por indicación de Stanley Kowalski, su violento cuñado:

Blanche
(Ha ajustado la capucha alrededor de su rostro y sonríe).
Quien quiera que sea usted, siempre dependí de la amabilidad de los extraños.

Creo, como Robert Lohan, que hay que rescatar el texto de *Un tranvía llamado Deseo*. Y rescatarlo es leerlo. Sólo con su representación no alcanza. Porque si bien es una obra que sigue vigente y en escena sobre distintos escenarios del mundo, el interés de algunas compañías por conseguir un teatro comercial ha menoscabado parte de su esencia. Hay textos teatrales que merecen una reflexión más profunda que no siempre puede hacerse mientras los actores están arriba del escenario, al menos no pueden hacerse si el director no toma ciertos recaudos. En el momento de la ceremonia, no sólo los cuerpos de los actores sino las palabras dichas trabajan más sobre la emoción de quien las escucha que sobre la razón. De ahí el famoso distanciamiento que propiciaba Bertolt Brecht. Tennessee Williams, aunque hacía un teatro muy distinto al de Brecht, consideraba que esta técnica brechtiana era el modelo a seguir e intentaba que sus obras fueran representadas de esa manera. Por eso aparecen sus detalladas didascalias. En las «Notas del autor para la representación», incluidas en la pieza *El zoo de cristal*, Williams dice:

La comedia francamente realista, con su heladera auténtica y sus cubos de hielo auténticos, con sus personajes de lenguaje idéntico al de su público, se corresponde con el paisaje académico y tiene las virtudes de una semejanza fotográfica. Todos deben conocer ahora la intranscendencia de lo fotográfico en el arte; y saber que la verdad, la vida o la realidad son algo orgánico que la imaginación poética sólo puede representar o sugerir, en esencia, mediante la transformación, la transmutación en otras formas que las existentes simplemente en su apariencia. Estas observaciones no deben considerarse sólo un prefacio a esta comedia en particular. Se vinculan a una concepción de un teatro nuevo y plástico, que debe sustituir al agotado teatro de los convencionalismos realistas si se quiere que el arte dramático recobre su vitalidad como parte integrante de nuestra cultura.

Williams no quería que el espectador se sumergiera en ese mundo ilusorio que propiciaba cierto teatro, para evitar así la catarsis. Sin embargo hoy hay representaciones de *Un tranvía llamado Deseo* en las que se llega a la situación extrema de que en la escena en la que Stanley abusa de Blanche los espectadores se ríen. ¿Por qué el director busca ese efecto? ¿Para atraer a más público? ¿Para que la gente luego de ir al teatro salga alegre y vaya a cenar sin demasiados cuestionamientos? ¿Alguien puede reírse mientras se representa lo que sigue a continuación?

Stanley
¡Ah! ¡Quiere violencia! ¡De acuerdo! ¡La tendrá! *(Salta hacia ella. Blanche grita. Stanley le aferra la mano que sostiene la botella y la retuerce detrás de ella).* ¡Eh! ¡Vamos! ¡Suelte ese pedazo de botella! ¡Suéltelo! *(Blanche lo suelta. Él la doblega a su voluntad, y la levanta en vilo).* ¡Tenemos esta cita desde que nos conocimos!

Se dirige hacia la cama con ella.
Se apagan rápidamente las luces y
Telón

Hay que leer *Un tranvía llamado Deseo* para reflexionar sobre la violencia, el sometimiento, la fragilidad de seres como Blanche DuBois, el desamparo y la amabilidad de los extraños. Si al espectador se le impide percibir lo que no está dicho en los parlamentos, hay que lograr que el lector lo rescate. Hay dramaturgos cuyos textos forman parte de la mejor literatura: Bertolt Brecht, Antón Chéjov, Arthur Miller y Tennessee Williams son ejemplos de este tipo de autores. Leer las didascalias y las indicaciones escenográficas de sus obras completan su mundo. El mundo de Williams es el de Faulkner, el de D. H. Lawrence. Tennessee Williams lo detalla en cada una de sus obras, sea *Un tranvía llamado Deseo*, *El zoo de cristal* o *La gata sobre el tejado de zinc caliente*. Ganó dos veces el premio Pulitzer de teatro. Una vez el premio Tony. Sus personajes fueron representados por actores y actrices de la magnitud de Marlon Brando, Vivian Leigh, Paul Newman, Elizabeth Taylor y Katherine Hepburn. Sin embargo, él escribió sus obras no sólo para ser representadas sino también para ser leídas.

Como Robert Lohan, al rescate de esos libros olvidados los convoco.

La lectura es un derecho[*]

En su libro *El infinito en un junco*, Irene Vallejo nos recuerda que, siglos atrás, se llegó a matar por un bien tan preciado como lo era un libro. De la época de la Biblioteca de Alejandría a hoy, cambió el valor que le damos a la lectura según la época, el lugar, las sociedades, las circunstancias. Sin embargo, siempre, aunque sea en un grupo más reducido de personas, se mantuvo y se mantiene la preocupación por fomentar la lectura. Grandes estudiosos y estudiosas del tema han escrito ensayos, teorías, artículos, donde abordan el problema y plantean soluciones. Sobran los ejemplos: Daniel Pennac, Graciela Montes, Ana María Machado, por nombrar sólo a algunos de los que se han dedicado con ahínco a descubrir cómo contagiar a otros el entusiasmo por descubrir qué esconden páginas escritas por alguien, en algún lugar del mundo, en algún tiempo.

Y en esa búsqueda, damos algunos pasos pero, como en el juego de la oca, también retrocedemos. Entonces, lo que quiero proponer es mover el tablero, repensar el problema desde el origen. Solemos enfocar el asunto en quien lee o en quien no lee. ¿Pero qué pasa si tratamos a la lectura no como una obligación incumplida, sino como un derecho vulnerado? Porque cuando se habla de lectura, en general

---

[*] Texto leído en encuentro de la Conabip y revisado para esta edición.

se apela a la obligación, muchas veces con verbos conjugados en modo imperativo. «Hay que leer». «Los niños y jóvenes deben dejar las pantallas y leer». «Lean, leer hace bien». Sospecho que hay buenas intenciones en estos enunciados pero tal vez también un error: la lectura no es una obligación sino un derecho, por lo tanto el Estado debe garantizar su ejercicio y nosotros exigir que ese derecho pueda ser ejercido con los medios necesarios y en libertad. Al modo de *Las pequeñas virtudes* de Natalia Ginzburg, quizás no tendríamos que decirles a nuestros niños y jóvenes que lean, sino que exijan el derecho inalienable a poder hacerlo, incluso el derecho a desear hacerlo.

Hace unos años, viajando por la quebrada de Humahuaca con mi familia, paramos con el auto en una banquina para definir algo de nuestra ruta. El lugar parecía desierto, no se veía ninguna casa cerca. Sin embargo, mientras esperábamos para retomar el viaje, apareció una niña. Cuando la vimos venir, nos lamentamos de que no llevábamos nada para convidarle, comida, agua, caramelos. La niña se acercó, bajamos la ventanilla. Su pedido fue concreto: «¿No tienen un librito?». Lamentablemente no teníamos, pero desde entonces suelo llevar en el coche algún libro que pueda responder a esa pregunta si una niña o un niño se acerca a reclamarme su derecho a leer.

Nadie nace lector. Con frecuencia, son las circunstancias particulares de la vida de cada una o cada uno las que nos llevan o no a serlo. Esa niña, en la Puna, tiene el deseo de leer y tiene derecho tanto a la lectura como al acceso a libros. Pero el niño que no conoce ese deseo también tiene derecho a sentirlo, a desarrollar sus capacidades lectoras para que cuando se acerque a un libro lo que encuentre sea placer, un mundo que se abre, la satisfacción intelectual de comprender, empatizar, descubrir, imaginar, soñar. Parafraseando a W. Somerset Maugham, tiene derecho a construirse un refugio que lo proteja de casi todas las miserias de la vida. Habrá quienes luego decidan quedarse allí, del lado de la cofradía de lectores, para siempre. Otros y otras no. Pero, en cualquier caso, habrá sido su decisión, no los habremos condenado de antemano a descartar un deseo que ni siquiera sabían posible.

Mi admirado Guillermo Saccomanno solía provocarnos en su taller para que nos cuestionáramos sobre lo que hacíamos con una pregunta que consideraba crucial: «¿Para quién escribimos?, ¿quién nos va a leer?». Y su pregunta no era del orden de lo filológico, no se trataba de una pregunta que invitaba a pensar un lector posible o incluso ideal, una entelequia. No era aquella pregunta a la que Bertolt Brecht respondió: «Escribo para Carlos Marx sentado en la tercera fila». Saccomanno se refería concretamente a quién nos leería en un país en el que los niveles de pobreza —los de ahora, los de antes, los de casi siempre—, la degradación del sistema educativo —durante el gobierno que sea—, y las supuestas otras urgencias, atentan contra la escolaridad y la calidad de la educación que alcanza un niño cuando termina el ciclo de escolaridad obligatoria. ¿Todos los alumnos y las alumnas que terminan su escolaridad obligatoria leen de corrido? No vayamos a cuestiones más sofisticadas como interpretar metáforas, relacionar tema con contexto, hacer conexiones con lecturas previas. ¿Leen de corrido? Porque si no leen de corrido, no serán capaces de disfrutar ningún texto. Si no leen de corrido el derecho a la lectura está siendo vulnerado y el «lean que hace bien» no será más que un eslogan hipócrita, la exigencia de una pequeña virtud ignorando que se les niegan virtudes mayores.

Más allá de que cada niño y cada niña tenga derecho a leer, también nosotros, como sociedad en su conjunto, tenemos derecho y debemos exigir que quienes la componen desarrollen el pensamiento crítico. No hay posibilidad de que evitemos pensamientos extremos si no tenemos ciudadanos y ciudadanas que puedan pensar por sí mismos, sin que sean manipulados como un rebaño por falsas verdades, promesas mesiánicas, *fake news* o equivalentes. Somos nosotros, la sociedad toda, quienes debemos exigir que el derecho a la lectura sea ejercido cabalmente y no se reduzca a una promesa vana. La falta de lectura reduce la cantidad de palabras que usamos, como lo señala la gran lingüista Ivonne Bordelois en *La palabra amenazada*: «(...). Una primera y muy extendida forma de violencia que sufre la lengua, en la que todos prácticamente participamos, es el prejuicio que la define exclusivamente como un medio de comunicación. Si se la considera así —como lo hace nuestra sociedad— se la violenta en el sentido de que se olvida que el lenguaje —en particular, el lenguaje poético— no es sólo el medio, sino también el fin de la comunicación. (...) nos olvidamos de que el lenguaje es ante todo un placer, un placer sagrado; una forma, acaso la más elevada, de amor y de conocimiento».

Con las palabras que la lectura le suma a las ya aprendidas y los mundos que se abren frente a nosotros, ensanchamos el universo, estimulamos el pensamiento crítico, potenciamos la capacidad para elaborar ideas propias, y, sobre todo, ejercitamos la disposición para ver y respetar alternativas diferentes: no todos pensamos igual, no todos vivimos de la misma manera, ni tenemos por qué. También por todo esto, la formación de lectores críticos debe ser una política de Estado. Pero no se trata de leer por leer, de proponer lecturas anodinas que eviten los conflictos ni aquellas que dan todo resuelto indicando dónde está el bien y dónde el mal. Algunos padres, educadores y formadores de opinión critican historias que ponen al descubierto la violencia, la angustia, la destrucción e incluso el sadismo inherente a la imaginación infantil. Al hacerlo se olvidan o ignoran que esos sentimientos negativos son propios del ser humano. El niño los tendrá, conozca esas historias o no. Por el contrario, el hecho de estar familiarizado con ellas lo aliviará, sabrá que no es diferente, que comparte esos pensamientos con el resto de la humanidad. El desafío es dominarlos y resolverlos. Dijo Bruno Bettelheim en su libro *Psicoanálisis de los cuentos de hadas*: «Los primeros relatos a partir de los que el niño aprende a leer, en la escuela, están diseñados para enseñar las reglas necesarias, sin tener en cuenta para nada el significado. (...) La adquisición de reglas, incluyendo la habilidad en la lectura, pierde su valor cuando lo que se ha aprendido a leer no añade nada importante a la vida de uno».

El Estado tiene la obligación de formar ciudadanos con educación y pensamiento crítico. ¿Pueden los funcionarios del Estado operar esta recuperación? Si son lectores, sí. ¿Pueden los maestros? Si son lectores, sí. ¿Pueden los padres? Si son lectores, sí. Es inútil pretender que enseñe natación alguien que no sepa nadar. Un maestro podrá trabajar un texto, analizarlo, ayudar a comprenderlo, pero no podrá trasmitir la pasión por la lectura si él mismo no puede sentirla. Si no hay suficiente cantidad de entusiastas formadores de lectores, el Estado deberá a su vez entrenar operadores de este cambio. El primer paso es, sin dudas, asumir la responsabilidad de que en nuestra sociedad hay un derecho vulnerado o ejercido de modo parcial: el derecho a leer.

Así, bajita, defenderé a mi hija[*]

¿Qué es exactamente el miedo? Para la Real Academia Española: 1. Perturbación angustiosa del ánimo por un riesgo o daño real o imaginario. 2. Recelo o aprensión que alguien tiene de que le suceda algo contrario a lo que desea. Freud dio también su definición, Wikipedia la suya. Hay quienes ven el miedo en alguno de los cuadros de la serie «El grito», del pintor noruego Edvard Munch; otros no.

Hace un tiempo, Stephen King, uno de los escritores que mejor ha manejado el miedo en la literatura (el de los personajes y el de los lectores), le decía al periodista Ian Caddell: «El miedo es un programa de supervivencia. Tal vez te asusten algunas cosas, como avanzar por la línea divisoria de una autopista de noche, o salir en la temporada de caza de Maine. Se está celebrando ahora, y si no llevas puesto nada rojo o naranja, puedes temer que te disparen. Por tanto, creo que es un programa de supervivencia. En las historias que escribo, intento proveer a la gente de pesadillas, que son lugares realmente seguros para poner esos miedos durante un rato porque puedes decirte que, después de todo, es tan sólo ficción. Lo único que haces es sacar tus emociones a pasear».

La literatura de terror tuvo y tiene grandes representantes además de King. Desde Edgar Allan Poe o Lovecraft hasta

* Publicado en *Télam* y revisado para esta edición.

Mariana Enriquez, la escritora argentina que hoy representa lo mejor del género en nuestro país y en el mundo. Pero más allá del género, en la literatura hay otras historias que cuentan el miedo. Por ejemplo, la última novela de Juan Gabriel Vásquez, *El ruido de las cosas al caer*, que narra el miedo que se instaló en varias generaciones de colombianos a partir de los setenta, con el nacimiento del negocio del narcotráfico y sus métodos. Y también narra cómo ese miedo, una vez instalado y aunque las circunstancias hayan cambiado, aparece cada tanto como una alarma que no se puede desactivar. Sobre el final de la novela, Antonio, su protagonista, se hace varias preguntas. Lo hace cuando llega a su departamento, después de días de ausencia sin dar explicaciones, y se da cuenta de que su mujer, Aura, lo dejó llevándose a su hija. Antonio pregunta si será una alternativa ir a buscarla, si esperarla, si guardar silencio. «¿O trataría de convencerla, de sostener que juntos nos defenderíamos mejor del mal del mundo, o que el mundo es un lugar demasiado riesgoso para andar por ahí, solos, sin alguien que nos espere en casa, que se preocupe cuando no llegamos y pueda salir a buscarnos?».

También cuentan el miedo *Por qué volvías cada verano*, de Belén López Peyró, y *El invencible verano de Liliana*, de Cristina Rivera Garza, y *Chicas muertas*, de Selva Almada. Otros miedos.

Susana Trimarco, hace casi diez años, se preocupó y salió a buscar a su hija, Marita Verón. La pesadilla en la que se convirtió su vida no es de las que Stephen King inventa para que podamos «sacar tus emociones a pasear». Nada de lo que nos viene diciendo Trimarco desde entonces es ficción literaria, lamentablemente. En su declaración del cuarto día del juicio por la desaparición de Marita, aseguró que no le tiene miedo a las mafias que se dedican a la trata de personas y que lo único que quiere es encontrar a su hija. Lo dijo después de dar detalles acerca del secuestro y de su propia investigación que nos hicieron poner la piel de gallina. ¿Qué cosa peor podría pasarle a una madre a la que secuestraron a su hija, aparentemente para que integre una red de trata, y que después de diez años aún no sabe nada de ella, como para que hoy sienta miedo? ¿Cuál podría ser ese riesgo real o imaginario que la detenga?

Sentada a metros de los imputados en la causa, sabiendo que la red no se termina allí sino más arriba, dijo Trimarco: «No sé por qué el pueblo de Tucumán no los enfrenta. Yo los voy a enfrentar, así, bajita, defenderé a mi hija». Una frase que desarma y que no se le habría ocurrido a muchos escritores de ficción: Así, bajita, defenderé a mi hija.

Un texto para *Alabardas**

Dice Roberto Saviano en el prólogo de *Alabardas* de José Saramago: «En Artur (Paz Semedo, el protagonista de la historia) las revelaciones que he visto son las de todos los hombres y mujeres que se han defendido de la idiotez al darse cuenta de haber comprendido los dos caminos que existen: quedarse aquí, soportando la vida, charlando con ironía, tratando de acumular algo de dinero y algo de familia y poco más o bien otra cosa. ¿Qué otra cosa? Sí, otra cosa precisamente. Otro camino. Estar dentro de las cosas. Dentro de Artur Paz Semedo está el meollo dorado de *Ensayo sobre la ceguera*: "Siempre llega un momento en que no queda más remedio que arriesgarse"».

Luego Saviano elige otras personas que podrían ser Artur Paz Semedo, personas a las que no les quedó más remedio que arriesgarse, y cuenta brevemente su historia. Me tomo el atrevimiento de parafrasear y escribir a continuación la historia de otros Artur que yo conocí:

Yo también conocí a Artur Paz Semedo, no trabajaba en el departamento de facturación de armas ligeras y municiones de la empresa Belona S. A. y no tenía una exmujer pacifista. No vivía en Italia. Tampoco en Argentina. Probablemente nunca haya empuñado su arma. Ni mucho me-

* Texto de la presentación del libro *Alabardas*, de José Saramago, en la Feria del Libro de Guadalajara, 2014.

nos se le haya pasado por la cabeza la idea de disparar un solo tiro. Pero yo también conocí a Artur Paz Semedo. Su nombre era Carlos Lorenzo, y también tenía otros cuarenta y dos nombres. Su arma era la docencia, enseñar a campesinos. Un día Carlos Lorenzo junto a sus compañeros de la Escuela Normal Rural Isidoro Burgos tomaron un micro para protestar y pedir mejores condiciones de vida y estudio para ellos y sus familias campesinas, vivía en Ayotzinapa. Ayotzinapa, en lengua náhuatl, significa tortuga. Y ese símbolo —una tortuga— es el de su escuela, donde el único requisito para ser admitido es ser pobre. Pero, así como no sabemos qué habría encontrado Artur Paz Semedo en las profundidades del depósito de documentos de Belona S. A., tampoco sabremos qué tan buen maestro habría sido Carlos Lorenzo. No sabemos de Artur porque la muerte se interpuso en la vida de José Saramago. Y no sabemos de Carlos Lorenzo porque la violencia se interpuso en la suya. Y digo la violencia y no la muerte porque con vida se lo llevaron y con vida lo queremos.

También conocí a otro Artur Paz Semedo. Su nombre era Meliton Ortega, y era padre de uno de los cuarenta y tres normalistas de Ayotzinapa. Su arma era la protesta y el amor por su hijo. Por eso marchó y marcha junto a otros padres y pide por su vida o por su cuerpo.

Y también conocí a José Saramago, su arma era la palabra, el compromiso y la coherencia. Si estuviera vivo, hoy, aquí, marcharía junto a esos padres. Aunque una ley de 1930 diga que un extranjero no puede manifestarse políticamente en México. Porque Saramago entendería que para luchar por lo que es justo y reclamar justicia ante crímenes aberrantes no hay extranjería posible ni nacionalidad que nos aleje.

Sor Juana: Yo, la peor de todas[*]

Hay tantos aspectos, circunstancias, ideas, frases y momentos en la vida de sor Juana Inés de la Cruz que hacen eco en el aquí y ahora que es difícil elegir sólo uno. Pero obligada a hacerlo, quiero marcar algunos y señalar las palabras que hoy, cuatro siglos después, los nombran. Voy a pararme en la «Respuesta a sor Filotea de la Cruz», una contestación a aquel texto que prologara su «Crisis de un sermón» o «Carta Atenagórica». Y en su posterior abandono de la escritura. ¿Hubo un complot? ¿Hombres ejerciendo su poder y autoridad? ¿Una mujer sin colectivo que la proteja aceptándolo sin más remedio?

Sor Juana Inés de la Cruz luchó por tener educación sofisticada en un mundo en el que no estaba bien visto que una mujer la tuviera. Y ya instalada en ese saber, se «atrevió» a debatir un sermón del prestigioso obispo portugués Antonio Vieira. Sor Juana no criticó sus premisas, ni siquiera sus conclusiones, sino la manipulación de los argumentos para llegar a ellas. Acá un primer eco y una primera palabra. Manipulación. Manipulación de argumentos para llegar a conclusiones predeterminadas. Plena actualidad.

No hay acuerdo entre los historiadores si el texto de sor Juana fue realmente escrito para criticar ese sermón de cuarenta años antes o para criticar a otros obispos y otros sermones que, como el de Vieira, manipulaban argumentos para

[*] Texto presentado en la Feria del Libro de Guadalajara, 2018.

llegar a las conclusiones que querían. Tampoco hay acuerdo sobre si ella autorizó la publicación del texto o si su amigo y obispo de Puebla, Manuel Fernández de la Cruz, la usó en una disputa no sólo teológica sino política y de poder. Lo cierto es que ella puso el cuerpo en esa batalla, ella fue la criticada, y dejó de escribir al poco tiempo. Cuando el obispo de Puebla publica su texto, lo hace con un prólogo firmado con seudónimo: sor Filotea. En él la elogia pero también la critica, le recrimina que use su talento en temas «profanos» en lugar de darse a la literatura «devocional», y marca la incomodidad que puede ocasionar la falta de obediencia demostrada por algunas mujeres «educadas», recomendando a sor Juana seguir el ejemplo de otros escritores místicos. Segundo eco hoy, y segunda palabra. Voy a usar su versión inglesa que se ha puesto de moda: «mansplaining» (man explaining). Algo así como hombres explicándonos a las mujeres cómo tenemos que vivir.

Cito otra vez la respuesta de sor Juana: «¿Llevar una opinión contraria de Vieira fue en mí atrevimiento, y no lo fue en su Paternidad llevarla contra los tres Santos Padres de la Iglesia? Mi entendimiento tal cual ¿no es tan libre como el suyo, pues viene de un solar? ¿Es alguno de los principios de la Santa Fe, revelados, su opinión, para que la hayamos de creer a ojos cerrados?». Tercer eco, tercera palabra: Patriarcado. Y para ella más que una definición quiero traer un canto que cantamos las mujeres en Argentina durante todo este año y espero que de acá hacia delante siempre: Ahora que estamos juntas, ahora que sí nos ven, abajo el patriarcado, se va a caer, se va a caer. Arriba el feminismo que va a vencer, que va a vencer.

La fuerza del colectivo de mujeres de hoy, en el siglo XXI, nos permite ese canto. Ante críticas despiadadas, las sor

Juanas de hoy, anónimas o públicas, contamos con algo que ella no tuvo en aquel momento histórico: la soridad del colectivo de mujeres. Cuarto eco, cuarta palabra, la más linda de todas las que traje: sororidad. Hermandad entre mujeres. Mujeres abrazándonos y dándonos la mano para que ninguna que quiera seguir escribiendo, diciendo lo piensa, viviendo como viva deje de hacerlo.

Y para que la frase «Yo, la peor de todas» también sea nuestro grito. Yo, la peor de todas, y qué. Un grito que nos dé orgullo.

El patio de los poetas[*]

Borges está condenado a mirar a Antonio Machado. Por admiración anglosajona, seguramente elegiría mirar a Shakespeare, que está apenas unos metros más allá. O, por amistad, elegiría mirar al mexicano Alfonso Reyes, a quien conoció en la quinta de Victoria Ocampo y se le atribuye el siguiente piropo dedicado a la anfitriona: «Otra vez se hablará de la era victoriana». O a Paul Groussac, de cuya obra seleccionó una parte para el libro *Lo mejor de Paul Groussac*, editado por Editorial Fraterna, y de quien dice en la entrevista que le hace Osvaldo Ferrari en su libro *En diálogo II*, refiriéndose a Groussac pero también a nosotros: «Él me dijo "ser famoso en América del Sur no es dejar de ser un desconocido", lo cual era cierto entonces. Ahora no, ahora ha habido ese boom comercial latinoamericano, y un sudamericano puede ser famoso. Y yo por ejemplo, he sido uno de los beneficiados, pero en el tiempo de Groussac no; y es natural que fuera así, ya que, bueno, nosotros debemos tanto, debemos casi todo a Francia, y Francia, en cambio, puede prescindir de la, entre comillas, "cultura argentina"». Pero no, Borges no mira ni a Shakespeare, ni a Alfonso Reyes, ni a Paul Groussac, mira a Antonio Machado.

Cervantes parece un faraón egipcio, aunque las facciones de su rostro no llegan a la dureza de la cara con que se

---

* Publicado en *La mujer de mi vida* y revisado para esta edición.

lo ve a Miguel Ángel Asturias. El Dante Alighieri reza la frase «*Liberta va cercando*», les da la espalda a todos, y apenas parece intentar mirar a Sarmiento, que rodeado de niños y maestros, piensa. Alfonsina Storni parece triste, más pequeña que el resto, y con los ojos vacíos. Rubén Darío está alejado del centro de la escena, como apartado, y también se ve pequeño. Lo mismo le pasa a Federico García Lorca. José Martí grita desde un costado: «Patria es Humanidad». Alejandro Casona y Analía de Castro se pusieron sus mejores ropas. Amado Nervo está presente gracias a la «amistad argentino-mexicana». También son de la partida Enrique Larreta, Miguel Hernández, Ramón Pérez de Ayala, Fernán Félix de Amador y Scholem Aleijem, el popular humorista y escritor judío creador del personaje Tevie, el lechero, en el que se inspiró la obra *El violinista en el tejado*. Hasta convocaron a la reunión a un músico, Julián de Aguirre, que no se atreve a acercarse demasiado a tantos escritores. Olegario Víctor Andrade, tal vez por ser político además de poeta y periodista, tiene su plazoleta propia. El poeta y filósofo Giacomo Leopardi está enrejado, no por castigar su pesimismo profundo ni por protegerlo a él, sino porque está en medio de las rosas nuevas, los brotes que estarán listos para la próxima primavera. Y en medio de tanta ubicación resignada en pos de la literatura, Benito Pérez Galdós acepta con estoicismo su lugar bajo un palo borracho que lo condena a estar siempre manchado por excrementos de palomas o de alguna ave acuática que hace allí su última parada, antes de llegar al lago.

¿Dónde transcurre semejante tertulia literaria? En los Bosques de Palermo, después de atravesar la entrada por la calle Presidente Montt, y antes de llegar al Paseo del Rosedal. En un sector que no aparece en todos los mapas de referencia y que algunos llaman «El jardín de los poetas», otros «El rincón de los poetas», otros «El patio de los poetas». ¿Por qué están unos y no otros? ¿Por qué algunos ostentan cabezas de mármol y otros de bronce? ¿Por qué hay quienes rodean el sector central y otros están apartados? ¿Por qué las cabezas de unos son infinitamente más grandes que las de otros? ¿Por qué se incluye a algunos que no fueron escritores? Vaya una a saber. Los incluidos en este particular canon están muertos y ninguno pertenece a mi generación ni a las que nos siguen. Si no fuera así, seguramente estaríamos debatiendo en blogs, páginas web o suplementos literarios si la ausencia de alguno se debe a que no le hace el juego a los lobbies literarios, si hay que aceptar las quejas de determinado escritor que asegura estar proscripto, si sólo ingresan a ese patio los amigos del poder, si a fulano lo colocaron a propósito al lado de su peor enemigo para que su presencia sea más humillante que su ausencia, si la inclusión de tal o cual fue injustamente vetada por la crítica o las elites literarias, si alguno no está porque no tiene agente o porque el agente no se ocupa, si el ninguneo a cierto escritor se debe a que aún no encontró el lector que pueda darle a su obra literaria el valor que realmente se merece, o, por qué no, si no estar allí no es más que una enorme e infame conspiración.

Pero en el Rosedal no hay discusión, allí todos son de piedra, o de bronce, y los poetas muertos sólo pueden hablar a través de sus obras.

La sintaxis del duelo[*]

Cuando estaba embarazada de mi tercera hija, dos meses antes de que naciera, fui a Buenos Aires a hacer unos trámites. Por ese entonces, vivía a cuarenta kilómetros de la capital y, según me había dicho mi médico en el último control, todavía podía manejar. Así que me subí a la Panamericana y fui hacia mi destino sin inconvenientes. Dejé el auto en un estacionamiento y me moví por la ciudad a pie o en taxi. Pero a pesar de la normalidad, ese día sucedió algo del orden de lo extraño: cada vez que tuve que poner la fecha, ya sea en un cheque, un formulario, o para pedir un turno, anoté el número del día anterior o del siguiente. Era el 4 de abril de 1998 y yo ponía 3 o 5 de abril, alternativamente.

Hacia el fin de la mañana sólo me quedaba ir al dentista y aún me sobraba un tiempo razonable para comer algo. Me senté en un bar, hice el pedido y abrí el libro que llevaba conmigo: *La invención de la soledad*, de Paul Auster. Empecé a leer. Antes de que llegara la comida me empecé a sentir mal. Una contracción detrás de la otra me impedía siquiera levantarme de la silla. Llamé al médico, me mandó a guardar reposo absoluto. Tuve que dejar el auto en la cochera donde estaba y hacer el recorrido de regreso a casa en ambulancia.

---

[*] Publicado en *Télam* y revisado para esta edición.

Recién a la noche me di cuenta de por qué no acertaba con la fecha del día: mi padre había muerto un 4 de abril. Desde su muerte, diez años atrás, me olvidaba irremediablemente de que el día que transcurría coincidía con ese aniversario. Un olvido aparente porque, en cambio, cada 4 de abril me enfermaba o me dolía algo, generalmente los oídos. El dolor empezaba suave e iba creciendo hasta que yo recordaba qué día era, qué significaba esa fecha y entonces, por fin, el dolor cedía. Ese año en lugar de dolor de oídos fueron contracciones, otra vez la relación entre fecha, olvido y manifestación física era evidente. ¿Cuánto se tarda en elaborar la muerte de un padre? En el caso de los que nos dedicamos a escribir: ¿el tiempo de elaboración de un duelo se mide en años, meses, días, o en intentos de escritura?

La niña nació un poco antes de lo previsto, pero todo estuvo bien. Desde aquel día en que me había descompuesto no volví a *La invención de la soledad*. Tampoco los primeros meses del puerperio. Pero un día el libro apareció donde había quedado: olvidado adentro de una cartera, seguramente la que llevaba aquella mañana. Lo abrí. Hice correr las páginas sin saber qué buscaba, entre la 50 y la 51 había un ticket del bar donde había estado ese último 4 de abril antes de descomponerme. Hoy, cuando busqué el libro para escribir esta nota, el ticket seguía ahí, aunque el tiempo fue borrando la tinta y apenas se adivinan en él manchas grises. El papel señalaba el lugar al que había llegado con mi lectura aquel día. Leí otra vez el párrafo que me había obligado al reposo:

«En lugar de enterrar a mi padre estas palabras lo han mantenido vivo, tal vez mucho más que antes. No sólo lo veo como fue, sino como es, como será; y todos los días está aquí, invadiendo mis pensamientos, metiéndose en mí a hurtadillas y de improviso. Bajo tierra, en su ataúd, su cuerpo sigue intacto y sus uñas y su pelo continúan creciendo. Tengo la sensación de que para comprender algo debo penetrar en esa imagen de oscuridad, de que debo entrar en la absoluta oscuridad de la tierra».

Esa vez, en lugar de descomponerme, lloré.

Además del libro de Auster, hay muchos otros textos que hablan del duelo por la pérdida de alguno de los padres. Dos de mis favoritos son *Mi madre, in memoriam*, de Richard Ford, y *Una muerte muy dulce*, de Simone de Beauvoir. Más allá de la anécdota particular, lo que más me interesa de todos ellos es la búsqueda de lo que Auster llama una nueva sintaxis, la sintaxis posterior a la muerte. «Cuando un hombre entra a una habitación y uno le estrecha la mano, no siente que es su mano lo que estrecha, o que le estrecha la mano a un cuerpo, sino que le estrecha la mano a él. La muerte lo cambió todo. Decimos "Éste es el cuerpo de X" y no "Éste es X". La sintaxis es absolutamente diferente. Ahora hablamos de dos cosas en lugar de una, dando por hecho que el hombre sigue existiendo, pero sólo como idea, como un grupo de imágenes y recuerdos en la mente de otras personas; mientras que el cuerpo no es más que carne y huesos, sólo un montoncillo de materia».

Ya busqué la sintaxis necesaria para contar la muerte de mi madre en *Elena sabe*. Tal vez recién ahora encuentre la que cuente a mi padre, a pesar de que murió más de veinte años antes que ella, al terminar de escribir *Un comunista en calzoncillos*: mucho tiempo después de aquel episodio.

No leer[*]

En su libro *Como una novela*, Daniel Pennac enuncia su decálogo, una serie de derechos de lectura (o de no lectura) aplicables a cualquier lector. El tercero de los puntos de ese decálogo de Pennac está dedicado a la imposibilidad de concluir una lectura determinada y lo expresa de esta sencilla manera: el derecho a no terminar un libro. Tal vez ése sea uno de los derechos que más le cuesta ejercer a algunos lectores. En el infinito mundo de libros publicados y por publicarse, hay que elegir. La vida es demasiado corta no sólo para leer todos los libros posibles sino, incluso, para leer aquellos que ya tenemos acopiados en nuestra biblioteca. Pero qué debemos hacer si una vez que escogimos uno, una vez que empezamos a deslizarnos por sus párrafos, diez, treinta o cien páginas más adelante sentimos que no avanzamos, que no nos interesa. A veces se hace difícil tomar la decisión de claudicar, de cerrar el libro y abandonarlo. Hay muchos lectores que lo sienten como un fracaso: no sos vos, soy yo. ¿Y si unas pocas páginas más adelante logra atraparme? ¿Si justo en unos pocos párrafos me seduce a la manera que Barthes define en su libro *El placer del texto*? Si invertí tantas horas de lectura en este libro, ¿no sería desperdiciarlas tristemente dejar esa lectura inacabada? O, por el

---

[*] Publicado en *La mujer de mi vida* y revisado para esta edición.

contrario, ¿estoy dispuesto a seguir invirtiendo horas en algo que no quiero leer?

La respuesta suele estar relacionada con el deber ser de cada uno. No es mi caso. Empecé y dejé inconclusos varios libros. Pero lo que me inquieta es descubrir el mecanismo, entender por qué dejé la lectura avanzada de uno y fui por otro. Sospecho que la respuesta es menos sencilla de lo que puedo imaginar. Entre los libros que dejé hay una amplia gama que va desde el *Ulises* de Joyce a la trilogía Millennium de Stieg Larsson, de la que no pude pasar de la página 100 del primer tomo. La dificultad de lectura puede ser un obstáculo, pero no es determinante. Que muchos lectores hayan sido abducidos por un texto tampoco es garantía de lectura. Tanto es así que estoy convencida de que retomaré una vez más, o varias veces más, el *Ulises*, aunque finalmente no lo haga. En cambio sé que no volveré a intentarlo con Millennium, porque a esta altura, además, ya vi las distintas versiones de películas que se hicieron basadas en esa novela.

El escritor colombiano Santiago Gamboa, en un texto en el que habla de este mismo asunto, cuenta que un amigo dejó inconclusa para siempre una novela que estaba leyendo en un hotel porque se le cayó por el balcón y fue a dar unos pisos más abajo sobre unos cables eléctricos que entraron en cortocircuito y quemaron el libro por completo. Tampoco me refiero a ese tipo de circunstancia aleatoria que puede ser reparada con un nuevo libro si el deseo de lectura es lo suficientemente potente. Un verano yo leía *Brooklyn Follies*, de Paul Auster, tirada en una playa, asada al sol, con el protector solar desparramado por todos lados, y cuando llegué a determinada página me di cuenta de que al libro le faltaba un cuadernillo entero.

Ante la adversidad, lejos de abandonarlo me puse algo encima, me calcé unas ojotas, dije «ya vuelvo» sin dar explicaciones y me fui al pueblo más cercano a recorrer las pocas librerías que estaban abiertas a la hora de la siesta, hasta encontrar un ejemplar completo de la novela.

Hace un tiempo, en una búsqueda de internet de esas que llevan de un lado a otro, me encontré con un sitio cultural que no conocía, Pijamasurf, y que tenía entre sus notas más vistas una producción fotográfica con los diez libros que eran abandonados con mayor frecuencia. Figuraban allí, entre otros, *Finnegans Wake* de James Joyce, *Ética* de Baruch Spinoza, *El capital* de Carlos Marx o *Bajo el volcán* de Malcolm Lowry. Desconozco qué habrá llevado a tantos lectores a abandonar estos libros, aunque en algunos casos lo sospecho. Basada en la arbitrariedad de mi propio caso, intuyo que hubo motivos inconscientes que hicieron que me detuviera en determinado punto de una historia y simplemente no siguiera. Porque si no se trata de la dificultad, ni de la pericia para atrapar cientos de lectores, ni del interés, ni del deber ser, ni de sumarnos a los libros que casi nadie termina, ni de circunstancias eléctricas aleatorias como le sucedió al amigo de Gamboa, ¿qué otra cosa se puede esconder detrás de ese abandono? Si hubiera marcado en el libro descartado el párrafo o, mejor aún, la frase exacta donde me detuve, en aquello que me dejó fuera de esa historia, tal vez podría reconstruir el caso. Pero no lo hice. La mayoría de las veces no declaré: con este libro no sigo. Apenas lo dejé ahí, sobre la mesa de luz, juntado polvo, un día lo corrí de la mesa de luz a un estante y un tiempo más adelante desapareció detrás de otro libro.

Recorro mi biblioteca, busco los libros que no terminé de leer, los abro, aunque sé que dentro no encontraré pistas, ni podré confirmar ninguna de mis sospechas. Que no podré recordar cuándo y por qué abandoné su lectura. Y lejos de decir «qué tonta, me lo llevo otra vez a mi mesa de luz y lo termino», lo cierro y lo dejo allí, en el estante donde estaba, condenado a mi abandono. Porque sé que otra vez llegaré a esa escena, a esa frase que me detuvo, tal vez una imagen, tal vez una palabra, y ahí me detendré. Sí, ya lo dijo Pennac, es mi derecho a no terminar ese libro, ningún libro que no quiera terminar, para que otra vez llegue el que sí. Y entonces el ciclo se reinicie.

8. De viajes y de ferias

Ver sin ver[*]

Un día te invitan a una ciudad de la que nunca antes oíste hablar. Ni siquiera nombrar. Marburg, por ejemplo. Sabés, o intuís, que el no saber de ella se debe nada más que a tu propia ignorancia. Pero como tenés que viajar a muchas ciudades en pocos días, no buscás información y dejás que esa ciudad, de la que nada conocés, te sorprenda. Tomás un tren en la estación de Frankfurt. Te dijeron que el viaje dura una hora, ponés la alarma en el celular por si te quedás dormida. El tren te mece. Te adormecés. El celular suena a la hora convenida. El tren no está llegando a ninguna estación, está detenido. No sabés una palabra de alemán, así que no entendés lo que dicen por los parlantes. Intentás preguntar en inglés a tu compañero ocasional de asiento. Te contesta en un mal castellano. Pero es suficiente para entender que alguien se tiró debajo del tren, que se suicidó. Naciste en un pueblo, muy lejos de allí, donde la gente para suicidarse se colgaba del campanario de la iglesia o se acostaba en las vías del ferrocarril Roca esperando el tren. Así que esa muerte te llega, te invade, pero no te sorprende.

El tren alcanza la estación de Marburg con media hora de retraso. Ya no hay tiempo para pasar por el hotel. Te peinás y maquillás a las apuradas en el taxi. Vas directo a la

* Publicado en *La mujer de mi vida* (2010) y revisado para esta edición.

sala donde se hará la lectura de tu novela. Entrás agitada. La sala está oscura, como en penumbras, los organizadores intentan que parezca un teatro, pensás. O un café concert. Preguntás si ya es tu turno, y agradecés que esta lectura no comience con un bandoneón y un tango como todas las otras que hiciste hasta ahora, porque los anfitriones querían honrar la patria donde naciste. Ni bien entrás, lo primero que ves son perros, echados junto a cada mesa. Primero un perro, después otro. Tres perros, cuatro, cinco. Nunca habías visto un perro en una lectura. Si fuera uno o dos no te sorprendería pero en la sala hay casi tantos perros como personas. No llegás a ver los bastones blancos. Te sentás adelante, en el escenario, con la traductora. Y mientras leés y contestás preguntas vas descubriendo que varias de las personas que están allí son no videntes. Cuando te hacen una pregunta sonríen pero no se dirigen hacia vos sino hacia un punto indefinido en alguna parte alrededor tuyo, cerca, pero no a tus ojos. Los de ellos se entrecierran, como si los párpados no fueran lo suficientemente fuertes para mantenerlos abiertos. Pensás en «Catedral», el conmovedor cuento de Carver. Lloraste con ese cuento. Volvés a las preguntas, te justificás diciendo que no entendiste la traducción pero en realidad no la escuchaste, pensabas en Carver y en uno de los protagonistas de «Catedral», en el visitante, también ciego. Termina la lectura y te traen libros para firmar. Pero no todos, las personas no videntes no piden que les firmes libros. Sólo quieren saludarte, hacerte preguntas, o darte la mano. Y pensás que ese contacto tal vez sea más real.

Al día siguiente te llevan a recorrer la ciudad. Un ascensor gigante te sube a la zona vieja, la originaria. La que se fundó en el cruce de dos importantes rutas medievales, la que iba de este a oeste, de Colonia a Praga, y la que iba de norte a sur, del mar del Norte a los Alpes. Te cuentan que la ciudad no fue destruida por bombardeos en la guerra porque allí no había industrias. Que por eso se salvaron. Cruzás a una persona no vidente, la primera de la mañana, con su bastón, del brazo de alguien con quien charla animadamente. Los dos se ríen. Te llevan al castillo. Hay que subir la colina por una calle angosta y empedrada. En el camino cruzás dos no videntes más, los dos acompañados. Desde la parte más alta de la colina del castillo ves toda la ciudad. Una iglesia con la torre inclinada porque cuando la construyeron la madera estaba húmeda, te cuentan. Y también te cuentan que en la ciudad se dice que se enderezará el día que una estudiante vuelva de Marburg a su pueblo de origen siendo virgen. No te causa gracia el chiste, ya no te reís de ese tipo de broma, o callás, para no ser descortés con tu anfitrión. Aunque sabés que sos lo que Sara Ahmed llama «feminista aguafiestas». Mirás a lo lejos, ves techos típicos de cuentos de hadas, una torre donde podría haber estado Rapunzel con sus trenzas. Estuvo, te dicen, metafóricamente. Porque en esa ciudad estudiaron los hermanos Grimm abogacía, en la primera universidad protestante que hubo en el mundo, y allí recolectaron los cuentos folclóricos que circulaban y que quedaron como su legado para generaciones y generaciones de niños. «Los cuentos de los hermanos Grimm». Los podés evocar perfectamente, como si esa ciudad vista desde arriba fuera la ilustración del libro de papel acerado y brilloso que tenías cuando eras chica. Cenicienta, Blancanieves, Rapunzel, los músicos de Bremen. Todos están allí.

Bajás de la colina, te ofrecen ver la iglesia de Santa Elisabetta al otro lado de la ciudad, pero cuando llegás está cerrada. Cruzás cuatro no videntes en el camino, tres de ida, uno de regreso. A tus anfitriones no les llama la atención, te das cuenta. Finalmente te atrevés, preguntás, y no entendés por qué no preguntaste antes. Así te enterás de que Marburg es, desde hace tiempo, una ciudad totalmente preparada para no videntes. Además de que alberga un importante instituto para ciegos, hay maestros disponibles para acompañarlos y las calles tienen textos indicativos en braille para que puedan ubicarse. Te llevan a una esquina, te hacen tocar un mojón de hierro, y percibís que en la punta hay relieves tallados. Escritura braille, te confirman, en toda la ciudad. No lo habías visto, sólo habías visto los ciegos, los bastones blancos y los perros. No habías visto esa ciudad preparada para ellos. Te sentís el prejuicioso marido del cuento de Carver que recibe al amigo ciego de su mujer con resquemor, y finalmente tiene con él una charla iluminadora acerca de las catedrales, y de la vida.

Ese que, aunque tiene visión, no ve. No vemos.

Libros *by the sea*

Hay libros y libros, ferias y ferias. La Feria de Buenos Aires, por ejemplo, nada tiene que ver con la de Frankfurt, ni con la de Londres, ni con la de Bologna. Ni siquiera con la de Guadalajara, probablemente más cercana. Todas tienen características propias, fortalezas y debilidades, que las hacen especiales. Pero si hay una feria del libro particular y que siempre me sorprende, esa es la Feria del Libro de Miami.

Los organizadores dicen «nuestra diversidad es lo que más amamos de esta feria». Y es una feria diversa sin dudas, a veces extraña, siempre hospitalaria y muy bien organizada. Según algunos editores, es la feria del libro más importante de los Estados Unidos. Toma calles cercanas a la universidad, y en ella conviven puestos de distintos colores parecidos a los que pueden encontrarse en una kermese al aire libre, con aulas magnas y salones del Miami Dade College donde uno puede escuchar a gente tan diversa como Nora Ephron, Patti Smith, Rosa Montero, Mario Bellatin, Luis Leante, la doctora Polo o Laura Esquivel. O, fuera de programa, podés también chocarte casualmente en un pasillo con Salman Rushdie, como le pasó a Eduardo Sacheri. O tomar un café sentado al lado de Jonathan Franzen, como me pasó a mí, al borde del desmayo por la admiración. A la feria van trescientos cincuenta autores y la mayoría de ellos está allí, dando vueltas, como uno más, sin etiqueta.

De todos modos, las cosas cambiaron mucho desde la primera vez que estuve allí en el 2006. El mundo, la política, o los Estados Unidos es lo que cambió, no la feria en sí misma. En aquel entonces, uno de los mayores atractivos fue escuchar a Barack Obama, por aquella época un político en ascenso con intenciones de llegar a la presidencia de los Estados Unidos. Había largas colas para conseguir una entrada para su conferencia, en las que pacientemente ocupaban su lugar escritores como Santiago Roncagliolo, Fernando Iwasaki, y Edmundo Paz Soldán, con intención de conseguir un lugar y escucharlo. Hoy, en 2010, con Obama ya presidente de los Estados Unidos, el que participa de la misma feria no es él sino George Bush. No hay cola para su conferencia porque tampoco hay posibilidad de conseguir entradas: desde muy temprano las seiscientas localidades fueron entregadas al Partido Republicano para evitar que entre el público apareciera alguien que arruinara la fiesta. Bush presentó allí su libro autobiográfico, *Decision Points*, ese donde justifica los actos de tortura. Con su conferencia se abrió la Feria de Miami 2010 en idioma inglés. La apertura en castellano le correspondía a Carlos Fuentes. Siempre hay dos conferencias paralelas en la Feria de Miami, en los dos idiomas. Pero Carlos Fuentes no fue a dar su conferencia inaugural, se disculpó con tiempo y sin demasiadas explicaciones, y evitó así compartir la apertura con Bush. «Todavía hoy hay gente con coherencia ideológica», me dijo un periodista español, y yo asentí.

Más allá de Bush, la política está siempre muy metida en esta feria. En la conferencia de Rosa Montero una mujer pidió el micrófono para pasarle un dato que no quería que Montero ignorara: «Me ha dicho alguien que sabe mucho de medios que el diario *El País* de España, donde tú trabajas, es "de izquierdas"». Y lo dijo con intensidad, hasta con pena, como quien se entera de que el marido de una amiga le mete los cuernos, cree que ella no lo sabe, y se siente en la obligación de advertirla. Rosa Montero salió con elegancia de la situación, hablando de que ella ya no cree mucho en izquierda y derecha, pero que lo que sí es cierto, dijo, es que los diarios en su país están muy relacionados con el partido gobernante o con los de la oposición, según sea el caso, «en el del diario *El País*, con el socialismo». Por el murmullo en la sala quedó claro que la palabra socialismo tampoco caía bien entre los presentes.

Pero en lo personal, la anécdota más intensa es la que viví mientras compartía una mesa con Eduardo Sacheri y el mexicano Bernardo Fernández. Fernández se puso a contar la experiencia que tuvo en una feria del libro infantil en México, cuando se presentó ante él un narcotraficante con sus hijos pequeños. «Yo nunca antes había estado con un narco. Lo reconocí por las cadenas y pulseras de oro, y por ciertas actitudes», dijo. Y mientras lo decía, yo sabía que si ese había sido el primero, ahora tenía frente a él al segundo. O mejor dicho, un ex narcotraficante, Andrés López, que luego de haber estado preso en los Estados Unidos por pertenecer a un cartel colombiano, se arrepintió y empezó una vida distinta. Estaba sentado en nuestra sala, había ido a la feria a presentar su libro *El cartel de los sapos* (que también fue una serie de gran éxito). Yo sabía quién era porque un rato antes había estado en el stand de Santillana y me había pedido que le firmara *Las grietas de Jara*. López y su novia, una conocida actriz colombiana, sonreían divertidos desde la platea. Mientras tanto Fernández seguía contando su anécdota del narcotraficante ignorando a quién se la contaba. «Y entonces el narco me dijo: Le quiero hacer una pregunta. Yo temblaba, pero le respondí: Claro, cómo no. Y él me preguntó: ¿Usted cree que el libro digital terminará con el libro impreso?». La audiencia estalló en risas, incluido López. Yo por lo bajo, mientras todos reían, me acerqué a Fernández y le dije: «Ahora conocés a dos narcotraficantes, el que contaste y el que está en la tercera fila». Fernández quedó mudo, y cuando pudo recuperarse sólo dijo: «¿Tú crees que mi vida está en peligro?». A la mañana siguiente nos encontramos en el hotel en la hora del desayuno. Me confesó que no había podido dormir bien, pero que se tranquilizó cuando se dio cuenta de que López además de arrepentido era colombiano y no mexicano, «distintos carteles», me dijo y se rio. Entonces le conté la mejor historia que oí en la feria, una que me contó el periodista Hernán Vera, y que transcurrió durante la presentación del libro de Andrés López. Alguien del público, un compatriota colombiano del autor, se paró y lo increpó diciendo que por más arrepentido que fuera todo lo que contaba era una vergüenza para su país, que él era una vergüenza, etcétera, etcétera, etcétera, mientras esgrimía un ejemplar del libro de López en el aire. López se acercó, le sacó el libro de la mano, lo inspeccionó un instante y luego dijo: «¡Qué me vienes a hablar tú de vergüenza si este libro que traes es pirata! Yo habré sido narcotraficante pero tú fomentas la piratería, que también es un delito». Fernández disfrutó la anécdota y concluyó: «Esto sólo puede pasar en una feria del libro latinoamericana».

Claro que la Feria de Miami no lo es. O también sí.

Tres postales de Cartagena[*]

Atardecer en el Café del Mar. Turistas y vecinos de la ciudad esperan que el sol se ponga en el mar Caribe, desde el que se presenta como el punto más privilegiado de la ciudad para verlo. La música del bar acompaña. Casi todos beben tragos. Muchos sacan fotos al sol en su descenso. Intervienen todos los sentidos: el olor del mar, el sabor de los tragos, la puesta de sol, la música que suena, el contacto con el papel áspero del libro que leo. Leo *El grado cero de la escritura*, de Roland Barthes, mientras, como todos los que me rodean, espero que el sol se ponga color fuego, toque la línea del horizonte y, por fin, desaparezca. Es un libro que me regaló mi hermano hace casi veinte años; traje tres novelas para leer en mi viaje y este libro de ensayos. Mi hermano es un buen lector, pero no lee a Barthes ni le interesa. Lo eligió para mí como regalo de cumpleaños, pensando en mí, no en él, supuso que si hablaba de la escritura me iba a interesar, y acertó. El libro tiene las marcas del subrayado de cuando lo leí por primera vez: «La lengua está más acá de la Literatura. El estilo casi más allá: imágenes, elocución, léxico, nacen del cuerpo y del pasado del escritor y poco a poco se transforman en los automatismos de su arte». Me

---

[*] Publicado en *Télam* (2012) y revisado para esta edición.

pienso veinte años atrás, me pregunto por qué marqué ese párrafo y no otros, los que hoy subrayaría. Por ejemplo: «El pretérito indefinido y la tercera persona de la Novela no son más que ese gesto fatal con el cual el escritor señala la máscara que lleva. (...) Ya se trate de la experiencia inhumana del poeta, que asume la más grave de las rupturas, ya la mentira creíble del novelista, la sinceridad necesita aquí de signos falsos, y evidentemente falsos, para durar y ser consumida. El producto, y finalmente la fuente de esta ambigüedad es la escritura». El sol se pone mientras subrayo este párrafo, me pierdo su imagen última, cuando levanto la vista del papel al mar sólo distingo una luz amarilla en el gris del cielo, allí donde cielo y mar son una misma cosa.

Segunda postal

Daniel Samper presenta su último libro en la librería Ábaco, tal vez la más linda de la ciudad. La presentación está colmada de gente. Me siento en el piso, un lugar más fresco que elijo ante la alternativa de estar apretada junto a los que llegaron tarde y quedaron parados. Sentado en una mesa, muy cerca de Samper, está Daniel Divinsky, su editor en Argentina. Cuando termina la presentación Divinsky y Samper van a comer a un restaurante frente al hotel Santa Clara, una de las zonas más cuidadas del casco histórico. Mientras cenan, a unos pasos de ellos, frente al restaurante, un joven sicario se acerca a quien le han encargado que mate y dispara varios tiros sobre él. El otro hombre, que al día siguiente sabremos es un «sanadresino» y muy poco más, muere desangrado en la vereda. El joven sicario tira el arma al piso y se va caminando. En el mismo restaurante donde comen Samper y Divinsky, cena la mujer de uno de los hombres más poderosos de la ciudad, su custodia compuesta por unos seis hombres la rodea en cuanto empiezan los tiros, algunos de los que participan del crimen como testigos se quejan de que no van por el muerto, ni por el asesino, pero su trabajo ahora es otro, cuidar a la señora, y eso hacen.

Tercera postal

Me pasa a buscar por el hotel Daniel Mordzinsky, amigo y fotógrafo oficial del Hay Festival Cartagena. Me propone ir a recorrer la ciudad para elegir locaciones donde retratar a los escritores invitados. Nos guiará Martín Murillo, poeta y promotor de la lectura que maneja la Carretilla Literá. Antes de eso, Murillo, que apenas llegó a quinto año de la escuela primaria, se dedicaba a vender agua casa por casa, y en el Parque Bolívar, dentro de la ciudad amurallada. La Carretilla Literá es una carretilla de madera como cualquiera, pero llena de libros. Lleva doscientos libros; Murillo fue juntando ejemplares gracias a regalos y donaciones, y guarda en la habitación donde vive otros dos mil que va rotando cada tanto. La carretilla funciona como biblioteca móvil, recorre la ciudad todos los días, en la semana va a cárceles y colegios, el fin de semana se instala en el Parque Bolívar, allí donde unos años atrás vendía agua. La gente se acerca y le pide libros a préstamo que luego de leerlos devolverá. En el recorrido para buscar locaciones no vamos con la carretilla para movernos con más rapidez. La carretilla queda estacionada en un centro cultural. En el puente Roma lo para un adolescente para preguntarle cuándo pasará con la carretilla. Murillo le da coordenadas de tiempo y espacio que cumplirá sin dudas. Y luego de ese adolescente, otros. Parecería que en la ciudad todos lo conocen. En la puerta del Hotel Paraíso, una mujer le tira besos a Mordzinsky. Él le sonríe y seguimos la marcha en busca de locaciones.

Las alamedas son del pueblo: Chile por una educación gratuita, libre y digna[*]

Había viajado a Santiago de Chile para participar de la segunda edición del Santiago Negro, un festival de literatura policial organizado por el Centro Cultural España de esa ciudad. Mi primera actividad comenzaba a las seis de la tarde, entonces decidí tomarme parte del día para caminar de una punta a la otra de la ciudad siguiendo el recorrido del Mapocho. Elegí como primer destino el barrio Lastarria y los alrededores del cerro Santa Lucía, donde según me había contado el escritor uruguayo Milton Fornaro, encontraría, además de otros atractivos, varias librerías de viejo. Apenas salí a la Avenida Providencia y caminé unos metros llegaron los primeros cantos, melodías de instrumentos musicales de distinto tipo, sonidos de silbatos. En Plaza Italia empezaban a concentrarse, como tantas otras veces, estudiantes chilenos para pedir educación libre, gratuita y digna. El clima era absolutamente festivo. Jóvenes universitarios pero también alumnos de colegios secundarios se concentraban pacíficamente, varios de ellos con adornos, disfraces, body paint o vestidos con algún detalle llamativo como si fueran a participar de una performance.

Nada de lo que vi me dio temor, todo lo contrario. Nada me impidió seguir mi camino. Excepto las ganas de quedarme ahí y ver cómo se desarrollaba la manifestación.

---

[*] Publicado en *Télam* y revisado para esta edición.

Ese clima sólo se interrumpía cuando por los parlantes los carabineros anunciaban que la marcha no estaba autorizada, a lo que los estudiantes respondían con silbidos y abucheos. Nada más, eso, pibes concentrados, entonando: «Y va a caer, y va a caer, la educación de Pinochet», reclamando un cambio en el sistema educativo chileno. Un sistema que hoy implica pagar para estudiar en una universidad pública entre ochocientos y mil dólares mensuales, algo que ninguna familia de clase media puede afrontar si no acude a créditos que no tienen tasas preferenciales y que se terminan de cancelar entre quince y veinte años después de la graduación. La frase preferida del gobierno para rechazar los cambios que piden los estudiantes es: «No estamos dispuestos a que los pobres paguen con sus impuestos la educación de los ricos». Pero esa frase encierra la trampa: ¿qué es «los ricos» para el gobierno de Piñera? Hice la pregunta varias veces. «Todos nosotros», fue la respuesta unánime que recibí de gente que trabaja, que vive de su sueldo, profesionales en algunos casos, en otros no, y que no puede pagar la universidad de sus hijos. Mientras tanto en las escuelas secundarias tomadas cuelgan banderas que rezan: «El cobre al cielo, la educación al suelo». Porque las empresas extranjeras que extraen hoy el cobre chileno cuentan con beneficios impositivos y económicos con los que no cuentan «los ricos» de Piñera.

Frente a la manifestación estudiantil, lo que sí me preocupó fue ver la pared que formaron los carabineros para que los estudiantes no marcharan por la Alameda. Y los carros de distinto tipo (hidrantes, con gases lacrimógenos, etcétera) que estacionaron cerca, en la avenida y en las calles laterales, con actitud de tensa espera. En un principio era nada más que eso, tensión: chicos reclamando, cantando y bailando por un lado, y una valla humana de uniformados verdes con casco y escudo, infranqueable, por el otro. Junto a la pared de carabineros los estudiantes cantaban: «El que no salta es un paco», que es como los llaman en Chile. Los alumnos de la facultad de Informática de la USACH hacían flamear banderas negras al estilo pirata, con la correspondiente calavera que en lugar de llevar por debajo dos huesos cruzados, llevaba dos puertos USB. La gente de las oficinas y lugares de trabajo de la zona salió a la calle a apoyar a los estudiantes. «Las alamedas son del pueblo», me dijo un señor de traje y corbata indignado con que los carabineros no dejaran marchar a los estudiantes. Esos vecinos, probablemente de una, dos o hasta tres generaciones mayores que los estudiantes, parecían contentos, saltaban con sus cantos, se emocionaban como si esos chicos les hubieran permitido recuperar algo que habían perdido.

Hasta que los carabineros lanzaron chorros de agua sobre alumnas de la Universidad Academia de Humanismo Cristiano (UAHC) que bailaban en la vereda sin cortar el tránsito, sin molestar a nadie. Hacían una coreografía similar a cualquiera de las que practican habitualmente en su escuela, sin embargo parece que un carabinero sintió que lo estaban burlando y ordenó que vinieran los chorros hidrantes. Las chicas fueron empapadas, empujadas, golpeadas, algunas arrestadas, y el clima empezó a enrarecerse.

Después de los chorros de agua, poco faltaba para que llegaran los gases, gases pimienta de una potencia que yo no sabía que existía. Dos o tres estudiantes quisieron avanzar por la Alameda en sentido este, los carabineros los corrieron y les tiraron varias bombas lacrimógenas. Una actitud represiva desmedida que nos afectó a todos. Yo me refugié en la primera puerta que encontré: el edificio de la Telefónica, una torre con forma de teléfono celular, antena de ladrillos incluida. Lloré durante quince minutos sin parar. Por el efecto de los gases. Cuando salí a la calle habían aparecido los pañuelos en la boca a modo de barbijo. Varios carros de carabineros ya no eran verdes sino que estaban estampados con estallidos de pinturas de distintos colores. El clima se había enrarecido, por supuesto, más aún.

En una esquina de la Plaza Italia hablaba una estudiante, daba un discurso con un megáfono. La oía pero no llegaba a verla, en cuanto empezó a hablar la rodearon carabineros montados a caballo hasta formar un círculo a su alrededor, los hocicos de los animales a unos centímetros de la chica, los hombres controlándola desde lo alto de su montura. Se me congeló la sangre. La chica siguió hablando sin que se le quebrara la voz. Más tarde en los noticieros supe que era Camila Vallejo, líder de los estudiantes y su representante en las reuniones con el gobierno que habían sido suspendidas el día anterior. Después de esa escena la tensión aumentó. Más gases y más chorros de agua fueron respondidos con piedras y ya no hubo retorno. Tuve ante mí la evidencia de que la represión injustificada a las manifestaciones populares termina de esa manera. Aunque la lectura del gobierno, de varios medios y hasta de algunos civiles chilenos haya sido otra.

En un discurso donde prima lo económico, de inmediato salieron desde la alcaldía a informar el valor en pesos chilenos de los destrozos. Y que hubo importantes saqueos (no protagonizados por los estudiantes ni controlados por los carabineros que estaban en otro sitio). «Pero como en esta oportunidad agredieron a periodistas y hasta los encarcelaron, por primera vez la prensa informó mejor», me dijo el padre de un chico de quince años detenido en la manifestación.

Cuando llegué al hotel, muchos de los escritores invitados al Santiago Negro me contaron que también ellos habían estado ahí. Ángel de la Calle, caricaturista y responsable del festival Semana Negra de Gijón, concluía que al grupo de «los indignados» españoles le hacía falta un líder como Camila Vallejo. Manuel Marlasca, periodista español, se puso a relatar lo que vio en su blog. Paco Camarasa, dueño de la librería Negra y Criminal de Barcelona, me enseñó por qué a los carabineros les dicen «pacos»: por el ruido que hace el Mauser al cargarlo y luego disparar (*pac*, *pac*). Eloi Yagüe, de Venezuela, y yo nos alegramos con orgullo ante los demás de que en nuestros países la educación sea como debe ser: gratuita, libre y digna. En el caso de la Argentina, no sólo para nosotros sino para todos los que quieran habitar nuestro suelo.

Algo más: al día siguiente Santiago se pobló de mesas donde cada ciudadano podía votar para pedirle al gobierno un plebiscito nacional por la educación, en una encuesta organizada por el Colegio de Profesores. Había que responder cuatro preguntas por sí o por no. La tercera me pareció la más ilustrativa, aquella que sintetiza la cuestión: ¿Está usted de acuerdo que el lucro con fondos públicos debe ser prohibido en todos los niveles de la educación chilena? Sí o No.

Ligera de equipaje[*]

Me encantaría poder armar una valija como lo hace George Clooney en *Up in the air*. El antipático personaje que le toca interpretar en esa película, un frío profesional encargado de ir y despedir gente donde sea necesario, es además un experto en lo que hay que llevar y lo que no, cuando uno emprende un viaje en avión. Estudio cómo Clooney escoge las mudas necesarias, las dobla, las acomoda, desliza los cierres sin necesidad de tener que sentarse sobre la valija para poder cerrarla, y sé que nunca lo lograré. Consciente de mis limitaciones, cuando tengo la valija lista la peso en la balanza del baño de mi casa y compruebo, indefectiblemente, que tengo que sacar algunas cosas. A veces muchas cosas. Ya pasé por la estresante situación de sacar peso de una maleta y derivarlo a la de mano en el escritorio de *check in* del aeropuerto, delante de pasajeros molestos por la pérdida de su tiempo, que se convierten en testigos involuntarios de parte de mi intimidad. En una oportunidad, viendo que no lograba bajar a los veintitrés kilos permitidos ni aun pasando cosas a mi cartera, un señor me ofreció llevar en su valija zapatos, botas y algunos libros. La amabilidad de los extraños.

Hoy casi todas las líneas aéreas internacionales aceptan como equipaje un bulto de veintitrés kilos y una valija de cabina de diez. Y treinta y tres kilos suena conveniente, pero

------

[*] Publicado en *Télam* y revisado para esta edición.

el pasajero tiene dos manos y habrá que empujar por los largos pasillos de los aeropuertos el peso repartido en esas valijas, cargarlas en los ascensores, hacerlas bajar el cordón de una vereda, ingresarlas al pequeño cubículo de un baño. Después de la primera experiencia con dos valijas, una quisiera desistir, llevar menos equipaje. Pero el problema para muchos de los escritores que vamos y venimos por el mundo no es el peso con el que partimos, sino aquel con el que debemos regresar. Siempre hay libros que nos regalan o que compramos, de colegas, editores, lectores que van a las conferencias. De la última Feria del Libro de Saltillo me vine con la colección completa de las novelas de Carlos Fuentes que la Municipalidad regalaba encuadernada en cuerina verde. Una edición de miniatura que de todos modos pesaba demasiado y tuve que sacar de la valija a último momento para llevarla conmigo en el avión, o habría que tenido que pagar por el exceso.

Y no siempre el peso que se agrega de regreso es sólo de libros. En el año 2010 di varias lecturas en ciudades alemanas antes de participar de la Feria de Frankfurt. En una de ellas, Bad Berleburg, un pueblo de montaña que parecía de cuento, después de mi última conferencia me dieron el mismo regalo que en nombre de la Intendencia le dan a todos los escritores y conferencistas que visitan la ciudad: un trozo de piedra del lugar, muy similar a un adoquín. Me lo quedé mirando, tratando de disimular mi preocupación, lo moví en el aire intentando estimar cuánto podía pesar, suspiré y di las gracias. Incapaz de desprenderme de nada que me regalaran, lo traje en mi valija y hoy está en mi biblioteca. Lo miro cada tanto y, según el día, siento orgullo o pena de mí misma por haber cargado con él el resto de aquel viaje. Antes de mí pasaron por la misma ciudad Alan

Pauls y Ernesto Mallo, también dieron allí conferencias y presentaron sus novelas. Me pregunté entonces, y me sigo preguntando hoy, si la piedra que recibieron ellos también habrá viajado a través del océano como viajó la mía o si la habrán dejado sin culpa en algún lugar del camino.

De la Feria de Guadalajara 2010, a la que fui a recibir el premio Sor Juana Inés de la Cruz, me traje un diploma enmarcado en madera pesada y vidrio. Enmarcar el diploma es, por supuesto, un detalle de cortesía de los organizadores; aunque un rollito con una cinta de seda habría sido menos vistoso pero mucho más liviano. También me traje dos botellas de tequila (la Feria estaba auspiciada por una empresa que la distribuía) que justificaban su peso más que el cuadro: uno no puede transportar tequila si no es dentro de una botella. Y un cheque simbólico por el importe que correspondía al premio. Coincidí con Laura Restrepo en una cena durante la feria y me contó que cuando ella ganó el mismo premio la sacó bastante peor que yo: en su época no había ni cheque ni tequila sino una estatua de sor Juana de un metro y medio de altura que tuvo que abandonar en la casa de unos amigos de la zona porque era imposible de subir a ningún avión.

Me contaron que Andrés Neuman, luego de que en un viaje a México le perdieron la valija con su ropa, viaja sólo con lo que le cabe en una maleta de mano que nunca despacha, porque no está dispuesto a repetir la amarga experiencia de aceptar la pérdida y salir a las apuradas a comprar lo necesario para andar esos días por la vida. Yo lo admiro y en cambio, aunque intento superarme, apenas consigo limitados progresos. De acá a fin de año todavía me quedan tres viajes en avión. No tengo dudas de que pesaré la valija, sacaré cosas y volveré de cada uno de ellos con más peso que con el que me fui. Será que me influyó la poesía de Machado, y no quiero que ninguno de estos sea el último. Ninguno de los que vienen tampoco.

Y cuando llegue el día del último viaje,
y esté al partir la nave que nunca ha de tornar,
me encontraréis a bordo ligero de equipaje,
casi desnudo, como los hijos de la mar.

Viajar, sentir, tocar[*]

Tal vez como ninguna otra actividad, viajar se ha modificado radicalmente en los últimos años. ¿Qué significa hoy viajar? La definición de la Real Academia Española sigue siendo válida: trasladarse de un lugar a otro, generalmente distante, por cualquier medio de locomoción. Pero lo que cambió es lo que la palabra implica, lo que asocia, aquello que en el imaginario de cada uno es o era viajar más allá de su definición en un diccionario.

En el año 1997, Marc Augé publicaba en la editorial Payot & Rivages *El viaje imposible*. En la introducción a los textos que componen el libro, Augé enuncia la definición del concepto que le sirve de título general: «El viaje imposible es ese viaje que ya nunca haremos más. Ese viaje que habría podido hacernos descubrir nuevos paisajes y nuevos hombres, que habría podido abrirnos el espacio de nuevos encuentros. Eso ocurrió alguna vez y algunos europeos sin dudas experimentaron entonces fugitivamente lo que nosotros experimentaríamos hoy si una señal indiscutible nos probara la existencia, en alguna parte del espacio, de seres vivos capaces de comunicarse con nosotros».

No es ningún descubrimiento decir que la tecnología es uno de los factores que más influyó en este cambio. Por un lado, porque el corte con el mundo que uno deja detrás

---

[*] Publicado en *Télam* y revisado para esta edición.

al viajar, si es que existe, ya no es el mismo. Y por otra parte por la preponderancia de algunos de nuestros sentidos sobre otros. Con respecto al mundo que uno deja atrás al viajar, hasta hace no tanto el corte era brutal. La primera vez que crucé el océano, hace veinticinco años y después de ahorrar durante dos años, no me comuniqué con mi familia. Además de caro, no era fácil conseguir un teléfono. Y cuando se lo conseguía tampoco era sencillo que la comunicación se pudiera realizar. Después de casi un mes fuera de mi casa fui a visitar a unos parientes en Galicia, y me encontré allí con una carta de mi madre. Aquella era la única dirección de mis estadías con la que ella contaba, el resto eran hoteles de mala muerte contratados al llegar a cada ciudad. La carta tendía un puente, me contaba de ese mundo que había quedado atrás y me preguntaba cómo estaba, una pregunta que yo contestaría en persona mucho antes de que pudiera llegar ninguna carta de respuesta. Y sobre la firma mi madre escribía: «Te quiero», algo que a ella le costaba infinitamente decir cara a cara pero que seguramente esa distancia, nada menos que con un océano de por medio, había hecho necesario declarar.

La semana pasada estuve en Francia, me comuniqué tantas veces con mis hijos que más que extrañarme se deben haber cansado de mí. Chat, smn, mails, emoticones. Pero no sólo estuve en contacto con ellos. Cuando estaba en el Café Le Deux Magots, lo escribí en Twitter y al poco rato el columnista de *La Nación* Valiente Noailles me contestaba: «El café preferido de Sartre». Un rato después el periodista Rei Martínez me marcaba que puse Margots, en lugar de Magots: «Te habrás confundido con el Margot de Boedo y su famoso sánguche de pavita», cosa probable. Al día siguiente estuve en el Café de Flore, lo tuiteé y Sergio Olguín, escritor y amigo, me contestó: «El lugar preferido de Boris Vian». Conversé todos los días por chat con otro amigo, noctámbulo, que se desvelaba en Buenos Aires a la hora en que yo me levantaba a leer los diarios (diarios argentinos, claro). Supe del niño muerto en Lincoln y del de Miramar. Que el fin de semana pasado llovió en Buenos Aires. Que una amiga decidió separarse. Que por fin sale publicado el libro de otra. O sea, viajé, pero no me fui.

El uso de los sentidos es el otro factor que marca la diferencia. Antes uno viajaba para «ver». Ver lo que había imaginado en función a lo leído en un libro o a lo que le había contado otro viajero. Hoy ya «vimos» antes de viajar. Vamos a la librería Shakespeare & Co, frente al Sena, para ver si es tal como la muestran en *Antes del amanecer* y paseamos por las calles de la ciudad tratando de descubrir cuáles son las que aparecen en *Medianoche en París*. Verificamos, pero no descubrimos, la pérdida que marcaba Augé. Ya vimos todo aquello que vemos, lo vimos antes en el cine o en internet con una veracidad que la propia experiencia no logra superar. Ver ya no es novedad. Es más, a veces ver in situ decepciona.

Quedan los otros sentidos, no sé por cuánto tiempo, pero aún quedan. Una ciudad también se oye, se huele y se degusta. Y sobre todo nos queda el tacto. Tocar un lugar es entrar en contacto con quienes allí encontramos. Tocar es lo que no pueden hacer (aún) las nuevas tecnologías. Entrar en contacto con el otro por la piel, los ojos, la risa. Toqué París cuando fui a comer a un restaurante japonés con la escritora Luisa Futoranski y dos amigas; Luisa citó de memoria poemas propios y de otros, y nos reímos hasta cualquier hora. Toqué Valence cuando lloré en la estación de trenes y una compañera ocasional de viaje me consoló. Toqué

326

Rennes cuando después de la charla programada en la Universidad el profesor y escritor Néstor Ponce me llevó a recorrer el casco histórico, me habló de sus hijas, y me enseñó qué quiere decir «vender cerveza por metro» en la ciudad de Europa donde más se bebe: abrió sus largos brazos en cruz y dijo: «todos los vasos que entren uno al lado del otro de acá a acá». Y en el vuelo de regreso, al despertarme después de diez horas ininterrumpidas de sueño, casi llegando a Buenos Aires, toqué el final del viaje cuando miré a la mujer que durmió en el asiento junto al mío y sentí que por lo menos le tenía que dar los buenos días. Ella me saludó y al poco tiempo me estaba contando que viajaba a Buenos Aires porque su marido había secuestrado a su hijo y venía a intentar recuperarlo.

Si ver se convirtió en lo más banal de un viaje, todavía nos queda oler, gustar y oír. Y tocar, más que ninguna otra cosa. «El mundo existe todavía en su diversidad. Pero esa diversidad poco tiene que ver con el calidoscopio ilusorio del turismo. Tal vez una de nuestras tareas más urgentes sea volver a aprender a viajar, en todo caso, a las regiones más cercanas a nosotros, a fin de aprender nuevamente a ver». Lo dijo Augé, yo intentaré adoptarlo.

La Chascona[*]

Son tres las casas de Pablo Neruda en Chile: la de Isla Negra, La Sebastiana en Valparaíso y La Chascona en el barrio Bellavista de Santiago. En la dictadura chilena los militares entraron a las tres casas, rompieron gran cantidad de objetos y, una vez más en la historia de la humanidad, quemaron libros en medio de la calle para que todos lo vieran. La Chascona también sufrió varios actos de vandalismo. Alguien tapó la acequia, la casa se inundó y cuando murió Neruda, el 23 de septiembre de 1973 —pocos días después de la muerte de Allende—, Matilde Urrutia, su viuda, hizo poner tablones de madera para poder velarlo en la que fue su casa sin hundirse en el barro. De a poco Matilde la fue restaurando y allí vivió hasta su muerte en 1985.

Actualmente las tres casas son museos y todo lo que se rescató de los destrozos se distribuyó entre ellas, no siempre con rigor histórico. «Chascona quiere decir algo así como despeinada o enredada o enmarañada, y lleva ese nombre porque Neruda la construyó para Matilde Urrutia, su tercera mujer, que tenía el pelo rojizo y muy enrulado». Más o menos con esas palabras nos recibió la guía que nos iba a acompañar en la visita. Éramos un grupo conformado principalmente por brasileños, argentinos y algunos pocos chilenos. Todavía en los jardines la chica nos pidió que prestá-

* Publicado en *Télam* y revisado para esta edición.

ramos atención a las rejas de las ventanas: representan dos escudos que Neruda había diseñado especialmente para La Chascona y que se repiten dentro de la casa en cabezales de camas, cuadros, almohadones, tallados en madera, etcétera. Uno lleva las iniciales de los dos: M y P. El otro es una especie de sol con una cara central y amplios rayos curvilíneos o una flor de grandes y carnosos pétalos, donde rayos o pétalos representan el pelo alborotado de Matilde.

Entramos por el comedor a lo que Neruda quería que se pareciera más a un barco que a una casa: ojos de buey, techos abovedados, bancos marineros a un lado y otro de la mesa. Él deseaba que quien estuviera dentro sintiera que estaba en el mar. A mí me daba la sensación de estar dentro de una casa de muñecas. O de haberme metido en el cuento «Gulliver en Liliput», todo allí es un poco más pequeño que la medida estándar. «¿Neruda era muy bajo?», preguntó una visitante de estatura normal que apenas pasaba por el marco de la puerta. «No, era bien alto», dijo la guía, «lo que pasa es que le gustaba jugar». Y para probarlo nos hizo abrir la puerta de un armario que conservaba la colorida vajilla de la casa y a continuación abrió la otra hoja que, como en las *Crónicas de Narnia*, era una puerta oculta para pasar a otro mundo. Aunque detrás de esta segunda puerta, en el caso de La Chascona, no había nada que fuera necesario ocultar: cocina y despensa, vajilla, utensilios y el atractivo de un televisor vacío convertido en vitrina de cubiertos.

Después de animarnos a una escalera bastante tortuosa, nos encontramos con el escritorio de Matilde y un cuarto de huéspedes. «Pero entonces, ¿por qué ocultar la puerta dentro de un armario?», preguntó otra visitante. «Porque a Neruda le gustaba jugar», repitió otra vez la guía como si su respuesta se explicara por sí sola.

La parte principal de la casa, la que se construyó primero, es un bloque separado del «barco», un «faro» con el living en la planta baja y un dormitorio en la planta alta. Sillones de distintos estilos, una mesa apoyada sobre un pie armado con mascarones de proa, cuadros de pintores famosos, tallas africanas y una ventana que en épocas de menos smog permitía ver la cordillera. La construcción, sobre el cerro San Cristóbal, empezó en el año 1953. Cuentan que el arquitecto catalán Germán Rodríguez Arias le había presentado su proyecto orientado al sol y por lo tanto a la ciudad, pero que Neruda le dio vuelta el plano para que la casa mirara la cordillera. Y Martner, el arquitecto que concluyó la obra cuando Arias regresó a Europa, dijo que Neruda podía pedir un ambiente a partir de uno o varios objetos: «Tengo este sillón, este cuadro y esta ventana, ármalo».

El lugar donde más nos detuvimos fue precisamente en uno de esos rincones: frente a un retrato de Matilde Urrutia que firma Diego Rivera. La guía empezó a contarnos acerca de la amistad entre los tres que se forjó en la época en que vivían en México, cuando Neruda era cónsul en esa ciudad. «Pero había un problemita», dijo la chica abriendo aún más sus grandes y expresivos ojos como para dar suspenso a la situación, «que Pablo aún estaba casado con Delia del Carril, su segunda esposa, una mujer veinte años mayor que él». Después de una pausa dramática, siguió. «Diego Rivera sabía de la relación, por eso pintó una Matilde de dos cabezas, una representa a la amante y la otra a la que ella fingía ser delante de Delia y de los que no sabían del romance. Ahora si se fijan en los rulos van a encontrar algo». Y efectivamente, parece que a Rivera también le gustaba jugar, y como en esos juegos en que se esconde una figura dentro de otra, en uno de los rulos de

Matilde se podía descubrir el rostro de perfil de Pablo Neruda. Las mujeres del grupo pedimos más precisiones. «Su segunda mujer, Delia del Carril, era una escultora argentina de familia de estancieros, muy rica, discípula de Fernand Léger, y estaba muy conectada con artistas e intelectuales de la vanguardia de París, lo que le ayudó a Pablo a introducirse en ese ambiente». Una brasileña insistió con algunas preguntas más. «Sí, Neruda fue construyendo La Chascona mientras estaba casado, al principio él vivía con Delia en la calle Lynch y Matilde vivía sola en esta casa». Una mujer argentina miró a su marido, quien enseguida cambió su sonrisa por cara de circunstancia. La cuestión de género se hizo evidente: las mujeres recelosas, los hombres con actitud ambigua. La guía contaba los hechos sin una mirada moral, pero flotaba cierta incomodidad. El valor vulnerado en el relato no era el amor sino la lealtad. Al encontrar un público interesado por las contradicciones de la vida amorosa del poeta, la guía se entusiasmó: «¿Vieron la película *El cartero*, que cuenta de los días de un Neruda perdidamente enamorado de Matilde en la costa italiana? Bueno, lo que no se ve en la película es que mientras tanto, para cubrir su salida del país en 1949, acá se quedó Delia haciendo de campana». Luego de que el presidente González Videla proscribiera el Partido Comunista y ordenara la captura de Neruda por haberlo llamado, entre otras cosas, «Rata», él salió por la cordillera sur hacia Argentina. «Delia se quedó aquí, muy observada por el gobierno, de manera de no despertar sospechas: si ella estaba en Chile, pensarían que Neruda también lo estaba. Error, Delia, error», dijo la guía. «Le gustaba jugar», le dijo la mujer argentina a su marido por lo bajo, y él asintió obediente. «Pero bueno, Delia se murió a los ciento cuatro años, los sobrevivió a todos», concluyó la chica con cierta satisfacción, y nos indicó el camino para seguir la recorrida.

Otra vez salimos a los jardines, subimos y bajamos desniveles, pasamos por delante de un bar donde ya no dejan entrar a los visitantes; colmado de botellas, copas, vasos y adornos frágiles era inevitable que cada visitante con una mochila al hombro rompiera algo. Y por fin la sala de lectura compuesta por dos ambientes. El mayor, donde está el que fue el escritorio de Neruda y una biblioteca que no guarda sus libros quemados por la dictadura, sino donaciones posteriores. Una sala más chica, con un cómodo sillón que en lugar de mirar la ventana mira un cuadro, un retrato muy oscuro, de una mujer robusta vestida de negro. «Neruda lo compró en un remate, nunca supo quién era la mujer, lo compró porque era fea», dijo la guía remarcando la palabra fea como si nos estuviera contando un cuento de Saki. «Pablo se distraía con facilidad, pero decía que si estaba leyendo frente al cuadro y levantaba la vista, de inmediato volvía a clavarla en su libro para no ver a esa mujer». Hombres, risas; mujeres, murmullo desaprobatorio. Fin de la visita.

Mientras esperábamos que llegara el resto del grupo que se había demorado sacando fotos en los jardines, me puse a charlar con la guía. Me preguntó por qué estaba en Chile, le dije que soy escritora y había ido a participar a un festival. «¿Y qué escribe?», me preguntó: «Novelas», le respondí. «Ah, sí», concluyó, «acá en Chile son más los poetas, allá en Argentina son más los narradores. Por eso los hombres chilenos hablan, hablan pero no dicen nada. Palabras, palabras y no pueden decir una cosa concreta. En cambio los argentinos... a mí me gustan los hombres argentinos», confesó. Y yo no quise romperle esa ilusión.

Salí de La Chascona con la convicción de que para ninguna de las mujeres presentes significará lo mismo releer *Veinte poemas de amor y una canción desesperada*. Y con la certeza de que es mejor no saber demasiado de la vida privada de los escritores. Todavía faltaría un tiempo, antes de que me encontrara, en *Confieso que he vivido*, con el pasaje en que Neruda cuenta que violó a una mujer tamil. Si lo hubiera leído antes quizás nunca habría entrado a La Chascona.

9. De lo dicho

Que no nos roben la palabra vida[*]

¿Por qué estoy acá? Estoy acá porque soy mujer, porque soy madre y porque soy escritora. Que estoy porque soy mujer y porque soy madre, no lo voy a explicar. Voy a explicar por qué estoy acá como escritora.

Antonio Tabucchi dice que quienes nos dedicamos a escribir tenemos antenas con las que podemos captar lo que está pasando en una sociedad, pero, además y gracias a ese oficio, también tenemos la facilidad de ponerlo en palabras. Permítanme entonces repartirles un listado con la firma de doscientas escritoras argentinas que están a favor de la Ley de Interrupción Voluntaria del Embarazo. Doscientas escritoras. Y van a ser más porque nos vamos a juntar el próximo martes a firmar la misma carta que ya firmó el colectivo de actrices. Si ustedes en el último año tuvieron la suerte de leer algún libro escrito por alguna escritora argentina, no tengan dudas de que esa escritora está en el listado que les estamos entregando. No se me ocurre alguna que no esté.

Además de esas antenas con las que captamos acontecimientos y los bajamos a palabras, quienes escribimos podemos elegir distintos puntos de vista para contar una historia. ¿Qué es el punto de vista? Es mirar la sociedad desde el lugar particular en que lo hace cada uno y cada una. En

---

[*] Ponencia ante la Cámara de Diputados, en el debate sobre la Ley de Interrupción Voluntaria del Embarazo.

el debate para la aprobación de la ley que nos convoca, podemos observar cómo un punto de vista quiere anular al otro. Quienes están a favor de la Ley de Interrupción Voluntaria del Embarazo no obligan a nadie a interrumpir un embarazo; lo que quieren es que exista ese derecho para ser ejercido por quien decida hacerlo. En cambio, los que están en contra de la Ley de Interrupción Voluntaria del Embarazo sí quieren imponer su punto de vista a toda la sociedad, prohibir el ejercicio de ese derecho. Y ésa es una gran diferencia entre las dos posiciones a tener en cuenta.

Hay un libro de John Irving, permítanme la digresión, que se llama *Príncipes de Maine, reyes de Nueva Inglaterra*, un libro que el autor construye desde la filosofía, la ética, la historia, la medicina, y lo convierte en una novela monumental. La protagoniza un médico, el doctor Larch, un personaje extraordinario que tiene que llevar adelante un orfanato. A ese orfanato van las mujeres pobres a dejar a sus hijos para que sean dados en adopción. Pero una noche, en una cena a la que concurren varios de quienes bancan ese instituto —los que ponen la plata, los ricos de Maine—, alguien le pide a Larch, detrás de las cortinas, a escondidas, si le puede practicar un aborto a la hija, o a la prima, o a la sobrina de alguno de ellos. A quien sea de ese círculo íntimo. Entonces, Larch se da cuenta de la contradicción, de la hipocresía en la que está envuelto, y piensa: ¿Por qué yo tengo que ayudar a las mujeres pobres a tener un hijo y a las ricas a interrumpir un embarazo? Y concluye que no quiere ser cómplice, que va a ayudar a las mujeres pobres para que también puedan tomar la decisión de practicarse un aborto, si así lo eligen. Y como Irving es tan buen novelista y construye tan bien el conflicto y el punto de vista, introduce de inmediato otro protagonista, un niño, Homero Wells, que fue dado en adopción y que, mientras pasan los años y muchos otros chicos encuentran su nuevo hogar, va quedando en el orfanato porque nadie lo adopta. Wells crece y con el tiempo se hace muy amigo de Larch y se convierte en su asistente, aunque la relación que tienen es casi la de padre e hijo. Larch lo quiere, está agradecido de que esté ahí, sabe que si su madre hubiera practicado un aborto Wells no estaría, sin embargo no tiene dudas de que tiene el deber de ayudar a abortar a las mujeres pobres tal como se lo piden los ricos para sus hijas.

Quienes escribimos contamos con algo que Ivonne Bordelois llama «la conciencia lingüística», eso quiere decir que sabemos que las palabras y el lenguaje construyen realidad. Hay un supermercado gratuito de palabras de donde tomamos las que se nos ocurren y las usamos. Como están tan a mano, no siempre estamos atentos a su valor. El problema es cuando alguien nos quiere robar una palabra, apropiársela, dejarnos sin ella. Ahí nos damos cuenta del valor de lo que teníamos, en la pérdida o cuando deja de ser gratuito. En este debate también nos están queriendo robar, al menos, una palabra. Hay un texto de Timothy Shriver, que se llama *Sobre la tiranía*, donde el autor advierte determinadas operaciones que se dan en la democracia, pero que conducen a situaciones cercanas a la tiranía. Una de las cuestiones que describe es cuando un sector de la sociedad se apropia de un símbolo, signo o palabra del que excluye al resto de la sociedad. Eso está pasando hoy en la Argentina con la palabra vida: cada vez que alguien dice «yo estoy en contra de la Ley de Interrupción Voluntaria del Embarazo porque estoy con la vida», nos excluye a todos los que sí queremos una ley que permita la interrupción. Me está excluyendo a mí, a doscientas escritoras, a muchas de mis amigas, a muchos de ustedes.

No permitamos que nos roben la palabra vida. Nosotros también estamos a favor de la vida. Fíjense que la mayoría de los países europeos hay ley de aborto y todos están a favor de la vida. En Uruguay tienen ley, y están a favor de la vida. En Italia, donde no la pudo votar el Congreso porque la religión católica tiene un peso muy alto, se llamó a una consulta popular y más del cincuenta por ciento de las personas votaron a favor de la ley. ¿Quiere decir que no están a favor de la vida los italianos? ¿Que son asesinos? ¿Que los uruguayos son asesinos? ¿Que nosotras lo somos? No, no lo somos, nos están queriendo robar una palabra para construir otra realidad.

Puedo entender que algunas personas lo hagan inocentemente, ingenuamente, pero no puedo permitir que ustedes, señores diputados, ni que los ministros de este gobierno, ni que el señor Presidente, pequen de ingenuos. Cuando ustedes dicen que no están de acuerdo con una ley de interrupción del embarazo porque están «a favor de la vida», están haciendo una operación del lenguaje para separar a la sociedad y dejarnos afuera. Eso no lo acepto. Y si me lo permiten, voy a dirigirme también al Presidente. Debemos reconocer que él fue quien abrió este debate, y creo que es grandioso que lo haya hecho, que haya tomado las banderas de tantos colectivos de mujeres que vienen luchando hace años por darlo sin lograr que llegara a ser planteado en estos ámbitos y de esta manera. Se lo agradezco, señor Presidente; pero también le pido algo más: no vuelva a decir que más allá de que abrió el debate usted no está de acuerdo porque está a favor de la vida, porque yo también estoy a favor de la vida y defiendo la Ley de Interrupción Voluntaria del Embarazo.

Les pido, por favor: no nos ofendan más, no nos discriminen más. Todos estamos a favor de la vida. Ustedes opinan que la ley no es lo mejor, nosotras opinamos que sí. Pero por la vida estamos todos. Una última referencia literaria: habrán escuchado hablar de los seis grados de separación. Es una teoría que está tomada de un cuento, de un escritor húngaro, Karinthy, que bajó lo que percibía con sus antenas y escribió un relato que se llama «Cadenas». Dice allí que si dos personas empiezan a conversar, enseguida encuentran una persona en común. Lo que popularmente se enuncia como «el mundo es un pañuelo». Pregunten a alguien de su familia, a quien tengan a su lado, sentada en la mesa de su casa, si en su círculo más íntimo o entre las amigas de sus hijas, hay mujeres que se hayan hecho un aborto. Si permiten dar ese diálogo, se van a sorprender porque las habrá. Menos de seis grados de separación. Abracemos a esas mujeres. Digámosles que no van a ir presas. Que ahora pueden decirlo. Que en un futuro, ellas u otras, si necesitan interrumpir un embarazo no será en condiciones clandestinas y precarias, sino con las mismas condiciones de salud con las que hoy se hace un aborto una mujer rica.

Y ustedes, diputados, que están por votar negativamente, piensen lo siguiente: hace muy poco hubo una ley de matrimonio igualitario, repasen los argumentos en contra de esa ley. Creo que hay congresistas que no quiere que aparezcan esos argumentos porque deben sentir una gran vergüenza, no sólo de lo que votaron, sino de las barbaridades que dijeron para oponerse. Barbaridades similares a las que se están escuchando hoy en día en contra de la ley del aborto. También ustedes, dentro de unos años, van a tener que mirar a los ojos a sus hijas y a sus nietas, cuando les pregunten: «¿Es cierto que vos votaste para que una mujer tenga dentro de su cuerpo un embrión que no deseaba?». «¿Es cierto que la obligaste a parir?». Y ustedes le van a tener que responder que sí. Y los ojos de esas personas les van a trasmitir el horror, la sensación de estar ante alguien que cometió un acto aberrante, tal vez un delito. Porque, ¿saben qué?, cambiaron los tiempos. Las mujeres estamos acá para defender nuestros derechos y no nos vamos a retirar. Más temprano que tarde habrá en este país Ley de Interrupción Voluntaria del Embarazo.

Así como nosotras vamos a seguir defendiendo nuestros derechos, les pedimos a ustedes, por favor, que cumplan con su deber.

¿Qué se espera de un escritor?*

Desde que fui convocada a dar este discurso de apertura de la Feria del Libro de Buenos Aires, me persigue una pregunta: ¿Qué se espera de un escritor? ¿Alguien espera algo de nosotros? Tal vez sí. Tal vez ni siquiera que escribamos un próximo libro. Cuando hace ocho años Griselda Gambaro tuvo que dar su discurso inaugural en la Feria de Frankfurt citó a Graham Greene, quien había dicho: «Debemos admitir que la verdad del escritor y la deslealtad son términos sinónimos (...) El escritor estará siempre, en un momento o en otro, en conflicto con la autoridad». Me atrae ese lugar para el escritor: el de conflicto con la autoridad. Entendiendo por autoridad —en nuestro caso— el Estado, la industria editorial y los intolerantes que pretenden imponer cómo debemos vivir. Me siento cómoda en un colectivo de escritores para los que la lealtad nunca deba ser con la autoridad, sino con el lector, con el ciudadano, con la literatura y con nosotros mismos. Y retomo el concepto tal cual lo expresó Gambaro: «Así debe ser por razones de sano distanciamiento en la preservación del espíritu crítico, de la disidencia como estado de alerta, si bien es preciso no confundir la disidencia —trabajo de pensamiento— con la estéril rutina del antagonismo sistemático». Quiero apropiarme también

---

* Discurso de apertura de la Feria del Libro de Buenos Aires de 2018.

de esa frase de Gambaro: disentir como estado de alerta, no como antagonismo sistemático.

La vida está llena de gestos que tienen un significado y tratamos de decodificar. Nosotros, como escritores, estamos atentos a los gestos que nos muestran la industria, el Estado y por supuesto los lectores. Los nuestros también importan, pero solemos creer que alcanza con escribir. Sin embargo, hay determinadas circunstancias sociales frente a las cuales la falta de acción o la falta de gesto explícito también trasmite un mensaje.

Quiero señalar algunos de esos gestos.

Los escritores somos parte de la industria editorial. Reivindico el ejercicio de la literatura como trabajo y nosotros como trabajadores de la palabra. Somos trabajadores dentro de una industria, pero a veces ni nosotros mismos tenemos conciencia de ese estatus. La confusión puede deberse a que trabajamos haciendo lo que más nos importa en la vida: escribir. Hay textos inolvidables de George Orwell, Marguerite Duras, Reinaldo Arenas, acerca de por qué escribimos. Dice Arenas: «Para mí, escribir es una fatalidad, no una razón; una fuerza natural, no una interpretación». Podría suscribir lo que dicen todos ellos, en especial sumarme a lo que dice Arenas porque creo que cualquiera de esas búsquedas del origen de la propia escritura son posteriores al acto. En el acto de escribir hay pulsión, escribimos porque no tenemos más remedio, porque si no escribiéramos no seríamos quienes somos. Creo en la escritura como una marca ontológica.

Nosotros tenemos plena conciencia de la crisis que atraviesa el sector; somos parte de la cadena de valor tanto como lo son todos los otros eslabones: el accionista que invierte en el negocio, el editor, el imprentero, el librero, el distribuidor, los correctores, los diseñadores, los traductores y cada uno de los que trabajan en la industria. Nos gusta lo que hacemos y tal vez, si tuviéramos de qué vivir, lo haríamos gratis. Pero el trabajo se paga. Se nos debe pagar en tiempo y forma lo que vale. Algunas editoriales lo hacen, algunas no. No se trata de tamaños: grandes, medianas o independientes, hay quienes hacen las cosas bien y quienes las hacen mal. En ese sentido yo me siento privilegiada. Pero tengo la responsabilidad de hablar no sólo por lo que me pasa a mí, sino por mis colegas.

Más allá de que el diez por ciento por derechos de autor —porcentaje que no tiene otra explicación que «porque siempre fue así»— se liquide semestralmente y sin ajuste por inflación, hay editoriales que pudiendo hacerlo no pagan anticipos y otras que proponen contratos infirmables que no resistirían un análisis ni jurídico ni ético. ¿Por qué los firmamos? Porque queremos ser publicados, porque sabemos lo difícil que es conseguirlo, pero también porque estamos convencidos como *El mercader de Venecia* de Shakespeare, que aunque el contrato diga que deberemos pagar con una libra de carne, llegado el caso Shylock no será capaz de tomar el cuchillo y cortarnos un pedazo del cuerpo: error. Y porque estamos solos. Hay un estado de indefensión ante ciertos usos y costumbres que deberían ser revisados. Algunos tenemos la suerte de contar con un agente que nos defienda. Algunos tenemos la suerte de trabajar con editoriales que cumplen con sus obligaciones. Pero muchos escritores no. Ante esas inequidades hay una ausencia del Estado. Es poco habitual encontrar diputados que estén pensando leyes que nos protejan. Los jueces no entienden muchos de nuestros reclamos. Los distintos actores del Poder Ejecutivo no dan respuestas a preguntas sobre la continuidad de premios nacionales y municipales, la ley del libro o la jubilación de los escritores. No pretendo que nos digan que sí a todo lo que pedimos, pero pretendo un intercambio de opiniones y una respuesta que demuestre que se nos escucha. La ausencia de gesto también es un gesto. Los dramaturgos y guionistas cuentan con Argentores, que con errores y aciertos defiende sus derechos. El resto de los escritores no tenemos sindicato en el sentido estricto de la palabra. Tal vez porque somos seres muy solitarios y poco afectos a lo gregario es que nos cuesta reclamar en conjunto y este reclamo no puede ser individual. Tal vez porque sentimos que la literatura tiene que estar por encima de cualquier demanda. Y es cierto, la literatura debe estar por encima de cualquier demanda; pero hoy, en el 2018, los escritores somos un engranaje de una industria que genera bienes y servicios y nuestra tarea tiene que ser honrada como lo que es: trabajo.

Algunos gestos novedosos y positivos. Han surgido en los últimos tiempos colectivos con conciencia de la necesidad de visibilizar lo que nos pasa. Por un lado la Unión de Escritores, que en su razón de ser dice: «Somos un grupo de escritoras y escritores interesados en instalar el debate sobre la figura del escritor en tanto trabajador». Un grupo que iniciaron entre otros Selva Almada, Julián López, Enzo Maqueira, Alejandra Zina, y al que hemos adherido muchos más. Con ese debate, la Unión intenta lograr que escritores con menos experiencia adviertan que si alguien pide la libra de carne, no hay que firmar. Por otro lado está el nacimiento de NP literatura, una Asamblea Permanente de Trabajadoras Feministas del Campo Cultural, Literario e Intelectual que gestaron entre otras Cecilia Szperling, Florencia Abbate y Gabriela Cabezón Cámara. Ya adherimos más de trescientas cincuenta escritoras. NP literatura se define así: «Nosotras proponemos diez puntos para un compromiso ético y solidario en la búsqueda de la igualdad de espacios, visibilidad y puesta en valor de la mujer en el campo cultural, literario e intelectual».

Soy mujer y he tenido la suerte de hacer una carrera que me llevó a los lugares donde quería estar. Incluso a lugares que no había imaginado. Pero que en un grupo invisibilizado algunas logremos hacernos ver no invalida la oscuridad, sino que la potencia. Me han hecho infinidad de entrevistas relacionadas con la Feria del Libro y en muchas me preguntan cómo me siento, dada mi condición de mujer, por abrir esta edición. Mi respuesta: «El año pasado la abrió Luisa Valenzuela». El error o el olvido denota la discriminación: es «exótico» que se le otorgue ese lugar a una mujer. Cuarenta y cuatro ediciones, cuatro escritoras. En estos días tuve la suerte y la amarga experiencia de escuchar numerosos ejemplos de discriminación e invisibilización de mujeres en el campo literario: en lo académico, en lo editorial, en lo institucional. No en la elección de los lectores. No en el éxito a lo largo del mundo. Voy a dar un solo ejemplo. Hoy los medios culturales a nivel mundial hablan de la literatura argentina nombrando entre otros, pero con mucha mayor frecuencia, a Samanta Schweblin y a Mariana Enriquez —finalistas del Booker Prize—. Schewblin vive en el exterior, pero a Enriquez la tenemos a pocas cuadras. Si quieren oírla no la busquen en el programa de la Feria porque acá no estará. Van a tener que ir al Malba cuando converse con Richard Ford. Un afortunado Richard Ford. Quiero marcar esto no como reproche, sino para que se vea. Como el mingitorio de Duchamp cada invisibilización grosera de una mujer trabajadora de la literatura debe ser sacada de su lugar y expuesta para que se tome conciencia. Los festivales de literatura y las ferias salvo honrosas excepciones están plagadas de mesas para debatir —entre mujeres, por supuesto— si existe la literatura femenina, literatura y feminismo, el papel de la mujer en la literatura. Pero en las mesas de cuento, novela, lenguaje, crítica, las mujeres son minoría o no están. Así como hoy creo que a nadie se le escapa lo políticamente incorrecto que resultaría preguntarle a Obama qué siente haber sido presidente de los Estados Unidos siendo afroamericano, o a Johanna Sigundardottir qué se siente ser presidenta de Islandia y lesbiana, llegará un día en que dará vergüenza preguntar qué se siente ser mujer y abrir la Feria del Libro.

Pero más allá de los gestos acerca de nuestros derechos particulares, quisiera ahondar en un gesto que me parece trascendental para definir si se le da importancia o no a la literatura: la formación de lectores. Nadie nace lector. Se llega a ser lector transitando un camino de iniciación. ¿Qué estamos haciendo todos, la industria, los promotores culturales, nosotros escritores y especialmente el Estado para que haya cada día más lectores? Sin lectores no hay literatura. Lo dijo Sartre: «La operación de escribir supone la de leer como su correlativo dialéctico (...) Lo que hará surgir ese objeto concreto e imaginario que es la obra del espíritu, será el esfuerzo conjugado del autor y del lector. Sólo hay arte por y para los demás». Permítanme repetirlo, si no hay lectores no hay literatura.

Hace no mucho escuché a Martín Kohan hablando de un autor argentino que él considera de los mejores escritores contemporáneos y a quien lee muy poca gente. Kohan decía que su trabajo en la Universidad es revertir la situación, formar lectores que aprecien esa literatura y quieran leerlo. No se quejó de que muchos no lo lean, sino que expresó la conciencia de la necesidad de formar un lector. No cualquier lector se podrá encontrar con cualquier texto si no se lo entrena. Esta misma necesidad se puede transportar a otros niveles de lectura y concluiremos que hay argentinos que no están preparados para leer ningún texto. La democracia necesita ciudadanos y la lectura forma ciudadanos con pensamiento crítico y diverso. Aun sin la competencia con la TV, el cine, series o entretenimientos virtuales, si una persona no está entrenada para leer nunca elegirá esa opción. Está claro que si un chico sale de la escuela primaria sin poder leer de corrido no podrá ser lector. Y no hablo de operaciones básicas de lectura como la elipsis, la anticipación, comprender una metáfora, poder hacer relaciones en base a conocimientos previos. Hablo de leer de corrido. Como primer paso tenemos que exigir que los alumnos terminen la escuela primaria con las habilidades indispensables para ser lectores. Lo tenemos que exigir no por la literatura, sino por ellos. De otra manera estarán condenados a la exclusión. Es una deuda de la educación que lleva décadas. Luego buscar la manera de trasmitir el entusiasmo por la lectura. Si de verdad un país cree en la importancia de leer, la promoción de la lectura debe ser una política de Estado.

Además de lo mucho que esta Feria hace por la promoción de la lectura, hay tres modelos muy exitosos que me gustaría destacar. Uno es el que desde hace años desarrollan Mempo Giardinelli y Natalia Porta López en el Chaco. No he visto nada igual. Cientos de maestros, profesores y promotores de lectura absorbiendo materiales pero sobre todo energía para contagiarla a nuevos lectores. Es una actividad que emociona. El Estado debería apoyarla con vehemencia.

Otro ejemplo de promoción de la lectura exitoso es la Conabip, tan reconocido que en este momento hay personal de esa institución trabajando en el proceso de paz de Colombia, enseñando el modelo de inclusión social que significan las Bibliotecas Populares. Lo que sucede con la Conabip, además de deslumbrarme por su tarea, me conmueve porque es una obra de años que pudo sostenerse a través de distintos gobiernos. Las políticas culturales tienen que ser persistentes en el tiempo para que surtan efecto. Si un nuevo gobierno borra lo que hizo el anterior, estaremos siempre en la línea de largada. He visto la gran labor de la Conabip desde los años en que estaba María del Carmen Bianchi, hasta hoy que la dirige con tremendo entusiasmo Leandro Sagastizábal. No hubo ruptura por cambio de gobierno, el que llegó lo hizo para sumar. Así debería ser siempre. Por último, el Filba Nacional de la Fundación Filba, que cada año se traslada a una ciudad del interior a llevar literatura. El festival está pensado en cada caso para el público local. No son los lectores quienes deben trasladarse sino los escritores; además de que visibiliza autores de la región. Federalismo puro, eso que vemos tan poco a pesar de lo que dice la Constitución.

Vuelvo a la pregunta inicial, ¿qué espera el lector de un escritor?, ¿qué espera un ciudadano de nosotros aunque no nos lea? En el mejor de los casos, como dije, un próximo libro que satisfaga lo que cada lector busca: suspenso, manejo del lenguaje, personajes inolvidables, entretenimiento, incomodidad, inteligencia, ampliación del mundo propio. Cada lector exige a su manera. Pero además de un próximo libro, ¿se espera que opinemos sobre determinados asuntos de la realidad? Tenemos la habilidad de ver con un lente más fino y mostrar lo que vemos con palabras.

¿Debemos usar esa herramienta? ¿Esperan que lo hagamos? Hay escritores a los que no les interesa esta intervención. Hay otros a los que sí les interesa, pero les da temor. Hay algunos a los que les interesa en exceso, tampoco es necesario opinar de todo. Hace un tiempo Juan Sasturain contó en la contratapa de *Página 12* cómo trataba de mantenerse en silencio en reuniones familiares o con amigos para no entrar en discusiones. Hasta que de pronto alguien tocaba un tema y al hacerlo trazaba una línea que lo obligaba a dejar claro de qué lado estaba. Coincido con él. El año pasado vivimos acá, en esta Feria, una experiencia parecida cuando se convocó a una marcha para repudiar el intento de aplicar el cómputo de 2 × 1 a las condenas de militares por sus crímenes durante la dictadura. Muchos de nosotros y la misma Feria del Libro como institución decidimos suspender nuestras actividades para ir a la marcha. Hace pocos días, nos pasó lo mismo a cuatrocientas escritoras que acordamos defender con nuestra firma y con nuestro cuerpo la Ley de Interrupción Voluntaria del Embarazo. Yo sentí en la calle el agradecimiento por esos gestos en aquella oportunidad y ahora, la confirmación de que eran necesarios. Sin embargo, nos cuesta apropiarnos de ese espacio de intervención pública. Tal vez sea porque nos incomoda la palabra «intelectuales», como definición del escritor que interviene en la sociedad. Lo explica muy bien Carlos Altamirano en su artículo: «Intelectuales: nacimiento y peripecia de un nombre». Dice: «El concepto de intelectual no tiene un significado establecido: es multívoco, se presta a la polémica y tiene límites imprecisos, como el conjunto social que se busca identificar». El uso del término en la cultura contemporánea nace en Francia en el año 1898 con el debate por el caso Dreyfus. En 1894, el capitán del Ejército francés Alfred Dreyfus, alsaciano y de origen judío, fue arrestado bajo la acusación de haber entregado información secreta al agregado militar alemán en París. Con pruebas inexistentes o controvertidas, se lo condenó a cadena perpetua en la Isla del Diablo. Aunque luego quedó claro que era un error, los jefes militares se negaron a revisar el caso, sostenían que admitirlo afectaría la autoridad del Ejército. Pero, como diría años después Graham Greene, el lugar del escritor es el de conflicto con la autoridad y Émile Zola se involucró en el affaire. En enero de 1898 publica en *L'Aurore* su carta abierta al presidente de la República francesa, *Yo acuso*. El título se lo debemos al jefe de redacción, Georges Clemenceau. Zola advierte sobre la violación de las formas jurídicas en el proceso de 1894 y exige una revisión. Muchas firmas de peso lo acompañaron: Anatole France, André Gide, Marcel Proust. También muchísimos desconocidos, profesores, maestros, periodistas. A los pocos días Clemenceau hizo referencia a quienes firmaron como «esos intelectuales que se agrupan en torno de una idea y se mantienen inquebrantables». Un nuevo actor colectivo —en palabras de Altamirano— «proclamaba su incumbencia en lo referente a la verdad, la razón y la justicia, no sólo frente a la elite política, el Ejército y las magistraturas del Estado, sino también frente al juicio irrazonado de una multitud arrebatada por el chovinismo y el antisemitismo». En cambio Maurice Barrès, en un editorial de *Le Journal*, los descalificó diciendo: «Estos supuestos intelectuales son un desecho inevitable del esfuerzo que lleva a cabo la sociedad para crear una elite». Vuelvo a citar a Altamirano: «El debate sobre el caso Dreyfus deja ver que la apología del intelectual y el discurso contra el intelectual se desarrollaron juntos, como hermanos-enemigos. El conocimiento social es siempre impuro y la lucidez suele ser interesada».

Quizás sea el elitismo la acusación que más nos incomoda. Pero si la palabra intelectual incomoda la solución puede ser usar otra en lugar de no actuar. ¿Cuándo y cómo hacerlo? Cuándo lo sabrá cada uno. Cómo: con nuestros propios recursos. Los escritores tenemos herramientas literarias y lingüísticas que no todos poseen. No se trata de elite, se trata de oficio. De ser trabajadores de la palabra. Voy a destacar hoy tres: la conciencia lingüística, el punto de vista, la composición de los personajes.

La conciencia lingüística es un término que tomo de Ivonne Bordelois en *La palabra amenazada*. Dice Bordelois: «Pero si esta cultura ataca la conciencia del lenguaje es, en gran medida, porque de algún modo se adivina que en ella, además de la fuerza refrescante de la poesía, reside la raíz de toda crítica. Para un sistema consumista como el que nos tiraniza, es indispensable la reducción del vocabulario, el aplanamiento y aplastamiento colectivo del lenguaje, la exclusión de los matices». Nosotros tenemos conciencia lingüística y por lo tanto podemos señalar a la sociedad cuando el uso, la desaparición o la apropiación indebida de una palabra es parte de una operación del lenguaje para manipularnos. Hace poco hablé de la palabra vida en los debates por la legalización del aborto. Hoy quisiera traer otra palabra que creo que fue usada de una manera que nos hizo mucho daño: grieta. Todos sabemos lo que es una grieta. Pero la palabra se usó para definir la división de nuestra sociedad por pensar diferente. Si hay una grieta hay dos territorios separados por un vacío. No hay puentes. No hay comunicación posible. Si uno quiere pasar de un lugar al otro para dialogar se cae en una zanja. Los que no se sienten parte de ninguno de los dos sectores están condenados a desplomarse en ese tajo hecho casi de violencia: una grieta no se piensa, no se planea, desgarra la superficie de forma antojadiza. La democracia es pluralidad de voces viviendo en un mismo conjunto y espacio social. ¿Éramos una grieta o el lenguaje operó sobre nosotros y nuestras diferencias para que no haya diálogo posible? Tal vez, si hubiéramos hecho una advertencia desde la conciencia lingüística la historia sería diferente.

Tenemos otro recurso muy valioso: el punto de vista. Nadie mira el mundo desde la misma ventana y por lo tanto no hay una sola imagen posible. Cuando escribimos elegimos desde qué personaje contaremos la historia y eso es una decisión trascendental. El cuento «En el bosque», de Akutagawa, nos muestra que, en ciertas ocasiones, incluso en un crimen, no existe una única verdad. Entender el concepto de punto de vista, en vez de dibujar una grieta, podría ayudar a ponernos en la ventana del otro para mirar el mundo, aunque luego se termine eligiendo la ventana propia.

Por último la composición de los personajes. Cuando creamos un personaje necesitamos que tenga lo que Mauricio Kartun llama *tridimensionalidad*, que el personaje no sea plano ni maniqueo. Ese requerimiento nos obliga a hacer un ejercicio de humildad: un personaje no piensa ni actúa como nosotros, lo hace desde su propia identidad. Cuando alguien lee también tiene que hacer ese ejercicio. Caminar con los zapatos de otro ayuda a comprender que ese otro vivirá su vida como lo indique su historia personal y su esencia. Y esa comprensión nos puede enseñar a no juzgar, a abrazar aun después de un acto que no compartimos. En dos de mis novelas y en un cuento toqué la temática del aborto. Pero no me arrogué la vida de mis personajes, no los hice actuar como yo habría actuado. En *Tuya*, la adolescente que queda embarazada y concurre a un consultorio clandestino finalmente decide no abortar. En el cuento «Basura para las gallinas» una madre le hace un aborto a su hija con una aguja de tejer tal como vio a su propia madre hacérselo a su hermana. En *Elena sabe*, una mujer es secuestrada por otra en el momento que está por entrar a hacerse un aborto; años después la mujer que no pudo interrumpir el embarazo es una persona gris que no ha superado el trauma que le ocasionó tener un hijo contra su voluntad.

He mencionado muchos libros en esta tarde de apertura de la Feria. Esa tarea, la de prescribir lecturas como una entusiasta receta médica, es algo que aprendí de mi maestro Guillermo Saccomanno. Cuando empecé a trabajar con él me entregó una lista de más de cien libros imprescindibles que aún conservo, y a la que le fue sumando generosas recomendaciones a lo largo de los años. Me gusta recomendar lecturas también. Podría entusiasmarlos con distintos libros ahora mismo. Pero dado el debate que hoy nos atraviesa y en mi rol de escritora que sí desea intervenir en la sociedad, quiero dejarles una pequeña lista de novelas, textos de no ficción y cuentos que plantean el tema no sólo del aborto sino del derecho a la no maternidad, una cuestión clave en ese debate. En la buena literatura no encontrarán verdad sino puntos de vista, personajes que ante un abismo toman decisiones según su esencia y nunca, ojalá, preceptores de moralidad.

Va mi lista. Anoten: *Lanús*, una novela de Sergio Olguín, *Pendiente*, una novela de Mariana Dimópulos, *¿Quién se hará cargo del hospital de ranas?*, una novela de Lorrie Moore, «Una felicidad repulsiva», un cuento de Guillermo

Martínez, «Colinas como elefantes blancos», un cuento de Ernest Hemingway, *Príncipes de Maine*, una novela de John Irving, *La importancia de no entenderlo todo*, un libro de artículos de Grace Paley, *A corazón abierto*, una novela de Ricardo Coler, «La llave», un cuento de Liliana Heker, *Santa Evita*, una novela de Tomás Eloy Martínez, *Enero*, una novela de Sara Gallardo, *Las palmeras salvajes*, una novela de William Faulkner, *Contra los hijos*, un libro de no ficción de Lina Meruane, «El curandero del amor», un cuento de Washington Cucurto, *Vía Revolucionaria*, una novela de Richard Yates. Sumen los suyos y pásenmelos.

Antes de despedirme mi especial recuerdo para Liliana Bodoc, una ferviente trabajadora de la palabra. Liliana fue una mujer que vivió dando gestos, hermosos gestos. Y en disidencia como estado de alerta. A ella también tendrían que leerla si aún no lo hicieron.

Buenas tardes, disfruten la Feria del Libro de Buenos Aires.

Muchas gracias.

La voz potente de la impotencia[*]

No soy académica, soy escritora, así que trataré de ajustarme a lo que nos convoca con la mirada que corresponde a lo que soy: la de la ficción, el relato y la palabra. La literatura se hace con palabras y narración. Creo que vale la pena hacer un repaso del texto de Walter Benjamin titulado, precisamente, *El narrador*, para preguntarnos: ¿Quién narra? ¿Cómo narra? ¿Con qué palabras? Dice Benjamin: «La experiencia que se trasmite de boca en boca es la fuente de la que se han servido todos los narradores». Y señala que los más grandes narradores son los que menos se apartan —en sus propios textos— de los numerosos narradores anónimos que los precedieron. En cuanto a estos, Benjamin propone dos categorías: el que viaja, el que viene de lejos (al que llama el marino mercante), y el que nunca abandonó su tierra de origen, que conoce sus historias y tradiciones (el campesino sedentario). «Es así que la figura del narrador adquiere su plena corporeidad sólo en aquel que encarne a ambas». Esa unión de las dos categorías se empieza a dar a partir de la Edad Media, cuando se aúna en la corporación artesanal «la noticia de la lejanía, tal como la refería el que mucho ha viajado de retorno a casa, con la noticia del pasado que prefiere confiarse al sedentario».

---

[*] Ponencia en el VII Congreso Internacional de la Lengua Española, Córdoba, 2019.

Podemos pensar estas dos categorías no ya en la narración sino antes, en la lengua como sistema de comunicación que se construye a través del tiempo. Y en lo que significó para la lengua española su uso en un territorio nuevo: América. Pero en el caso del continente americano, el marino mercante y el campesino que señala Benjamin no hablaban la misma lengua. A esta altura de nuestra historia en común hay que reconocer que la lengua española funcionó como amalgama, permitió contar historias y tradiciones a un lado y otro del mar. Sin embargo, quinientos años atrás, hay un hecho histórico, descriptivo, que no sería honesto soslayar: el español fue, en el origen, la lengua del conquistador. El narrador que no viajó, el que ya estaba aquí, tuvo que adaptarse a una nueva lengua, y en muchos casos abandonar la propia, para lograr esa amalgama. La lengua española en las Américas es una lengua impuesta. Que eso haya pasado cinco siglos atrás y que hoy podamos decir que hemos constituido una cultura iberoamericana en común no hace desaparecer aquel origen, aquel acto fundacional del uso de la lengua española en Latinoamérica. Incluso más de trescientos años después de la llegada de España al territorio americano, en julio de 1816, cuando se redacta nuestra acta de la Independencia, sancionada por el histórico Congreso de Tucumán, se contempla esta diversidad de lenguas: escrita en idioma español fue traducida al quechua, al aymará y al guaraní para que tuviera la suficiente difusión y apoyo. Hoy, siglo XXI, disfrutamos el uso de esta lengua en la literatura, en la oralidad, en el folclore. Pero, aun así, existen marcas de aquella fundación, una resistencia ancestral sigue haciendo eco en los usos y particularidades de la lengua en cada uno de los distintos lugares donde se la habla. La lengua de todos nosotros, el español que armamos entre todos, es suma, es riqueza en la diferencia, es compartir, pero también, en América, es la consciencia plena de aquel origen.

De hecho, y para propiciar esa unión, en futuras ediciones este congreso, tal vez, debería llamarse Congreso de la Lengua Hispanoamericana. Poner sobre la mesa esta cuestión cuando hablamos de la lengua que compartimos creo que nos hará bien a todos. Mi padre era español, mis cuatro abuelos también, de hecho yo tengo esa nacionalidad, si tuviera que elegir otro país donde vivir probablemente elegiría España. Pero lo que no se habla produce malestar. Dice George Steiner: «El lenguaje sólo puede ocuparse significativamente de un segmento de la realidad particular y restringido. El resto, y probablemente la mayor parte, es silencio». Soy escritora, y los escritores estamos encaprichados en ponerle palabras al silencio, a los silencios actuales y a los anteriores, incluso a los que vienen desde quinientos años atrás.

En el 2019, me resulta imposible no hacer un paralelismo entre una lengua que quiere imponerse sobre otras habladas en un territorio dominado y la férrea oposición de muchos a que la lengua se modifique adoptando los usos que introdujo la perspectiva de género. De nada sirve ni oponerse ni tratar de imponer un lenguaje atravesado por la realidad: la lengua está viva y siempre será, con el tiempo, lo que el uso determine. No sabemos hoy si el lenguaje inclusivo terminará siendo adoptado por quienes hablamos esta la lengua, lo sabremos en el futuro. Pero muchos de los que están en contra del uso del lenguaje con perspectiva de género argumentan desde el lugar de una supuesta superioridad, con subestimación y algo de prepotencia. Casi como el conquistador que impuso sus reglas en otro territorio y no acepta modificaciones. Y en este caso y en este siglo el territorio no es geográfico sino humano: la mujer y las personas no binarias.

Dicho esto, y justamente por lo expresado, quiero traer hoy a este Congreso de la Lengua tres ejemplos de literatura, oralidad y folclore que me parecen ilustrativos de esa amalgama que terminó siendo el español en Latinoamérica. Tres «narradoras» en palabras de Benjamin: Mariana Carrizo, Charo Bogarin y Miss Bolivia (María Paz Ferreyra).

Mariana Carrizo es una coplera salteña, nació en Angastaco, una pequeña población rural en los Valles Calchaquíes. La copla es una forma poética que se usa como letra de canciones populares. Hay distintos tipos de coplas. Nosotros tuvimos un coplero extraordinario, Aledo Meloni, que nació en Buenos Aires pero vivió la mayor parte de su vida en el Chaco. Federico García Lorca y Rafael Alberti han cultivado también la copla. La variedad que hace Mariana Carrizo es la llamada «copla andina», un arte considerado milenario que en las provincias del Norte argentino practican las mujeres casi con exclusividad. Dijo Mariana cuando le preguntaron de dónde salen sus coplas: «Yo sé lo dura que es la vida en los cerros, no es como la muestran las postales. La gente baja para vender sus cositas, quesos, charqui, pasan días enteros durmiendo a la intemperie, con frío, lluvia, tormentas. Y por ahí cuando llegan lo que sacan no les alcanza para comprar lo que necesitan o la novedad que llegó al almacén del pueblo. Esa impotencia se hace copla». Repito esa última frase que creo una marca de identidad en el trabajo de Carrizo: «la impotencia se hace copla». Con esa impotencia soportó las cinco horas que estuvo en un cuarto minúsculo en el aeropuerto de Barajas porque no la dejaban entrar a Europa, según ella deduce, por portación de trenzas y rasgos autóctonos, a pesar de que lleva once giras por ese continente y ha cantado con artistas como Lila Downs, Cecilia Todd, León Gieco y Dino Saluzzi. De esa impotencia también salieron las «Coplas verdes» de Mariana Carrizo:

> *(...) Salga el sol, si ha de salir*
> *También que salga la luna*
> *El aborto será ley*
> *Pa' que no muera ninguna*
> *Soy salteña, libre y dueña.*
> *Soy salteña, libre y dueña.*

Después de cantarla fue amenazada de muerte y su casa fue apedreada. Sí, en el siglo XXI, en Salta, Argentina, la casa de una mujer fue apedreada por cantar una copla.

La segunda narradora que quiero mencionar es Charo Bogarin, una cantautora que nació en Clorinda, Formosa. Es también bailarina, actriz y periodista de la UNNE en Corrientes. Su mirada está puesta sobre el canto de las mujeres quom, y lo hace con una perspectiva antropológica. Para rescatar la memoria ha hecho recopilaciones de canciones en quom, mbya y guaraní. Da talleres de canto ancestral, donde los participantes tienen un acercamiento a la cosmovisión toba a través de la fonética que le permite entonar sus cantos. Uno de sus trabajos que más me interesan es la traducción de autores emblemáticos argentinos (León Gieco, María Elena Walsh, Víctor Heredia) a la lengua quom. Así las historias, los textos, los poemas, las canciones viajan en el sentido contrario: del español a la lengua originaria; el marino mercante escucha el canto en la lengua del campesino sedentario.

Así canta Bogarín «Cinco siglos igual», de León Gieco (fragmento):

Ndalec hualec nla chigüini (Soledad sobre ruinas)
N tago'q huagui trigo (Sangre en el trigo)
Toxodaic y qovi (Rojo y amarillo)
Manantial del veneno
Natapshi, l'queemaxai (Escudo, heridas)
Cinco siglos nachi 'en 'am (Cinco siglos igual)
(...)

Por último, una tercera narradora: Miss Bolivia, psicóloga, cantante, productora discográfica. Miss Bolivia (María Paz Ferreyra) se dedica a hacer fusión. Y fusión es amalgama: fusiona los estilos de cumbia, dancehall, hip hop, bass, funk, moomba y house, utiliza tanto lo digital como la fuerza de los ritmos originarios. Usa en sus letras palabras y expresiones del español villero y del español tumbero: «a la gilada ni cabida», «tomate el palo», «yuta», «warrior», «ortiva», «caretas», «cagón».

Miss Bolivia escribió con Guillermo Beresnak la canción «Paren de matarnos» (fragmento):

(...) Si tocan a una, nos tocan a todas
El femicidio se puso de moda
El juez de turno se fue a una boda,
(...) Ovarios, garra, corazón
Mujer alerta, luchadora, organizada
Puño en alto y ni una menos
Vivas nos queremos
Paren
Paren de matarnos

Paren, paren
Paren de matar

Dice la Real Academia Española que folclore es el conjunto de costumbres, creencias, artesanías, canciones, y producciones semejantes de carácter tradicional y popular. Los trabajos de estas tres mujeres entran en esa definición. Pero también la exceden, porque son lenguaje vivo, cosmovisión, lucha, resistencia, la herida del acto fundacional, la voz potente que nace de la impotencia. Narradoras que recibieron el mensaje del viajero que viene de lejos, pero que no soltaron la tradición y la historia de quienes se quedaron en la tierra de origen. Mujeres que no aceptan, en el siglo XXI, un conquistador.

El lugar del escritor (?): literatura y compromiso[*]

Quisiera volver, en esta mañana, sobre ciertos conceptos en los que trabajo desde hace un tiempo. Algunos ya aparecieron en ponencias y conferencias anteriores. En especial en la apertura de la Feria del Libro de Buenos Aires en el año 2018. En esa ocasión hablé del conflicto con la autoridad y la disidencia como estado de alerta. Sobre esos conceptos quiero trabajar hoy también. Porque es en ese lugar, en el del conflicto con la autoridad y la disidencia como estado de alerta, donde me siento más cómoda. Allí es donde elijo pararme, como escritora, dentro de la sociedad a la que pertenezco.

Pero antes de arrancar, me gustaría pedirles un ejercicio de simulación. Que se sacudan un poco, que aflojen músculos, articulaciones y estructuras internas. Y que luego volvamos al título de mi conferencia.

El lugar del escritor: literatura y compromiso

Lo primero que quiero hacer es cambiar el título que yo misma puse adrede y con el objetivo de que el cambio posterior tenga un significado.

Lo cambiaría por el siguiente:

---

[*] Fragmento de una ponencia en la Cátedra Bolaño, Santiago de Chile (2019) y revisada para esta edición.

364

El lugar de la escritora: literatura y compromiso

Y no es que quiera dejar afuera a los hombres al pasarlo del masculino al femenino, sino que lo que pretendo es que los varones se sientan incluidos en la versión femenina del sustantivo que surge a partir de verbo escribir. Así como a nosotras nos han entrenado durante siglos para sentirnos incluidas en el modo masculino de sustantivo, escritor, quiero intentar que los hombres hoy hagan lo mismo que las mujeres hemos hecho por tanto tiempo: aceptar una convención. ¿Se puede? ¿Cuesta sentirse parte del universal «las escritoras» siendo hombre? ¿Tanto? ¿No?

Desde niñas, desde que aprendimos a hablar, supimos que si alguien decía «alumnos, pasen al aula», aunque se tratara de una clase donde el setenta y cinco por ciento del alumnado estuviera compuesto por mujeres, también nos estaban llamando a nosotras. Y, por lo tanto, entrábamos. Si nuestros padres hablaban de sus «hijos» —aunque tuvieran cinco niñas y un varón—, sabíamos que en ese universal estábamos nombradas. En el colegio, como alumnas o como madres, cuando mandaban comunicaciones encabezadas por «queridos padres» —y a pesar de que la nota la leyera, en la mayoría de los casos, sólo la madre— entendíamos perfectamente que el masculino se refería a ella, o sea, a nosotras.

Así nos educaron, sumisas frente algo que no es más que una norma establecida desde el poder, en este caso el poder de quien decide el uso de una lengua. Lo aprendimos, lo aceptamos y marchamos por el mundo sin cuestionarlo. Hasta que desde hace algunas décadas, esta convención empezó a incomodar. Porque, por fin, nos dimos cuenta de que no es una convención ingenua que se limita sólo a elegir una forma de nombrar el mundo. El lenguaje construye realidad y no es necesariamente cierto que el «padres» siempre incluye a las mujeres, ni el «ciudadanos», ni el título universitario que figura en el diploma de tantas de nosotras: «arquitecto», «abogado», «contador». Mi abuela, por ser mujer, no podía votar; por lo tanto, no estaba incluida en el «ciudadanos». Mi madre, por ser mujer, no tenía la patria potestad de sus hijos ni disponía de los bienes del matrimonio; así que tampoco estaba incluida, a los efectos legales y económicos, en ese «padres». Yo, egresada de la Universidad de Ciencias Económicas con el título de Contador (en masculino), no estuve incluida en la selección de personal para el mejor estudio de auditoría de Buenos Aires, filial de un estudio americano, hasta que desde EE. UU. obligaron a la empresa a cumplir con una ley de minorías y contratar disidencias; entre ellas, mujeres. Recién entonces, gracias a una ley de cupo y extranjera, pude ser parte de ese estudio; antes no, aun teniendo el mejor promedio de la Universidad de Buenos Aires y medalla de honor. Lo más llamativo es que ninguno de los ejemplos mencionados fue hace tantos años: ni el de mi abuela, ni el de mi madre, ni el mío.

Por eso es que hoy propongo hacer el esfuerzo contrario: que al decir «escritora» los hombres que escriban se sientan incluidos, se sientan nombrados. Si nosotras lo hemos soportado durante tantos siglos, sin duda los varones también lo lograrán.

Ahora bien, apuesto que si en el anuncio original de esta conferencia yo hubiera titulado «el lugar de la escritora», muchos habrían pensado que se trataba de una charla sobre mujeres. Al poner el título no quería ni confundir ni develar mis intenciones, por eso preferí usar el universal masculino al que tanto estamos acostumbrados. Pero quiero dejar claro que cuando se enuncia «el lugar del escritor» yo ya no me siento representada como sí lo sentía hasta hace poco, no me siento más cómoda si se me nombra de esa manera. Sé que estoy incluida; pero algo me inquieta, me raspa, me retuerce las tripas. Esta sumisión ancestral a una forma de uso del lenguaje que formateó el mundo a favor de los varones dejó de funcionar para muchas personas. ¿Por qué? Porque elegimos pararnos en el lugar donde está el conflicto con la autoridad y la disidencia como estado de alerta.

Cuando el lenguaje incomoda, entonces muta, cambia, crece. Nadie usa palabras que no nombran lo que queremos nombrar. Si la palabra escritor deja de nombrar a mujeres y hombres que escriben, terminaremos encontrando otra forma de nombrarnos que nos incluya a todos, todas, ¿todes? Usaremos aquellas palabras con las que nos encontremos más cómodos y se impongan a fuerza de uso. Mientras tanto propongo este cambio, sólo por hoy, como señal de apertura a un nuevo e irremediable cambio de paradigma. Tal como en un partido de fútbol a los cuarenta y cinco minutos los jugadores cambian de arco para que el encuentro sea más justo, juguemos a que en este segundo tiempo les toca a los varones sentirse incluidos cuando decimos «escritoras».

Ahora propongo otro ejercicio, todas las escritoras, hombres, mujeres o no binarios, elijamos una batalla que se libra hoy día, en nuestra sociedad en su conjunto. Y preguntémonos si como escritoras (escritores, para el que aún no pudo relajar y dejarse nombrar por el femenino) queremos dar esa batalla, si queremos intervenir de algún modo o no, ya sea con la escritura o como activistas. Sin dudas, uno de los movimientos políticos y sociales más vivos —en

América, en Europa, y probablemente en muchas otras partes del mundo— es el movimiento de mujeres. Ese movimiento está hoy en conflicto con la autoridad. Pero ¿quién es la autoridad contra la que nos rebelamos las mujeres? Como ha dicho tantas veces Rita Segato, ese otro contra el que tenemos que pelear no son los hombres, sino el patriarcado. Cito a Segato: «Es, en ese sentido, que el ejercicio de la crueldad sobre el cuerpo de las mujeres, pero que también se extiende a crímenes homofóbicos o trans, todas esas violencias, no son otra cosa que el disciplinamiento que las fuerzas patriarcales imponen a todos los que habitamos ese margen de la política, de crímenes del patriarcado colonial moderno de alta intensidad, contra todo lo que lo desestabiliza».

Hoy, nosotras somos desestabilizadoras de un orden establecido y eso asusta a quien quiere mantener el estado anterior de las cosas, aterra al que siente que va a perder su lugar de privilegio. Ese poder desestabilizador nos pone en un lugar de riesgo, en el que nos tenemos que cuidar entre todas.

Entonces repasemos nuestros acuerdos hasta ahora:

1. Si digo escritoras, los hombres que escriben deben sentirse incluidos en el sustantivo; porque hoy, al menos hoy, queremos que nos den el gusto de que el universal se arme a partir de lo femenino y no de lo masculino.

2. Asumimos que uno de los movimientos más vivos política y socialmente, en lo que va del siglo XXI, es el movimiento de mujeres. Se trata de urgencias. A las mujeres nos matan, las mujeres aun hoy en distintas partes del mundo no tenemos los mismos

derechos que los hombres, el aborto sigue penado en muchos países y cuestionado por un nuevo conservadurismo en otros, las mujeres aportamos un alto porcentaje de trabajo gratuito en las sociedades a las que pertenecemos.

La rebelión a esa autoridad constituida surge de la consciencia de que el campo de batalla es nuestro cuerpo. La vehemencia y violencia con la que fuimos atacadas las mujeres que nos manifestamos a favor de la ley de aborto, durante los debates de 2018 y años siguientes, demuestra que hay quienes piensan que tienen propiedad sobre nosotras y que la pueden ejercer en nombre de la religión, las buenas costumbres, o de lo que sea. Y que no están dispuestos a perder esa propiedad.

Ahora volvamos a la pregunta que surge del título de esta charla: ¿Debe una escritora (escritor) intervenir en estos hechos sociales? ¿Cuál tendría que ser su papel? Si la respuesta a la primera pregunta es afirmativa tenemos dos caminos para responder la segunda, que pueden no ser excluyentes: la literatura y el activismo. Sin embargo, hay diferencias. Cualquier intervención política que hacemos desde la literatura no necesariamente es voluntaria; no escribimos con el afán de cambiar el mundo, sino de contarlo. Escribimos para modelar el lenguaje como si fuera arcilla, para narrar historias, para crear personajes, para inventar mundos. Si alguno de esos textos mueve una cuestión real en una sociedad, en un tiempo y en un espacio determinado, seguramente no habrá sido por voluntad de quien lo escribió. Pero sí es cierto que la literatura de una época contribuye a la educación sentimental de las personas incluidas en esas generaciones. Y la educación sentimental que hemos tenido hasta hace poco nos hizo aceptar como «normal» una serie de reglas que muchas veces fueron y son injustas. Quienes se educaron leyendo a la extraordinaria poeta uruguaya Idea Vilariño habrán aprendido los versos que dicen «quisiera morir de amor para que supieras cómo y cuánto te he querido». Será muy diferente a lo que reciba quien se eduque sentimentalmente leyendo *Ser palestina* o *Contra los hijos* de Lina Meruane o *Distancia de rescate* de Samanta Schweblin. *Madame Bovary* estuvo a punto de no publicarse por pleitos en los que se argumentaban «delitos de ultraje a la moral pública y religiosa y a las buenas costumbres», pero Flaubert seguramente no tuvo esa intención cuando lo escribió. Con una novela como *Orlando*, Virginia Woolf revolucionó la sociedad inglesa de comienzos del siglo XX, pero es probable que no haya sido la intención de Woolf al escribirlo. Toda novela, lo desee o no, configura un relato de la historia y del estado de las cosas. Aunque el texto en cuestión puede ser inocuo, complaciente con las reglas del mundo establecidas hasta entonces, o subversivo.

Pasemos al rol de la escritora (escritor) como activista. Y permítanme contar cómo ha sido esta toma de posición con mi propio ejemplo. Si bien siempre me sentí un ser político y una escritora con postura política, no intervine en la esfera pública abiertamente hasta el año pasado. Antes tuve participaciones aisladas, en la mayoría de los casos relacionadas con los derechos humanos y con situaciones que podían poner en peligro el «Nunca más» que, como sociedad, asumimos con respecto a los crímenes aberrantes perpetrados durante la última dictadura militar en la Argentina. Pero el año pasado se abrió en mi país el debate sobre la Ley de Interrupción Voluntaria del Embarazo y eso me dio la oportunidad de participar en un debate cuyo tema ya estaba en mi literatura, sin voluntad de cambiar el mundo, pero desde muchos años atrás. En *Tuya*, mi primera novela, una joven que vive en una familia tipo —con roles de madre, padre, «somos todos felices»— se plantea la posibilidad de hacerse un aborto. En *Elena sabe*, mi tercera novela, una mujer que no desea ser madre es obligada por otra mujer a seguir adelante con un embarazo y tener un hijo. Mi novela *Una suerte pequeña* trabaja sobre el deseo de la no maternidad. Uno de los cuentos incluidos en mi último libro, *Quién no*, llamado «Basura para las gallinas», narra una situación de aborto en condiciones de máxima vulnerabilidad. Todas estas historias las escribí hace varios años atrás. Por lo tanto, cuando se abre el debate sobre el aborto en la Argentina, lo que se me plantea es participar o no en la esfera pública para debatir un tema en el que venía trabajando en la literatura, desde hacía rato. Y al tema específico del aborto podemos agregarle la hipocresía, el silencio, el qué dirán, el rol impuesto a la mujer, el deseo de no ser madre, la mentira. Todos estos temas presentes en mi literatura también tienen que ver con la prohibición del aborto. Así que cuando la «Campaña por el aborto legal seguro y gratuito» me pidió que fuera a hablar al Congreso, a las comisiones donde diputados y senadores se informaban antes de votar o no la ley, me pareció que tenía la oportunidad de llevar a la acción una reflexión de años. Pero también tenía una responsabilidad: la de aceptar un rol público desde donde hablar, lugar que me otorgaba la sociedad a la que pertenezco por el hecho de ser escritora. Por esas comisiones del Congreso habían pasado médicas y médicos, abogadas y abogados, especialistas en distintos aspectos relacionadas con el aborto. Pero la Campaña sentía que se necesitaba que fueran a exponer personas que, por el campo de donde venían, tuvieran más posibilidades de ser escuchadas por los congresistas. A esa altura del debate se encontraban con que, mientras un extraordinario orador especialista en la materia exponía, los parlamentarios estaban hablando por teléfono, pidiendo un café, o conversando. Así es como aparecimos en el Congreso escritoras, actrices, periodistas, conductores de TV, cantantes, etcétera.

En esa oportunidad, acepté. Y a partir de allí, cada vez que se me dio la posibilidad de poner la palabra en función de esta causa, la tomé como una responsabilidad cívica.

Para el último punto, me gustaría hacer un camino inverso. Quisiera ir desde la situación de la mujer en la sociedad de hoy hacia la situación particular de las escritoras mujeres. Ya hablamos de cuál es el conflicto y cuál la autoridad en la sociedad toda. Pero déjenme repetir algunos conceptos. Sin dudas, el conflicto se provoca por el atrevimiento de las mujeres, al exigir compartir un espacio de poder que —según las reglas que han manejado el mundo hasta hoy— les ha sido negado. Por convención llamemos a esas reglas: el patriarcado. Es evidente que las mujeres estamos dando una batalla contra esa autoridad. Una autoridad que durante siglos dijo cómo teníamos que vivir, sentir, utilizar nuestro cuerpo, amar, procrear, ser madres sin osar no serlo, cuidar a los otros. Y al rebelarnos contra esa autoridad, lejos de sentirnos solas tomamos consciencia de la fuerza que supone el movimiento de mujeres.

¿Se replica esta lucha de la sociedad en su conjunto dentro del campo literario?

Sin dudas.

El mundo de la literatura es aún, y a pesar de notables mejoras, un mundo falocéntrico, entendiendo como tal la definición de Derrida que hace referencia a la existencia de un privilegio de lo masculino sobre lo femenino. Y en la marginalidad, en lo que queda definido en las orillas y fuera de esa élite, no están sólo las mujeres, sino los hombres que no se ajustan a ese modelo falocéntrico y las personas no binarias.

Dice Matilde Sánchez en su artículo «El canon y sus guardianes de hierro» publicado en el diario *Clarín* en marzo de 2018: «Es una crítica generalizada e irrefutable que los escritores del boom no ayudaron a promover a contemporáneas tan excepcionales como las mexicanas Rosario Castellanos y Elena Garro (...) Tampoco proyectó a las brasileras Clarice Lispector y Nélida Piñón y, entre nosotros, a Sara Gallardo y Silvina Ocampo, contemporáneas de Cortázar». Y dice el escritor español José Ovejero en «El ataque de los hombres cuota», publicado en *La Marea* en junio de 2019: «Como si la excelencia fuese un criterio objetivo; como si el poder no desempeñase un papel en quién participa en qué actos; como si las amistades y las relaciones fuesen un asunto menor. Como si el canon estuviese libre de interferencias debidas al género, a la raza, al país de procedencia, a la clase social. (...)».

Espero que traer estos asuntos, estos debates y hasta estas quejas nos haya ayudado para reflexionar incluyendo puntos de vista diversos. Algo similar hemos tratado de hacer como jurados del premio Manuel Rojas que nos trajo a Chile, Cynthia Rimsky, Fabián Casas, Javier Vásconez, Alberto Fuguet y yo: incluir. Pensar la literatura desde los márgenes, honrar al escritor chileno que da nombre al premio dibujando un mapa literario honesto y más allá de las definiciones del poder que lo incluya. Por eso no dudamos en premiar a María Moreno. También o en próximas ediciones podríamos premiar a: Marcelo Mellado, Tomás González, Roberto Merino y tantos otros. No porque fueran hombres o mujeres, sino porque nos obligamos a poner la atención en la literatura que está en los márgenes, allí donde no siempre hay luces de colores que señalen el camino.

El peligro de las nuevas formas
de silenciamiento[*]

Más allá del agradecimiento a los organizadores por poder compartir este espacio, va un agradecimiento especial a Socorro Venegas, por el trabajo que lleva adelante junto a la editorial Páginas de Espuma y su director, Juan Casamayor, para rescatar las voces silenciadas de nuestra literatura. Apoyo y aplaudo su contribución a cuestionar los cánones y el lugar que ocupa cada quien en la literatura, así como a poner en duda la convicción de que conocemos a los mejores escritores del siglo xx, cuando tantas voces femeninas fueron silenciadas.

Algunas mujeres y disidencias lograron ser leídas y escuchadas, muchísimas no. Algunas mujeres y disidencias lo logran en el presente, muchísimas no.

El silenciamiento hoy opera de otro modo, y por otros medios. A veces, incluso, vía censura implícita, porque aunque nadie se quiere hacer cargo de la palabra censura, sigue existiendo. En algunas partes del mundo de forma directa, y en nuestro territorio por vías indirectas.

Me gustaría, entonces, hacer un breve recorrido por los orígenes de la literatura argentina, tomarla como un ejemplo seguramente con resonancias en otras literaturas lati-

---

[*] Fragmento de una ponencia en el Seminario Vindictas, Borrando Fronteras, de la Feria Internacional del Libro de las Universitarias y los Universitarios, Filuni, Ciudad de México, 2022.

noamericanas, para ver dónde está la semilla de esta invisibilización. Pero, sobre todo, me gustaría pensar con ustedes qué silenciamientos se están gestado hoy en la literatura actual, que puedan hacer que mañana —años o décadas más adelante— alguien se pregunte por qué se apagó la voz de una mujer, o tantas, del siglo XXI.

Pateando el tablero o cómo romper con el origen

La literatura de la mayoría de nuestros países reconoce sus cimientos fundacionales en textos escritos por hombres. Hombres con poder político o económico. No es novedad. Por ejemplo, en Argentina, se considera que la literatura arranca con el *Facundo* (1845), de Domingo Faustino Sarmiento, y con *El matadero* (1871), de Esteban Echeverría. Se podría sumar algún libro más, pero también se trataría de un autor hombre. El *Martín Fierro*, de José Hernández, por ejemplo. Decidir quién es el padre de las letras de cada país es una cuestión literaria pero también política, y la literatura funcionó para estos autores como proyecto de nación. No se convocaron voces femeninas —contemporáneas a esos autores— para participar en esa fundación. Nos dicen que las que publicaron en aquel entonces no estaban a la altura de esos textos que sin dudas son ineludibles. Puede ser, pero ¿cómo saberlo si no eran parte del poder y no llegaron a ser leídas? Por otra parte, sí las hubo, aunque tal vez narrando historias que el poder —político, económico, institucional— no podía permitirse pensar como fundacionales, porque son historias «de mujeres», mundos femeninos, familiares, íntimos. Tan de mujeres como

Facundo o *El matadero* es de varones, si se me permite la ironía. La literatura es universal, los asuntos que trata son universales. Las mujeres lectoras somos entrenadas desde pequeñas para entender que así es. A los hombres históricamente les costó más sentirse parte del universal si se les propone una historia protagonizada por mujeres, aunque vale decir que en nuevas generaciones esto cambió, y va mejorando. Muchos hombres no estuvieron o no están dispuestos a leer un relato de madre e hija, por ejemplo. A ninguna de nosotras, en cambio, se nos ocurriría no leer *Carta al padre* de Kafka o *La invención de la soledad* de Paul Auster con el argumento de que son historias de padre e hijo. Nos enseñaron a sentirnos incluidas en el universal masculino, mientras no se trate de disputar poder.

Estoy convencida de que si en el origen de la literatura argentina —y probablemente en el de la latinoamericana— no se consideró lo escrito por autoras, esto no se debió al valor de su escritura, sino a los mundos narrativos elegidos, a la falta de visibilización y al lugar que ocupaban en el reparto de poder. Ante la repetida muletilla de «Decime alguna mujer que haya estado a la altura de Sarmiento y su *Facundo*», ya no caemos en la trampa. Por eso estamos acá, sabiendo que sí hubo voces femeninas, pero que se perdieron en los vericuetos de un mundo donde mandan los hombres, en nuestro campo y en casi todos.

Hubo mujeres escritoras valiosas, de algunas quedó registro, de otras no.

Hacia la segunda mitad del siglo XIX aparecieron voces femeninas, pero sólo de clase alta —del mismo modo que en el caso de varones—.

Juana Manuela Gorriti, por ejemplo, que es considerada la primera novelista de Latinoamérica. Publicó su novela, *La quena*, en 1845, el mismo año en que Sarmiento publicaba *Facundo*. Y luego en *El Pozo de Yocci*, publicada en 1869, abordó temas que podríamos encontrar en cualquier novela de hoy: en una ciudad colonial (Salta), en el Pozo de Yocci, confluyen el deseo, el goce, lo siniestro, la locura, el incesto y el feminicidio.

Rosa Guerra es una de las primeras novelistas publicada en Argentina, en 1860, con su libro *Lucía Miranda*. La novela toma el tema de la cautiva, una mujer española capturada por los indios. La historia de la literatura apunta como mérito que este libro de Guerra fue elogiado por Miguel Cané —un destacado escritor argentino de la época—, el espaldarazo del hombre que viene a decir que el texto de una mujer vale. Ya en 1852, Rosa Guerra había publicado los treinta y un números de *La Camelia*, un periódico hecho por mujeres que llevaba por lema: «¡Libertad!, no licencia: igualdad entre ambos secsos» (secso escrito así). Ese trabajo, que Guerra negó por algún tiempo, puso a la autora en el camino hacia el feminismo. Desde *La Camelia*, Rosa Guerra insistía en que con el fin de veinte años de «tiranía», la nueva era debía ser de «pleno goce de nuestros derechos». A pesar de sus logros en el campo literario, se reivindicaba como «madre formadora de ciudadanos», lo que consideraba el papel principal de la mujer.

Rosa Guerra también publicó poemas de otra escritora que logró hacerse notar: Juana Manso. En el número del 1 de enero de 1854 del *Periódico de Literatura, Modas, Bellas artes y Teatros*, Manso escribió: «La sociedad es el hombre: él solo ha escrito las leyes de los pueblos, sus códigos; por consiguiente, ha reservado toda la supremacía para sí; (...) aislada la mujer en medio de su propia familia, de aquella de que Dios la hizo parte integrante, segregada de todas las cuestiones vitales de la humanidad por considerarse la fracción más débil, son con todo obligadas a ser ellas las fuertes y ellos en punto a tentaciones, son la fragilidad individualizada en el hombre».

Podría seguir enumerando mujeres escritoras de aquel tiempo. No son desconocidas como sus invictas, pero casi nadie las lee ni se acuerda de ellas fuera de los ámbitos académicos: Eduarda Mansilla, Delfina Mitre de Drago, Josefina Pelliza de Sagasti, Silvia Fernández, Juliana Gauna, Ida Edelvira Rodríguez, Agustina Andrade.

Ninguna de ellas fue invitada a la fundación de la literatura argentina. Definir que determinado texto o autor sienta las bases de la literatura de un país provoca efectos a futuro. Desde ahí se lee, desde ahí se construye teoría literaria, desde ahí se escribe. Por eso me parece muy interesante lo que hace la escritora Ana Ojeda, en su novela *Vikinga Bonsái* (Eterna Cadencia, 2019). En esa novela, Ojeda cuenta, en una mezcla de castellano, lunfardo, calabrés, *slang* de redes y lenguaje inclusivo, la historia de un grupo de amigas (Las Apocalipsicadas) que son llamadas a la aventura en el sentido de Joseph Campbell y su camino del héroe (la heroína en este caso) después del convite a una cena de mujeres por WhatsApp, que termina con ellas haciéndose cargo del hijo de una de las integrantes del grupo. Pero antes de meterse en la historia, a modo de epígrafe, Ojeda toma el *Facundo* y reescribe el inicio. Lo hace tanto reemplazando lo masculino por femenino como usando lenguaje inclusivo. La autora de *Vikinga Bonsái*, para escribir lo que tiene que escribir, necesita refundar la literatura argentina, darle otro comienzo.

Dice Ojeda: «¡Sombra terrible de *Fecunda*, voy a evocarte, para que, sacudiendo el ensangrentado polvo que cubre tus cenizas, te levantes a explicarnos la vida secreta y las convulsiones internas que desgarran las entrañas de un noble pueblo! Vos conocés el secreto: ¡desembuchá! Diez años aún después de tu trágica muerte, la *mujer* de las ciudades y la *china* de los llanos argentinos, al tomar diversos senderos en el desierto, decían: "¡No, no ha muerto! ¡Vive aún! ¡*Ella* vendrá!" (...)».

Ojeda refunda para ella y refunda para nosotras. No busca el permiso para escribir, lo toma de prepo, lo arrebata. Porque fue una apropiación injusta que deberíamos haber compartido y es hora de que se revierta.

Algo parecido hace Gabriela Cabezón Cámara en su novela *Las aventuras de la China Iron*. Se ocupa de la que fue la mujer de *Martín Fierro* —otro libro icónico en los inicios de la literatura argentina—. Una mujer (una china) que en el libro de Hernández no tiene nombre ni voz, y que quedó en el rancho que compartían, librada a su suerte, cuando a él se lo llevó la leva. Cabezón Cámara le da voz a la China Iron («fierro» en inglés), así ella puede ahora contarnos sus aventuras, la alegría que le produjo que se fuera «la bestia» de su pareja. En la nueva vida que le da Cabezón, la China, que a los catorce años ya era madre de dos hijos, los da en adopción a unos conocidos para marcharse con Elizabeth —que a su vez la adopta a ella—, una mujer inglesa casada con un hombre que se llevaron junto con Fierro. El viaje, que es a través de una naturaleza desbordante, les enseña a estas mujeres un mundo nuevo lleno de sensaciones y sentidos. Pero también de palabras, y de textos. La China gracias a Elizabeth conoce a Frankenstein, a Oliver Twist y las costumbres inglesas. Se cortará el pelo y llevará cargada su escopeta, alejándose definitivamente del estereotipo de china de la época, sin dejar nunca de ser mujer. Aprenderá muchas palabras nuevas, pero también lo que es el goce. Con este texto Cabezón viene también a cuestionar el origen a la literatura gauchesca, y junto con ella a la escritura del siglo XIX, para darles nueva vida a aquellas mujeres que no existieron más que como sombras grises, en aquellas fundaciones.

LOS SILENCIOS DE HOY

Dice Tillie Olsen en las «Notas de la autora» que acompañan la edición de *Silencios*, un libro de 1965 (Las afueras, 2022): «Este libro versa sobre esa clase de silencios, vinculados a las circunstancias de la creación literaria —lo cual incluye aspectos como *la clase, el color, el sexo, la época*, o el medio al que pertenecemos por nacimiento—».

En este precioso texto, Olsen se pregunta por qué se callan quienes se callan. No se ocupa sólo de mujeres, su libro está lleno de escritores varones que en algún momento optaron por el silencio. Pero un poco más adelante reconoce lo siguiente:

«Cuesta mucho convertirse en escritora. Están las querencias personales —mucho más comunes de lo que solemos admitir—, las circunstancias, el tiempo, el desarrollo del oficio, y más allá de todo eso, *la convicción de que tenemos algo importante que decir, y tenemos derecho a decirlo.* (...) Todo ello resulta difícil para cualquier hombre no nacido en un medio —léase clase social— capaz de brindarle toda esa confianza, *y casi imposible para una chica, una mujer*».

En base a estas dos citas me gustaría tomar algunos conceptos que operaron, y aún operan, silenciando voces de mujeres:

- El deber de la maternidad.
- La pobreza y la marginalidad.
- La intolerancia en materia de sexualidad y derechos de las mujeres.
- Los discursos de odio.

El caso de María Angélica Bosco:
madre vs. escritora

Para hablar de la maternidad y el enfrentamiento que existe, aún en estos tiempos, entre escritora o madre, me gustaría traer el ejemplo de María Angélica Bosco. Su caso puede parecer que surge de prejuicios superados hoy día, pero a mí me parece que no tanto. De hecho tengo varias amigas escritoras que no pueden aceptar becas o traslados a otros países por cuestiones relacionadas con el cuidado de sus hijos, o porque sus ex maridos no les permiten el cambio de residencia; eso les limita las posibilidades de crecimiento profesional y, a la larga, apagan su trabajo y su visibilización.

Bosco fue una escritora argentina, considerada maestra del suspenso. Con *La muerte baja en el ascensor*, ganó el premio Emecé. La novela fue publicada en 1955 en la colección El Séptimo Círculo, la prestigiosa serie que curaban Borges y Bioy Casares, donde se publicó a muy pocas mujeres. Esta premiada novela, inhallable durante mucho tiempo, tal vez incluso olvidada por muchos, salió otra vez de las sombras por un hecho que me gusta calificar como de «justicia poética»: se reeditó a fines de 2013, por la editorial Fondo de Cultura Económica, en la Serie del Recienvenido que dirigió Ricardo Piglia, cuyo nombre es un homenaje a

Macedonio Fernández. Según dijo el mismo Piglia, en un reportaje que le dio a la agencia Télam, «ésta es una colección que incluye libros que me parecen importantes, y que por motivos que obedecen a una lógica hermética —que también es la del mercado— tardan en ser reeditados o no se reeditan nunca». Así fue que muchos y muchas volvimos a leer esta novela, y hubo quienes la conocieron por primera vez. En esa oportunidad me pidieron una reseña del libro para la revista *Ñ*, de la que me permito transcribir algunos párrafos e ideas en este texto. Pero antes de aquella primera edición, el camino tampoco había sido fácil y había costado no sólo que la voz de Bosco apareciera sino que se sostuviera. Cuando tenía listo el manuscrito, muchos colegas le dijeron que no presentara «ese policial clásico» al premio Emecé. Subestimaron el género literario —policial— pero creo que también su género —mujer—. Le aseguraron que tenía pocas posibilidades de ganar el concurso. Pero ella, que nunca pareció propensa a obedecer cuestiones en las que no creía, la presentó igual y ganó. Varios años antes, cuando apenas pasaba los veinte, había publicado ya sus dos primeros libros de cuentos, que fueron muy bien recibidos por la crítica. ¿Qué pasó entre una cosa y otra? Pasó que al poco tiempo de esas primeras publicaciones Bosco se casó, se convirtió en «la señora de Gil», se dedicó a sus tres hijos y ya no escribió. Hasta que la vida la puso a prueba y ella echó mano otra vez a lo que mejor sabía hacer por vocación y para ganarse la vida: *escribir y contar historias*. Casada en un medio social muy pacato y conservador, se había enamorado de otro hombre. Su marido encontró una carta de su amante, la echó de la casa y se quedó con la tenencia de sus hijos, excepto el menor, que María Angélica logró que la justicia dejara con ella. Sus familiares, amigos y conocidos le dieron la espalda, se encontró sola frente al mundo. «Cuando pienso en la situación de la mujer en esos años me asombra mi inconsciencia —dijo en un reportaje—. ¿Cómo pude pensar que la situación sería entendida por nadie, ni siquiera por mi familia?». Recién pudo recuperar a sus otros dos hijos después de la muerte de su marido, años más tarde. Por ajustarse al modelo social esperado para una mujer como ella, se casó y dejó de escribir. Patear el tablero y la necesidad de supervivencia la devolvieron a la escritura. Y así aparecieron sus trabajos posteriores, entre los que se destacan la obra reeditada, *La muerte baja en el ascensor*, *La trampa*, llevada al cine con el título *El amor infiel*, y el ensayo *Borges y los otros*. Convertida en viuda pobre, le gustaba repetir la frase «nos hundimos», pero también sabía tomarse a sí misma con humor y se describía como «una tilinga de Barrio Norte». Sin embargo, Bosco hizo demasiadas cosas en la vida como para definirse sólo por su extracción social. Desde ser presidenta del Fondo Nacional de las Artes a recomendar libros en el mítico programa femenino de tevé *Buenas tardes, mucho gusto*. También trabajó como secretaria de la Sade, condujo en Radio Nacional el programa *Radiografía de un best-seller*, tradujo a Flaubert y a Calvino, hizo varios de los guiones del programa *División Homicidios* que se emitía por Canal 9, escribió junto a Marco Denevi un largometraje que dirigió Alejandro Doria. Era una escritora a los veinte años, dejó de serlo durante su matrimonio, lo recuperó con el divorcio.

Más allá de su prosa cuidada, un lenguaje que pone suma atención en los signos de clase, personajes delineados con precisión y un notable manejo del suspenso, lo que me inquietó cuando hice aquella reseña para *Ñ* fue saber cómo había resultado la historia con sus hijos. ¿Habrían entendido a esa madre? ¿La habrían juzgado? ¿La habrían perdonado si sentían que había algo por perdonar? Hacer esa reseña me dio la oportunidad de saberlo. Un día llegó una carta a la oficina de mi pareja, que es abogado. Era del hijo menor de Bosco que vivía en Inglaterra. Había buscado cómo llegar a mí, encontró una foto en una revista que contaba quién era mi pareja, alguien le dijo que enviando la carta a esa oficina tal vez me llegaría, buscó la dirección en internet y tiró una botella al mar. La carta llegó. Fue un regalo hermoso para mí, el hijo de Bosco agradecía que yo hubiera captado tan bien quién era su madre y lo que había tenido que pasar. Me alegró comprobar que en ese vínculo había amor, que los prejuicios eran de los otros y que la historia había tenido final feliz, tanto para la escritora como para la madre.

Si volvemos a los puntos de silenciamiento que señala Olsen veremos que en este caso operaron la época, los prejuicios acerca de roles y comportamientos según el sexo, y las querencias personales. La sacaron de allí la necesidad y la convicción de que tenemos algo para decir y el derecho a decirlo. No tengo dudas de que aún hoy hay mujeres enredadas en la elección madre versus escritora. Silenciadas por lo que creen es el deber de la maternidad.

El caso de Carolina Maria de Jesus: la pobreza

La pobreza es un gran impedimento para la escritura. Lo es para todo. No hay igualdad de oportunidades en los países donde existen altos índices de pobreza. Lamentablemente, hemos naturalizado que mucha gente viva en esas condiciones. Incluso en la indigencia. ¿Cómo escribir si no se pueden satisfacer las necesidades básicas?

¿Quién fue Carolina Maria de Jesus? Si tuviera que responder con una sola frase diría: una mujer que escribió para poder tener una casa. Después pueden venir otras consideraciones menos asibles: por enojo, por revancha, para contar su historia, para iluminar el mundo en el que vivía. Pero insisto, sin necesidades básicas la escritura y sus consideraciones filosóficas pasan a un segundo plano. En *Cuarto de desechos* (*Quarto de despejo*, Ática y Francisco Alves, 1960), De Jesus cuenta con brutal crudeza su vida en la miseria, su lucha contra el hambre, la necesidad de buscar cartón cada día entre la basura para venderlo y poder dar de comer a sus tres hijos. Una mujer que sólo fue al colegio dos años ilumina su vida en una favela para que veamos lo que no queremos ver: la pobreza, el hambre, el abandono a su suerte de tanta gente como ella. Su libro fue un suceso editorial. En 1960, durante seis meses, fue el más vendido de Brasil. En su obra podemos encontrar: crónica, novela, cuentos, teatro, letras musicales. Y la crítica destacó en su momento que lo que escribe «va más allá del cliché de la escritora de la favela». Carolina Maria nació en 1914, era nieta de un esclavo negro, hija ilegítima de un hombre adinerado, se convirtió en lectora voraz de los clásicos de la literatura romántica en una casa donde trabajó antes de ser cartonera. Aunque su principal preocupación era conseguir pan para sus hijos, escuchaba valses vieneses, se peleaba con sus vecinas y leía. Su libro *Cuarto de desechos* tiene la voluntad de un diario, anota jornada a jornada esas peleas, si hubo pan para sus hijos o no, cada alternativa de lo cotidiano. «Cuando llegué puse la radio. Me duché. Calenté la comida. Leí un poco. No sé dormir sin leer». Pero también dejó en claro en ese diario de vida por qué escribía: «Estoy escribiendo un libro, para venderlo. Mi intención es comprar un terreno con ese dinero y salir de la favela». La fortuita oportunidad se la dio el periodista Audálio Dantas, que visitó la favela de Canindé, en São Paulo, para hacer un reportaje. Los editores le hicieron muchos cortes al texto para evitar que el hambre apareciera tanto. Se ve que el hambre no vende. El libro fue un éxito rotundo, era un libro urgente, los lectores lo estaban esperando, lo necesitaban. Se acababa de inaugurar la nueva capital, Brasilia, y este libro le daba un cachetazo a la imagen de país pujante y moderno que circulaba por ese entonces en Brasil. De Jesus, con su brutal literatura y contando su propia vida, hizo un estudio sociológico de la miseria de su país; contó lo cotidiano, la intimidad, lo mismo que se le reprocha o reprochaba a tanta literatura escrita por mujeres. Luego de publicada, *Cuarto de desechos* vendió medio millón de ejemplares. El libro se tradujo a más de una docena de lenguas; su autora firmó ejemplares, dio entrevistas; se mudó a un barrio de clase media. ¿Cuántas Carolina Maria tendrán sus diarios guardados? Ella escribió tres libros más pero ya no se vendieron tanto como el primero, y para cuando Carolina Maria murió estaba otra vez sumida en la pobreza. Muchas mujeres vieron en ella una referente y aseguran que alentó a otras mujeres negras y pobres a escribir. Inspiró literatura de las periferias, raperas o poetisas del *slam* improvisado. Algunos nombres aparecieron, como Conceição Evaristo con sus *Cadernos negros*. Pero seguramente otras no. ¿Dónde están esos textos hoy silenciados por la pobreza? ¿Aparecerán algún día?

Companhia das Letras, una de las editoriales más grandes de Brasil, reeditó su obra hace pocos años, tal vez envalentonados por el auge del movimiento de mujeres, el Mee Too, el NiUnaMenos y otras luchas feministas. Carolina

Maria de Jesus es más estudiada en universidades de Estados Unidos que en Brasil. De los silenciadores de Olsen al caso de Carolina Maria se aplicaron durante años la clase y el color. La volvieron a silenciar cuando ya no fue negocio.

Dolores Reyes y su *Cometierra*: malas influencias y otros prejuicios

Un grupo de padres de un colegio secundario de Neuquén, provincia a la que Dolores Reyes había sido invitada a presentar su libro *Cometierra*, planteó ante el Consejo Provincial de Educación (CPE) que sus hijos estaban leyendo un «libro porno». El argumento para intentar la censura es que en la misma hoja se pueden leer las palabras: pija, concha, tetas. Cabe destacar que desde que salió el libro la escritora se presentó en infinidad de colegios que trabajaron con gusto y en profundidad su novela. Reyes reflexiona en un artículo que tituló «Japi» (anagrama de pija) y publicó en Diario.ar: «¿En serio piensan que con esa lengua no se puede reflexionar ni construir belleza? ¿En serio consideran que un pibe que habla como lo que es, un adolescente de una barriada, no puede llegar a escribir sus propias historias o filmar sus propias películas? ¿Por qué el estudio escolar de Lengua y Literatura debería despreciar o censurar historias que narran sucesos que los pibes viven a diario en cualquier barrio de nuestro país?». Y luego de las preguntas Reyes concluye, en base a su experiencia como docente en el conurbano bonaerense desde hace más de quince años y madre de siete hijos: «¿Es necesario explicar que muchísimos alumnos de dieciséis, diecisiete o dieciocho años ya tuvieron relaciones sexuales cuando cursan los últimos años de secundaria? ¿Por qué es algo que la literatura no puede contar o peor aún, por qué no es su lengua la que puede dar cuenta de esa experiencia en distintas ficciones?».

Lo que le pasó a Reyes no es un caso aislado. Cada día se repiten intentos de censura de este tipo en colegios primarios, secundarios y universidades. Los directivos no quieren tener problemas con los padres. Los que arman los programas de estudio tampoco. En los planes de lectura tienden a rechazar estos libros para no provocar controversias, los libros que justamente los jóvenes quieren leer. ¿Qué clase de niños y niñas educaremos si limitamos la ficción que pueden leer de acuerdo a un promedio de los prejuicios paternos que circulan en nuestra sociedad? Seguramente juventudes con mundos más pequeños, con universos más acotados, limitados, pobres de lenguaje, sin sentido crítico, sin posibilidades de elegir por sus propios medios.

¿De qué se trata la novela cuestionada por esos padres? La historia está narrada en primera persona, y sigue los pasos de Cometierra, una joven vidente a la que buscan personas desesperadas porque ha desaparecido o han matado a alguien de su familia. Para quienes no encuentran respuestas, Cometierra las tiene. Es un don que descubrió desde muy pequeña, cuando era ella misma una niña que quería saber a qué se debía la ausencia de su madre. El feminicidio es uno de los temas centrales de esta novela, junto a la falta de justicia y la falta de verdad, si no fuera por esta joven que consigue ver comiendo tierra de donde estuvo por última vez ese cuerpo que falta. Ella come esa tierra y sabe. *Cometierra* es una novela fundamental en un país donde hay un feminicidio cada veinticuatro horas. Pero algunos padres creen que sus hijos no están preparados para leer historias como esas. Algunas autoridades los avalan. Y así perdemos todas y todos.

Volviendo a Olsen, los intentos de silenciamiento de Dolores Reyes vienen de la mano de los prejuicios con la educación sexual (sexo y época).

EL LLAMADO AL SILENCIO, «POR TU PROPIO BIEN»

Por último y antes de terminar quiero hacer una breve reflexión con ustedes acerca de un silenciamiento que me preocupa mucho: el llamado al silencio que opera sobre tantas mujeres agredidas en redes sociales.

Como tantas otras escritoras y periodistas, suelo ser agredida en redes sociales cuando hablo de aborto, feminicidio, derechos de las mujeres, la opresión de algunas iglesias sobre nuestros derechos. A veces soy agredida cuando opino sobre cualquier cuestión trivial, pero por los mismos que me atacan cuando hablo de aborto, feminicidio, derechos de las mujeres, la opresión de algunas iglesias sobre nuestros derechos. He recibido amenazas directas o solapadas después de que se emitió la serie *El Reino*, cuyo guion escribí junto a Marcelo Piñeyro. Algunos, más simpáticos, me escribían para decirme cómo debía escribir una supuesta temporada 2. Muchos periodistas me preguntaron en sus entrevistas si las agresiones sufridas iban a hacer que yo modificara los nuevos guiones. Una asociación de Iglesias Evangélicas sacó un comunicado llamando a censurarme, donde aclaraban «sin ánimo de censura». El apriete es intento de censura.

Hace tiempo que levantó la voz sobre este problema la periodista y escritora feminista Luciana Peker, quien viene advirtiendo que los ataques en redes no son acciones aisladas de «loquitos», sino la nueva metodología para silenciar mujeres. Cuando sabés que una opinión generará discursos de odio e insultos, tenés que ser muy fuerte y estar muy convencida de lo que hacés y de tu derecho a hacerlo (como dice Olsen) para someterte a tanta agresión. La mayoría de nosotras fuimos callando en la opinión pública, hablando sólo cuando es imprescindible, poniendo candados o bloqueando en cuanto aparecen los primeros insultos. Haciendo denuncias que Twitter y otras redes no toman en cuenta, mientras prohíben subir un poster donde se ve un pecho de mujer para explicar cómo se debe hacer un control de mamas.

Me pregunto cuántas mujeres están dejando de escribir por agresiones similares, por temores similares. Cuántas Vindictas del futuro serán mujeres agredidas que decidieron preservarse. El sistema no nos defiende, más bien potencia las polémicas porque seguramente hace negocio con ellas. En el medio estamos nosotras, tratando de protegernos unas a otras, pero viendo cómo cada vez cuesta más.

Hace unos días atentaron contra la vicepresidenta de Argentina, Cristina Fernández de Kirchner, fue un intento de magnicidio pero también de feminicidio. Los agravios a la vicepresidenta y a otras mujeres de la política incluyen connotaciones sexuales, corporales y de la intimidad que no son habituales en los agravios a varones.

Las escritoras no somos ajenas a este clima de época. La violencia silencia, el agravio silencia, la amenaza silencia. Creo que allí está el mayor riesgo de silenciamiento de mujeres en la actualidad.

Palabras, textos, y urgencias postergadas[*]

A lo largo de la vida, una escritora, un escritor, escribe. Nuestra tarea es escribir. Buscar dentro del universo de palabras posibles aquellas más apropiadas para cada texto, elegirlas, anotarlas, combinarlas, incluso descartar las que no nombran como queremos nombrar. Algunas (algunos) creemos que allí, en la búsqueda y elección de qué palabra, hay un acto político. Lo sea o no, escribir es una acción concreta. Una (uno) se sienta en su silla, frente a la pantalla —nuestra página en blanco de hoy—, y aprieta las teclas que pintarán letras, palabras, oraciones, frases, párrafos, textos. Escribir hoy está muy lejos de ser un acto romántico, como lo puede haber sido siglos atrás. Comparto lo que dice Eugenia Almeida en su libro *Inundación*, acercando la escritura a nuestros tiempos y a nuestra realidad. Dice Almeida: «Se escribe con el cuerpo. No se trata de una actividad mental. Se escribe con la espalda, las manos, los ojos, la nuca, las piernas. No hay que olvidar eso: cada vez que hay escritura, es un cuerpo el que escribe».

Me pregunto entonces: ¿a qué ponerle el cuerpo?, ¿qué escribir?

La respuesta a esa pregunta varía según el motor que se enciende para dar inicio al acto. En el caso de la ficción

---

[*] Discurso de apertura de la Feria Internacional del Libro de Rosario 2022.

(novela, cuento, dramaturgia o guion) mi motor es el deseo. Hay un deseo de escritura, que aparece con una imagen y a partir de ese deseo surge el texto. Alguna vez acepté el deseo de otro y escribí un cuento a pedido para una antología o una propuesta de guion, pero siempre apropiándomelo, convirtiéndolo en mío. Y si no lo logré, si no pude desear lo que me pidieron, entonces el texto seguramente fue fallido. En los textos que surgen del deseo la libertad está sólo acotada por la propia escritura, hay límites pero los pone el escritor o la escritora, quien al apuntar las palabras que conformarán los primeros párrafos define las fronteras de ese mundo ficcional que está naciendo. Dice Amos Oz, en su libro *La historia comienza*: «Todo principio de relato es siempre una especie de contrato entre escritor y lector. Hay, por supuesto, toda clase de contratos, incluyendo los que son insinceros».

Se escriben con el cuerpo incluso los textos insinceros.

Hay otro tipo de textos que no se originan por el deseo sino a demanda. Alguien, el editor o la editora de un diario o de una revista, o quien dirige una cátedra, pide que escribas. Define un tema, una cantidad de caracteres, una fecha de entrega, con suerte un honorario y, si aceptás, escribís. La acción tiene rasgos parecidos pero también diferencias sustanciales. En los dos casos se trata de buscar las palabras, de explorar y hacer la mejor selección posible dentro de ese universo infinito que es el lenguaje, para crear mundos nuevos o describir los existentes. En eso no hay diferencia. Pero en los textos a demanda el motor se enciende con la voluntad de ajustarse al tema propuesto, a un marco, incluso a una línea editorial o a una hipótesis dada. Es lo que hay y, zambullida allí, una (uno) escribe. En ese origen no hay deseo sino reglas, pautas, líneas, se toma o se deja. Si se toma, escribir es nadar dentro de andariveles, aplicando el estilo propio en el movimiento pero acotándolo en el recorrido, y con el compromiso de responder a aquello que se acordó. La libertad de esa escritura existe sólo dentro de los límites trazados por otros.

Y luego hay un tercer tipo de texto. Que es este mismo, el que escribí para poder leer hoy, aquí, en la Feria del Libro de Rosario. Este discurso de apertura. Un texto atípico. Es a pedido, por lo tanto no hay deseo en el origen sino demanda, sin embargo tampoco hay en apariencia reglas ni pautas a seguir. La supuesta libertad es absoluta. Pero ¿lo es?, ¿cuál sería el recorte adecuado para esta ocasión? En el discurso de apertura de cualquier feria del libro es de esperar que nadie te sugiera de qué tenés que hablar. Mucho menos, de qué no podés hablar. Nadie acota el tema, nadie limita, nadie pide. Pero me pregunto: ¿alguien espera?, ¿alguien desea que la escritora (el escritor) se refiera a una cuestión en particular? El conjunto de asuntos posibles a tratar es, como el lenguaje, infinito. Y, en esa inmensidad, lo primero que surge es el desconcierto, incluso la parálisis. ¿Qué tema escojo? ¿Qué dejo de lado? ¿Cómo hago para no defraudar la expectativa que quizás tengan algunos o algunas, acerca de lo que elijo decir? Cuando la supuesta libertad es tan grande aparece el temor. Temor a no estar a la altura de las circunstancias, temor a que no le importe a nadie lo que venimos a decir, temor a que la oportunidad no sea honrada. Incluso, temor concreto a que lo que una (uno) elige decir moleste a personas o a determinados intereses y eso dispare una serie de agresiones posteriores, por diferentes vías y de diferente intensidad. Se escribe con el cuerpo, y las agresiones se sienten en el cuerpo. En la actualidad, cuando se supone que no existe censura, vemos a diario cómo opera el «miedo a decir», limitando el propio discurso. Por eso lo primero que hay que hacer para poder ejercer el acto de escribir y hablar con libertad es relativizar el temor. Poner por encima del temor algo que lo supere, que lo haga pequeño.

Y ese algo puede ser la urgencia.

La urgencia llama a decir lo que hay que decir.

De ese modo, el texto atípico ya no puede hablar de cualquier cosa porque se convierte en un texto urgente. ¿Cuál es la urgencia, hoy, acá? Estamos en la Feria del Libro del Rosario, una ciudad preciosa y querida, donde viven muchos amigos, con una importante vida cultural, pero también con altos índices de violencia y de pobreza, aquejada por el narcotráfico, el crimen organizado y la crisis ambiental. Y esa ciudad pertenece a un país donde hace apenas una semana atentaron contra la vida de la vicepresidenta de la Nación, Cristina Fernández de Kirchner, un tema gravísimo que atenta también contra la democracia que hemos construido con esfuerzo a partir del fin de la dictadura militar. Con todos estos temas: ¿debería entonces hablar de libros?, ¿de literatura?, ¿del oficio de escribir?, ¿de la industria editorial?, ¿de la precaria situación del escritor y la escritora dentro de esa industria que navega, como otras, en medio de los avatares de nuestra economía? Apuesto que aquí y ahora no es ésa la urgencia. De esos temas hablé en el 2018 cuando abrí la Feria del Libro de Buenos Aires. Y de la ley del aborto, que era la urgencia entonces. De esos temas habló Guillermo Saccomanno cuando abrió la Feria del Libro de Buenos Aires este año y sumó más urgencias. Pero vuelvo a situar la urgencia en tiempo y espacio: hoy, acá, en Rosario, ¿sería sensato usar este micrófono para hablar sólo de libros y de nuestro oficio?

La pobreza, la violencia, el narcotráfico y el crimen organizado son problemas graves y urgentes pero inmensos, tanto que me costaría hacer un recorte para traerlos a este discurso. Problemas que sin dudas exceden a esta ciudad. El intento de magnicidio contra la vicepresidenta, con el consecuente debilitamiento de la democracia, es un tema urgentísimo y gravísimo que también considero excede a los tiempos que podríamos dedicarle en esta apertura, ya que implicará conversar, debatir, buscar y agotar instancias para alcanzar acuerdos de convivencia democrática, que hoy, en nuestra sociedad, parecen rotos. Decidí, entonces, traer a la Feria del Libro de Rosario un tema concreto y puntual del que sí siento que podemos y debemos ocuparnos en esta apertura, porque mientras estamos aquí, intentando pensar a qué ponerle el cuerpo, cuál puede ser un texto urgente para esta ocasión, los humedales se queman, los queman, y EN ROSARIO NO SE PUEDE RESPIRAR.

Y si hoy, ayer, mañana, no se puede respirar, ¿no se trata de un tema lo suficientemente urgente para que nos ocupemos de él nosotras (nosotros), los funcionarios de los distintos poderes ejecutivos —municipales, provinciales, nacionales—, los legisladores que tengan que sancionar leyes, la justicia a la que le corresponda intervenir?

Empecemos por buscar palabras, que es la tarea de quienes escribimos. Palabras que nombren lo que hay que nombrar. Ecocidio. Ecocidio es la destrucción de gran parte del medio ambiente de un territorio, especialmente si es intencionada e irreversible. Frente al ecocidio del Paraná, ¿cómo hablar de libros? ¿Cómo hablar de libros si no se puede respirar? ¿Cómo leer si no se puede respirar?

Sumo palabras: ecocidio, agua, río, urgencia.

EN ROSARIO NO SE PUEDE RESPIRAR.

Es una frase que se me repite como un mantra, es la frase que dijeron e hicieron girar en las redes Gabriela Cabezón Cámara, Dolores Reyes, Claudia Aboaf, Maristella Svampa, Soledad Barruti, escritoras ecofeministas que forman el colectivo Mirá. El ecocidio del Paraná es también el reclamo de personas y organizaciones diversas, con esas mismas palabras o con otras, con esa misma frase o con otras, que denuncian a diario la quema de humedales, los incendios incontrolados, el humo, las enfermedades, la expulsión de lo autóctono, la muerte de todo lo que allí vive y, a corto o lo largo plazo, nuestra muerte.

ECOCIDIO, EN ROSARIO NO SE PUEDE RESPIRAR, LEY DE HUMEDALES YA, BASTA DE QUEMAS, gritamos. Y seguiremos gritando, en las calles, en los puentes. Pero siempre queda la duda de si los que tienen que escuchar, escuchan. O escuchan pero se hacen los tontos. Por eso lo repito ahora, frente a este micrófono, este día en Rosario, en esta Feria del Libro, cuando tengo que elegir de qué hablar y mi motor es la urgencia.

Quiero traer distintas voces para que sumen literatura y reclamo, para armar juntas (juntos) un texto literario y político. Hablemos, leamos, debatamos entonces acerca del río, de sus humedales y de libros. Y del fuego que así como hoy quema humedales tantas veces, a lo largo de la historia, quemó libros. Y del ecocidio del Paraná.

Y hablemos de proyectos de leyes consensuadas que se postergan sin tratamiento. Y de responsabilidades compartidas de lo que se debe hacer, incluso sin la ley sancionada aún.

Metámonos en el río de la mano de Mariano Pereyra Esteban, con su *Vayasí*:

Tiene algo de hipnótico el río, es cierto. Las aguas, en permanente movimiento, se confunden con quietud cuando forman un único brillo bajo el sol. Aguas inmemoriales, de caminos infinitos. Asusta un poco dimensionar horas, años, ante la existencia abrumadora de la naturaleza, de eras sin medida, donde los hombres somos existencias diminutas y fugaces que ocupamos porciones de tiempo, trozos de espacio, que no significarán ni siquiera una huella en las arenas infinitas de universo.

El río no tiene tiempo. Pero lo que en él vive sí, y hoy muere. Así que me temo que, si no hacemos algo, también el río tenga sus días contados. Los tiempos del río, nuestros tiempos y los tiempos que se toman los legisladores para sancionar leyes son muy distintos. Hace diez años se presentó por primera vez un proyecto de ley de humedales, luego siguieron otros. Algunos de esos proyectos simplemente se dejaron caer sin tratamiento, o se les dio un empujón para que cayeran. Unos pocos fueron aprobados en una cámara pero no llegaron a tratarse en la otra. Este año 2022, es el turno del proyecto de «ley de presupuestos mínimos de protección ambiental para el uso racional y sostenible de los humedales», un proyecto de consenso que se basa en aquel que tuvo dictamen en el 2020, firmado por diputados de distintos partidos, que se trabajó con la comunidad científica, colectivos ambientalistas, organizaciones y asambleas.

Dice este proyecto de ley en sus fundamentos: «En medio del ecocidio sufrido en nuestro país, en el que se reportaron más de 1.300.000 hectáreas afectadas por incendios durante los años 2020 y 2021, entendemos que esta discusión resulta impostergable».

Agrego una palabra: impostergable. Ecocidio, agua, río, urgencia, impostergable.

Pero la urgencia se posterga. Y en lo que va de 2022, se quemaron cientos de miles de hectáreas, difícil saber cuántas porque oficialmente nadie se ocupa de contarlas como corresponde. Y, además, si hubiera conseguido el número exacto para compartirlo en este texto, debería haberlo modificado cada día después de terminar de escribirlo, porque el fuego no se detuvo. Tal vez, ahora, mientras hablo, alguien esté comenzando un incendio en el humedal, o planeando iniciar un incendio mañana, alguien esté mirando para otro lado, alguien se prepare para decir: yo no soy responsable. Pasaron diez largos años desde el primer proyecto. Pasaron cinco largos meses antes de que el nuevo fuera girado a tres comisiones para empezar a ser discutido. ¿Cuántos meses tendrán que pasar ahora para que la ley de consenso por fin se trate y se sancione? ¿Meses o años?

Meses, años, eras. Los tiempos del río versus los tiempos del Estado. Si el proyecto dice impostergable: ¿dónde está el valor de la palabra?

Dijo el escritor Osvaldo Aguirre, en una nota del diario *Perfil*, en noviembre de 2021, titulada «Territorio mítico»:

Desde Sarmiento hasta Haroldo Conti, desde Leopoldo Lugones hasta César Aira, la literatura argentina encuentra en el Delta del río Paraná el territorio donde establecer una de sus tradiciones más importantes. En el curso de esa producción sedimenta el imaginario de un mundo en el que sería posible otra vida, más libre y menos alienada, pero también la conciencia creciente sobre un paraíso definitivamente perdido ante el desarrollo inmobiliario y la contaminación del ambiente.

Y yo agrego: hay responsables, si el Delta del Paraná dejó de ser un ideal y se transformó en un paraíso perdido, hay responsables. Y cuando los responsables se revolean culpas unos a otros, o se lavan las manos, o cuando no actúan y podrían haber actuado —mucho o poco—, cuando demoran, cajonean o hasta hacen caer leyes consensuadas, la responsabilidad es de todos. Porque la responsabilidad no es sólo del que quema, del que degrada, del que deja un terreno yermo, del que mata. También lo es del que deja quemar, degradar, convertir el ideal en un paraíso perdido, matar. Y al hablar del que quema o deja quemar, no me esfuerzo —como hice hasta ahora en este texto— por incluir el femenino para lograr el universal de un sustantivo o de un pronombre que sentimos que hoy no nos nombra a las mujeres y disidencias. Esta vez uso el masculino adrede porque los funcionarios que podrían haber actuado son en su mayoría varones, los que operan para que las leyes de humedales se caigan son en su mayoría varones, y los dueños de los humedales que incendian intencionalmente son en su mayoría varones. En ese caso, el universal masculino aplica perfectamente, porque estamos hablando del poder. Y el poder sigue estando, mayormente, en manos de varones.

Deberían tenernos más en cuenta.

Dice Maristella Svampa, en su artículo «Feminismos del Sur y Ecofeminismos»:

Muy especialmente en su versión libre de esencialismos, el ecofeminismo contribuye a aportar una mirada sobre las necesidades sociales, no desde la carencia o desde una visión miserabilista, sino desde el rescate de la cultura del cuidado como inspiración central para pensar una sociedad ecológica y socialmente sostenible, a través de valores como la reciprocidad, la cooperación y la complementariedad.

Palabras que se escriben con el cuerpo como acción política: río, agua, humedal, ecofeminismo, sociedad, cooperación, reciprocidad, literatura.

Más palabras: camalotes, carrizos, canutillos, espadañas, totoras, pajas bravas.

Así como alguna vez repartimos pañuelos verdes en cada banca del Congreso de la Nación, repartiría hoy el libro de Marisa Negri y Paula Collini, *La voz del ciervo*, para que lo leyeran las y los legisladores mientras debaten otros asuntos, que seguramente consideran prioritarios. Dice Marisa Negri:

(...) en el ondular de los peces
que dejan apenas un trazo en el agua
y en el hueco que la ranita saltadora cavó debajo del ingá
se quema la isla.
(...) hay humo en el aire
¿Qué haremos con lo que arde,
con lo que oprime y pavimenta lo no domesticado?

EN ROSARIO NO SE PUEDE RESPIRAR, LEY DE HUMEDALES YA, SE QUEMA LA ISLA.

Llama la atención que esto no amerite un tratamiento urgente. ¿Hay algo más urgente que no poder respirar? ¿Confían en echarle la culpa a la Niña, a la bajante del Paraná, a los vientos, a la falta de lluvia?

Más palabras: macaes, patos, garzas, gallaretas, chajás, burritos, caraus, caracoleros, biguás, martín pescador, pavas de monte, chivís, cardenal azul.

Una ley también es un texto compuesto por palabras.

Dice el proyecto de ley de consenso en sus fundamentos cuando habla de las obligaciones del Estado:

> La conservación de la diversidad biológica y el uso sostenible de los recursos biológicos son fundamentales para alcanzar y mantener la calidad de vida para las generaciones futuras. Por eso se deben llevar a cabo políticas claras de conservación de los humedales en beneficio de las comunidades que viven allí y para la sociedad en su conjunto.

Palabras que forman frases: generaciones futuras, uso sostenible, comunidades que viven allí, la sociedad en su conjunto.

Dice Juan José Saer en su ensayo *El río sin orillas*:

> Visto desde la altura, ese paisaje era el más austero, el más pobre del mundo —Darwin mismo, a quien casi nada dejaba de interesar, ya había escrito en 1832: «no hay ni grandeza ni belleza en esta inmensa extensión de agua barrosa»—. Y sin embargo ese lugar chato y abandonado era para mí, mientras lo contemplaba, más mágico que Babilonia, más hirviente de hechos significativos que Roma o que Atenas, más colorido que Viena o Ámsterdam, más ensangrentado que Tebas o Jericó. Era mi lugar: en él, muerte y delicia me eran inevitablemente propias.

Agrego palabras para contradecir a Darwin: juncos, cardas, serruchetas, mataojo, espina de bañado, chilca, pajonal, acacia mansa, laurel, sauce criollo, alisio del río, curupí, timbó blanco, ceibo, epífitas, lianas, ingá, higuerón, canelón, anacahuita, palmera pindó.

Y más palabras: ranas, rana de las cardas, ranita isleña, sapos, culebras, escuerzo, caimanes, yacarés.

Y un poco más: carpinchos, monos aulladores, yaguaretés, tortugas, coipo, lobito de río, ciervo de los pantanos, comadrejas, pumas, vizcachas.

Y más: surubí, sábalo, dorado, boga, patí, raya, bagre, tararira, anguilas, pacú.

Y una más: agua.

Dice el proyecto de ley:

Estamos asistiendo a lo que los especialistas denominan como una «sabanización» de los ecosistemas. Como si fuera poco, estos incendios además comprometen la vida de los/as habitantes de las islas (los «isleños») y sus modos de vida afectando la pesca y la apicultura mediante la destrucción del hábitat de peces y la flora apícola.

Palabras que no quisiera pronunciar: sabanización, indiscriminado, destrucción, muerte, postergación.

Hay un proyecto de ley postergado y funcionarios que parecen no tomar cabal consciencia del valor de los humedales. Si no fuera así, harían algo. Dice Claudia Aboaf, en su novela distópica *El Rey del Agua*, que no parece tan lejana en el tiempo, donde los que mandan en su ficción sí se dieron cuenta del valor del agua y no lo usan a nuestro favor sino al de ellos:

El Ministerio de Aguas, instalado en el municipio más rico del mundo, lanzaba la nueva rueda de indemnizaciones. Había mucho dinero, y mientras al Delta siguiera llegando agua tendrían mucha más. Tempe había logrado que cerraran las arroceras en los esteros y las termas de Entre Ríos. Las represas, en cambio, se mantuvieron abiertas. La cuenca del Paraná recogía agua desde Uruguay y Paraguay, también de Brasil. El territorio derramaba desde allí —curvándose hacia el sur— enormes caudales de agua. El acuífero guaraní engrosaba las arcas del municipio.

La ley dice:

El pueblo ya ganó la batalla en la calle. Es el turno de que la dirigencia política comprenda que el apoyo a la sanción de una Ley de presupuestos mínimos de protección ambiental para el uso racional y sostenible de los humedales es urgente.

Una palabra: urgente.
Una frase: el pueblo ya ganó la batalla en la calle.
¿Qué esperan los que tienen que actuar, legislar, condenar? ¿Quién frena? Su trabajo no es demorar, no es trabar, no es parecer que les importa pero no. Diez años desde la primera ley. Cinco meses desde que se presentó el último proyecto. Los humedales del Paraná se vienen quemando por años a repetición, los incendios son intencionales y responden a intereses económicos de unos pocos que no tienen derecho a quemar, a degradar, a expulsar, a matar. Seguirá pasando si no se encara el asunto de verdad y con seriedad. ¿De qué hablan en esas comisiones de diputados mientras EN ROSARIO NO SE PUEDE RESPIRAR?

Durante la pandemia, Gabriela Cabezón Cámara escribió este texto que leímos hace unos días en el Congreso, en una audiencia pública a la que convocaron el Frente de Iz-

quierda y Trabajadores - Unidad. El texto se llama «Humo».
Y dice:

Hay humo (...) ¿te acordás qué animalito más dulce? Lo quemaron, miralo, queda el ojito nomás y todo lo otro que era,
todo ese cuerpo que metía en el agua y tomaba sol en la cabeza y el lomo y cuidaba a las crías y con las manitos agarraba las
hojas tiernas, todo eso, y las hojas tiernas y las duras y los árboles también, es cenizas ahora. Quedarán huesos por ahí, y
tocones. ¿Nos mira? ¿Qué mira el ojo de los que han sido
quemados?

Una pregunta: ¿qué mira el ojo de los que fueron quemados?

Frases urgentes: EN ROSARIO NO SE PUEDE RESPI-
RAR, SE QUEMAN LAS ISLAS, LEY DE HUMEDALES YA,
BASTA DE QUEMAS.

Que nos salven las palabras, las frases, los textos, los libros.

Que nos salven las leyes, también que nos salven las
leyes.

Que nos salve *La sequía*, de James Ballard; y *El mundo
es un bosque*, de Ursula K. Le Guin. Que nos salve *Pobres
corazones*, de Melina Torres; y *Tres veces luz*, de Juan Mattio.
Que no salven *La jueza muerta*, de Eduardo D'Anna; y
Rojo sangre, de Rafael Bielsa; y *El portador*, de Marcelo Sca-
lona. Que nos salve *Un crimen argentino*, de Reynaldo Sie-
tecase; y *Cuaderno de V*, de Virginia Ducler; y *Perversidad*,
de Marcos Mizzi. Que nos salve *Los monos*, de Hernán Las-
cano y Germán de los Santos; y *Quién cavó estas tumbas*, de
Martín Stoianovich; y *El imperio de Pichincha*, de Rafael
Ielpi; y *Fuera de cámara*, de Evelyn Arach; y *Postales de un
mapa imposible*, de Javier Núñez. Que nos salven *El día que*

el río se quedó sin agua, de Mara Digiovanna; y *Las aventuras de Curimba*, de Eugenio Magliocca Piazza; y *Guardianes de Rosario*, de Silvina Pessino; y *Lagartos al sol*, de Alma Maritano; y *Un hechizo pluripotente*, de Virginia Giacosa y Virginia Luco. Que nos salve *Cómo sacar a un murciélago*, de Luciano Redigonda. Que nos salve la poesía de Beatriz Vallejos, y la de Fabián Yausaz, y la de Francisco Madariaga, y la de Beatriz Vignoli, y la de Alejandra Benz. Y la de Juan L. Ortiz y la de Diana Bellessi. Y toda la reunida en *Las cenizas llegaron a mi patio*, claro. Que nos salve *El río*, de Débora Mundani, y *Arroyo*, de Susana Pampín, y *40 watt*, de Oscar Taborda, y *Transgénica*, de Gabby De Cicco. Que nos salven los cuentos de Lila Gianelloni, Valeria Correa Fiz, Marcelo Britos y Pablo Colacrai, y las novelas de Patricio Pron, Osvaldo Aguirre y Romina Tamburello. Que nos salven los ensayos de Alberto Giordano, Nora Avaro y Martín Prieto; y el teatro de Patricia Suárez y Leonel Giacometto. Que nos salven todos los libros de Elvio Gandolfo, Francisco Bitar y Maia Morosano. Que nos salven Wernicke y Haroldo Conti. Que nos salven Angélica Gorodischer, Jorge Riestra, Beatriz Guido, Aldo Oliva, Laiseca, Roger Pla, Mirta Rosemberg, Noemí Ulla, Hugo Diz y el Negro Fontanarrosa.

La lista es interminable. Seguramente en la anterior faltan escritoras y escritores fundamentales que nos ayudarían a entender esta ciudad y el río. Porque así como alguien ahora, en este momento, quema, alguien lee, alguien escribe. Podría sumar tantos otros y otras. Queda abierta para que ustedes también sumen palabras, frases, textos y sus propios libros salvadores.

Yo, para terminar, quiero traer un último texto que siento clave para entender todo lo que estamos hablando. Es un fragmento de *No es un río*, de Selva Almada.

No son solamente árboles. Ni yuyos.
No son solamente pájaros. Ni insectos.
El quitilipi no es un gato montés aunque de repente pueda parecer.
No son unos cuises. Es este cuis.
Esta yarará.
Este caraguatá, único, con su centro rojo como la sangre de una mujer.
Si alarga la vista, donde la calle baja, llega a ver el río. Un resplandor que humedece los ojos. Y otra vez: no es un río, es ese río. Ha pasado más tiempo con él que con nadie.

Claro que no es un río, es ese río. Ese río. El nuestro. Lo dijo Selva Almada, nosotros lo sabemos. Ojalá quienes tienen que entender entiendan, y hagan lo que es su obligación hacer.

Las formas de la censura[*]

En la convocatoria para este evento en la Fiesta del Libro y de la Rosa de la UNAM, se me propuso que señalara cuáles fueron las censuras lectoras que sufrí desde niña, para que ese recorrido me llevara hasta quien soy hoy, como lectora, como escritora y como persona. Y así fue como, haciendo memoria, me di cuenta de que la censura en sentido amplio y de modo directo o indirecto —que incluye descalificaciones, direccionamientos o cancelaciones— estuvo acechando siempre. Incluso en momentos en que no me di cuenta de su presencia, en que no la sentí de manera explícita, ahí estaba haciendo de las suyas de diversos modos, encubierta, adquiriendo nuevas formas, algunas más perceptibles que otras. Como ahora que asistimos a la censura del «Dejá de decir idioteces», esa que en las redes y desde miles de cuentas anónimas ataca descalificando, especialmente a mujeres, por haber dicho algo supuestamente inapropiado, con el objetivo de que se nos vayan las ganas de hablar. Ya lo anticipaba de algún modo Graciela Montes, la gran autora argentina de Literatura Infantil y Juvenil (LIJ), sin redes todavía en escena, cuando señalaba en *Literatura infantil. Creación, censura y resistencia* (Sudamericana, 2003) que hay una censura «más insidiosa, más

---

* Ponencia presentada en la Fiesta del Libro y de la Rosa, Cátedra José Emilio Pacheco, Ciudad de México, 2023.

solapada (...) Se la puede llamar enclaustramiento o encarrilamiento o domesticación. No consiste en cortar lo ya hecho sino en "acomodar" la cultura y dirigir lo por hacer». Un encarrilamiento que, según la autora, no está únicamente hecho de amenazas sino de buenas intenciones. «Las buenas intenciones tienen tendencia a volverse totalitarias», dijo. Hoy, veinte años después, creo que ya lo son.

Dejemos las redes y vayamos a lo nuestro. No voy a referirme sólo a la censura clásica que conocí a lo largo de mi vida, sino también a censuras *ad hoc* que pretenden despojarse de ese mote, apareciendo con diferentes nombres y modalidades. Quiero arrancar apelando a la memoria colectiva para tomar como punto de partida de esta charla aquellas censuras históricas que padecimos, tanto para que no se repitan del modo en que las conocimos, como para que tampoco suban a escena con intención «bienpensante», muy distintas en sus orígenes y motivaciones, pero con puntos en común con las censuras que queremos desterrar. Entonces, empecemos haciendo memoria con el caso de la LIJ argentina.

1. Los años de la dictadura

Los años que van entre 1976 y 1983 son los años de la última dictadura militar en la Argentina. En ese tiempo, quienes se dedicaban a la LIJ, como tantos otros ciudadanos y ciudadanas, fueron perseguidos y censurados. Sin mencionar, por supuesto, los tantos que fueron secuestrados, torturados y desaparecidos, palabra que significa lisa y llanamente, hoy lo sabemos, asesinados. Con respecto a muchos de los autores de literatura infantil y juvenil, la dictadura militar consideró que el lenguaje utilizado, sus historias o los personajes representaban algún asunto de riesgo o, incluso, que eran subversivos. Sus textos fueron marcados como «peligrosos».

El cuento «La planta de Bartolo» es el que llevó al censor dictador a prohibir el libro *La torre de cubos*, de Laura Devetach (maestra rural, periodista, poeta y notable escritora de literatura infantil). Un árbol de donde crecen cuadernos para que un niño pueda escribir. Prohibido por la dictadura militar en julio de 1979, el argumento esgrimido en el decreto que lo censuraba fue que tenía «simbología confusa, ilimitada fantasía, cuestionamientos ideológicos sociales, porque lleva a la destrucción de los valores tradicionales en el campo de la literatura infantil». Dicho decreto del Ministerio de Cultura y Educación ordenaba: «Prohibir el uso de la obra *La torre de cubos* de Laura Devetach en todos los establecimientos educacionales dependientes de este Ministerio». Y más adelante reprochaba que los cuentos de Devetach se concentraban «en los aspectos sociales como crítica a la organización del trabajo, la propiedad privada y el principio de autoridad enfrentando grupos sociales, raciales o económicos con base completamente materialista, como cuestionando la vida familiar».

Fueron cien los textos de LIJ prohibidos por la dictadura. La asociación La Nube Infancia y Cultura los recopiló y se pueden encontrar en la web. La lista incluye otros libros de Devetach: *Picaflores de cola roja* y *Monigote en la arena*.

Leídos hoy e intentando entender el porqué de la censura podemos concluir, apresuradamente, que esa gente era, básicamente, tonta. Pero no, sería subestimarlos, porque destruir la fantasía, el libre pensamiento, las posibilidades de soñar mundos mejores, no es ninguna tontería sino más bien un plan criminal bien elaborado, para ejecutar desde las bases, minando el sentido crítico de quienes leyendo o no leyendo serán los ciudadanos del mañana y garantizarán o no una democracia digna de llevar ese nombre.

En esa lista de censura estaban también la inolvidable Elsa Bornemann y su libro *Un elefante ocupa mucho espacio* (1975), que fue censurado en 1977 por relatar una huelga de animales. Y Javier Villafañe, y su *Don Juan el zorro: vida y meditaciones de un pícaro*. Y Margarita Belgrano con *Los zapatos voladores*, la historia de un cartero que, cansado de tanto caminar, dice basta, se revela contra esa vida que le impuso el destino y tira los zapatos al aire. Y la prestigiosa, admirada y querida María Elena Walsh, por *Aire libre*, un libro que combinaba textos, dibujos y actividades escolares.

Veamos el caso del libro de María Elena Walsh. Y descartemos, en primer lugar, que la hayan prohibido por portación de apellido sin parentesco: no olvidemos que Rodolfo Walsh fue secuestrado y desaparecido el 25 de marzo de 1977, un día después de la publicación de su «Carta abierta de un escritor a la junta militar». María Elena Walsh no sufrió el mismo destino, tal vez porque era la cantautora para niños más popular de la Argentina, pero ni bien se publicó su artículo «Desventuras en el País-Jardín-de-Infantes», donde con ironía se refería a la dictadura y en particular a la censura, sus canciones fueron prohibidas en la radio y la televisión. *Aire libre* es un libro de textos y actividades pensado para segundo grado. Lo recorrí tratando de ponerme en la cabeza del represor censor y encontré algunas frases que, puedo suponer, lo alarmaron. Tengamos en cuenta que los padres del narrador de esta historia son titiriteros, y los titiriteros —tal vez— sean gente de peligro para un dictador. «Este año vivimos en un pueblo de la provincia de Buenos Aires. Mi papá viaja todos los días a la ciudad. Enseña trabajos manuales en la escuela. A veces mis papás ganan bastante dinero. A veces, muy poquito. No importa. El lugar donde vivimos todos juntos siempre nos parece un palacio. Nuestra casa parece un ranchito. Ni siquiera tenemos luz eléctrica. Cuando salimos de noche llevamos faroles de kerosene. ¡Parecemos Tucutucos!».

Intuyo que «el peligro» detectado por la censura habrá sido contarles a los niños que a veces los padres no ganan dinero suficiente para vivir, algo que los niños, seguramente, ya sabían. Pero para el dictador censor, la consciencia de la pobreza seguramente fue considerada subversiva.

Pasemos al caso de *Un elefante ocupa mucho espacio*, de Bornemann.

Víctor, un elefante de circo, se decide «a pensar "en elefante", esto es, a tener una idea tan enorme como su cuerpo». Sin dudas, al terrorismo de Estado le habrá parecido peligroso pensar y por eso prohibió el texto donde, además, se declaraba una huelga general frente a los dueños del circo. Aunque en un hecho de justicia poética, en 1976, *Un elefante ocupa mucho espacio* fue elegido para integrar la Lista de Honor del Premio Internacional Hans Christian Andersen, que otorga el International Board on Books for Young People, con sede en Suiza. Un último dato de esta misma autora: en 1977 la dictadura prohibió *El libro de los chicos enamorados*, dedicado a Gregory Peck, vaya una a saber por qué. O sí, el amor tal vez.

Unos pocos ejemplos más. Para ejercitar a fondo la memoria y entender el plan sistemático de la dictadura elaborado también a través de la censura a la LIJ.

Cinco dedos, del Colectivo Libros para niños de Berlín, 1975. Esta obra alemana, impresa en Argentina por Ediciones de la Flor, se funda en el lema «Cinco dedos bien unidos hacen un buen puño». Puedo imaginar al dictador censor con los pelos de punta. El cuento trata acerca de una mano roja en la que los dedos se llevan mal. Justamente aprovechando esa debilidad, viene la mano verde a imponerse sobre ellos y dominarlos. Entonces los dedos rojos se unen para vencer a la mano verde. Por este libro, el reconocido editor argentino Daniel Divinsky estuvo preso, y fue liberado gracias a la presión de asociaciones de editores internacionales. Luego se exilió junto a su familia en Venezuela.

El Principito, publicado por primera vez en Argentina en 1951 por la editorial Emecé, del francés Antoine de Saint-Exupéry, fue prohibido en 1977. La obra cuenta las aventuras de un niño que viene de un pequeño asteroide, busca conocer amigos, estar en compañía de otras personas, armar comunidad. Y sólo eso ya habrá sido subversivo para el censor. Pero además habla de la libertad. Y, para colmo de colmos, el viajero del universo dice que conoció a un «dictador turco». *Danger*: ya sabemos que un dictador puede ser cualquier dictador. Cabe señalar además que *El Principito* debe haber sido encontrado en infinidad de las casas allanadas en los años de la dictadura porque era un libro muy leído en los años sesenta y setenta, y esa popularidad también les habrá parecido atroz a los dictadores.

Quisiera compartir algunos de argumentos utilizados para la prohibición o censura:

- Porque pueden producir «conmoción interior o de ataque exterior que pongan en peligro el ejercicio de esta Constitución y de las autoridades creadas por ella».

- Por ser «cuentos destinados al público infantil con una finalidad de adoctrinamiento que resulta preparatoria para la tarea de captación ideológica del accionar subversivo». (*Un elefante ocupa mucho espacio*).
- Por «simbología confusa, cuestionamientos ideológicos-sociales, objetivos no adecuados al hecho estético e ilimitada fantasía». (*La torre de cubos*).

Dejemos atrás la censura de los dictadores de turno y pasemos a otro tipo de censura más moderna.

2. La censura *AD HOC*, esa que no se permite ese nombre pero que detectamos con facilidad

Mis hijos iban a un colegio en el cual sus directivos cortaron el final de *El gigante egoísta* de Oscar Wilde —esa historia en la que el malhumorado gigante muere y es llevado al cielo por un ángel— «porque vinieron algunos padres a quejarse de que se toquen ciertos temas escabrosos con los niños». Los padres, lamentablemente, también pueden ser grandes censores. Y el problema más grave es cuando quieren imponer su censura no ya sobre sus hijos sino sobre los de los demás.

Para hablar de este punto, voy a empezar trayendo un ejemplo de Estados Unidos, un país donde miden este tipo de eventos. Allí la American Library Association (ALA), que condena la censura y se dedica a garantizar el libre acceso a la información, lleva adelante un trabajo de recopilación de datos relacionados con denuncias e intentos de prohibición de textos que resulta muy ilustrativa. Creo que su trabajo, aunque referido sólo a ese país, nos permitirá inferir hacia dónde va la ola de la censura en distintas partes del mundo. Todos los años, su Oficina para la Libertad Intelectual (OIF) hace una lista de los diez libros más «cuestionados», de modo de poder informar al público sobre la censura en bibliotecas y escuelas. Esta lista es elaborada en base a información que aparece en los medios o que se le envía voluntariamente a esa oficina desde distintos sitios en EE. UU. La mayoría de las denuncias las presentan padres o usuarios de bibliotecas públicas o escolares. Cabe destacar que, según la misma oficina, la mayoría de las cancelaciones de libros no se denuncian. En 2018, un activista religioso, para protestar contra el Día del Orgullo en Orange City, Iowa, alquiló algunos de estos libros en la biblioteca de su ciudad y los quemó. Lo que remite a escenas horrendas de la historia de la lectura. Los libros listados van cambiando cada año pero consistentemente incluyen, sobre todo, temáticas o autores LGTB+. Aunque también temáticas o autores afroamericanos, cuestionamientos a la policía, supuesto adoctrinamiento en agenda social, supuestas blasfemias, supuestos términos despectivos, abordaje de temas trascendentes como el abuso sexual infantil o del suicidio adolescente. Y en los últimos años aparece una modalidad nueva: ya no se intenta prohibir un libro sino que se presentan listas de libros para censuras conjuntas, dado que las denuncias para retirarlos de bibliotecas o programas escolares se deben a acciones de grupos de censura organizados más que a acciones individuales de padres alarmados según su propio criterio.

Un punto inquietante: la ALA también está advirtiendo en sus últimas publicaciones sobre las amenazas a trabajadores en cuanto a su empleo o su seguridad personal. Hay incluso casos de enjuiciamientos que enfrentan empleados de bibliotecas, docentes y promotores de la lectura por proporcionar libros que jóvenes, niños y sus padres quieren leer.

No parece que las cosas fueran a mejorar. Por lo pronto, hace pocos días nos enteramos de una censura escandalosa en una biblioteca escolar de Florida donde retiraron una versión novela gráfica de *El diario de Ana Frank*. Fue en el condado de Indian River y a solicitud, otra vez, de algunos padres. Pero como advierte la ALA, detrás de este hecho está el grupo ultraconservador Moms for Liberty, que cuestionó la adaptación que hicieron el guionista Ari Folman y el ilustrador David Polonsky del texto original de Ana Frank argumentando que minimizaba el Holocausto y contenía escenas sexuales. Según se quejan estas madres, en una escena Ana le pide a una amiga que se muestren los pechos y en otra camina frente a estatuas desnudas, ambas escenas que, por otra parte, están en el libro original. Cabe señalar que esta misma organización hizo campaña contra el uso de mascarillas, vacunas y otros protocolos escolares en tiempo de Covid. También se oponen a los contenidos escolares LGTB+, a la educación sexual integral, y a las críticas a la discriminación y raza. En Florida existe desde el año pasado una ley (HB 1467) en la que se otorga poder a los padres para controlar la selección de libros que se les pedirá a sus hijos en la escuela. Y la «lista» de Moms for Liberty incluye doscientos cincuenta libros.

Yo misma he tenido problemas en algunos colegios de Argentina con mi libro *Tuya*. Esta novela tiene gran aceptación entre los y las lectoras jóvenes, pero ciertos padres la denunciaron porque la historia habla de una familia «desavenida», el padre le es infiel a la madre que minimiza este comportamiento, y su hija adolescente embarazada evalúa hacerse un aborto que finalmente no se hace. Si se lo hubiera hecho, la denuncia habría llegado probablemente hasta los tribunales o a las puertas del Vaticano para la excomunión.

Como caso paradigmático de este tipo de censura quiero traer el que tuvo que soportar la escritora argentina Dolores Reyes, con su libro *Cometierra*, situación que no descarto se repita con su nueva novela, *Miseria*, que retoma personajes de la anterior. Mi amiga y colega aterrizaba en el aeropuerto de San Martín de los Andes y al encender su teléfono móvil empezaron a entrar una cantidad inusual de mensajes: le estaban avisando que padres del colegio católico Paulo VI de la ciudad de Neuquén, muy cerca de allí, habían elevado un reclamo al Consejo Provincial de Educación (CPE) pidiendo que se prohibiera su lectura. La novela de Dolores Reyes (Sigilo, 2019) narra en primera persona la historia de una adolescente con poderes psíquicos, una joven vidente que logra hablar con los muertos cuando come tierra del lugar en donde aparece el cuerpo de una persona sin vida. Al entrar en contacto con esos muertos, o mejor dicho con esas muertas —porque son casi siempre mujeres—, logra ver qué les pasó. Algo que la policía y la justicia a veces no quieren ver. Empiezan a llegar a su casa familiares que buscan a una mujer que ya no está. Mujeres desaparecidas o muertas. El argumento de los padres censores que pidieron su prohibición es que en la novela se usan palabras como «pija», «concha» y «tetas», e incluye una escena donde dos adolescentes tienen sexo. En su reclamo, calificaron al libro de «pornográfico». En una nota del diario *Perfil*, el docente a cargo del grupo, quien eligió esta lectura, argumentó: «El libro ha sido pensado para trabajar temas de suma importancia para mí, para la escuela y para el sistema educativo, como son el consumo problemático de alcohol y drogas ilegales, la violencia de género, las relaciones familiares y las relaciones amorosas. El texto aborda estos temas de forma clara sin ambigüedades. Por ejemplo, las relaciones sexuales que aparecen en el texto son consentidas y en el marco de una relación de amor con un desarrollo previo extenso». A mí, casi que me emociona su respuesta, la de alguien que resiste a la policía del prohibir libros, nuestra resistencia.

Dolores Reyes hace un relato de los hechos y argumenta en una nota de Diario.ar de julio de 2022 titulada «Japi» (japi con jota, que suena como «feliz» en inglés, pero es el juego de palabras que usábamos en la infancia, diciendo cada vez más rápido la palabra hasta convertirla en pija). Les recomiendo la lectura del artículo de Reyes completo.

El de Reyes no fue el único intento de censura por estos tiempos. Por la misma época se sumaron denuncias parecidas contra textos de Hernán Casciari y de Gonzalo Santos. El cuento «Canelones» de Casciari fue leído en un colegio de San Juan de manera abreviada, pero los alumnos buscaron la versión larga en internet, una versión que incluye las palabras «culo», «teta» y «poronga». Con esta versión larga, los padres denunciantes lograron que el docente fuera suspendido del establecimiento educativo por decisión del Ministerio de Educación de San Juan.

Luego de la censura, la resistencia

En un breve comunicado, ALIJA y el Colectivo LIJ, sumando a estos hechos la prohibición del Gobierno de la ciudad de Buenos Aires de usar lenguaje inclusivo en las aulas, sostuvo: «Las y los autores y autoras, especialistas, narradores y narradoras y docentes de todos los niveles educativos que integramos ALIJA y el COLECTIVO LIJ queremos hacer público nuestro total repudio a las prohibiciones como la de no permitir el uso de las formas e, x y @ del lenguaje inclusivo en las escuelas de CABA o manifestaciones de control social como la ocurrida en San Juan, donde se ha relegado de la sala de clases a un profesor por la elección de un cuento para leer a sus alumnes. (...) Actos como estos, cuando estamos cercanos a cumplir cuarenta años de democracia ininterrumpida, nos parecen graves retrocesos. Asimismo queremos destacar y apoyar la actitud comprometida y solidaria de todos los especialistas y autores involucrados que han respondido con celeridad e inteligencia en defensa de la libertad de cátedra».

Memoria versus censura

Por último, quiero pasar al tema que considero más controvertido, para el que tal vez hay más preguntas que respuestas. Una suerte de prohibición o rechazo al que le cabe muy bien el título que la Cátedra José Emilio Pacheco propone para esta sección: «En el fondo, nadie es inocente».

3. La censura *ad hoc* que hoy nos cuesta más detectar: la propia

Hasta ahora hablamos de la censura del dictador y la de los grupos conservadores. Esas dos censuras resultan evidentes, las detectamos con facilidad y, casi con unanimidad, quienes promovemos la lectura las repudiamos.

¿Pero qué pasa cuando se quiere prohibir o cancelar el texto de un autor o autora cuyos dichos —fuera o dentro del texto— no nos gustan o nos parecen inadecuados? Creo que ése es uno de los desafíos más grandes que tenemos quienes estamos preocupados por la censura, pero a la vez queremos educar nuevas generaciones que respeten la otredad, la diversidad de género, las distintas sexualidades. Generaciones que no realicen o convaliden ni abusos ni discriminaciones ni *bullying* de ningún tipo. Entonces, ¿qué pasa con los textos que fueron escritos años atrás y hoy resultan políticamente incorrectos? ¿Qué hacemos con los libros escritos hoy que creemos incluyen cuestiones inapropiadas? ¿Y qué con los autores o las autoras cuyas opiniones públicas, ya no sus textos, nos resultan objetables?

Quiero empezar con un ejemplo que es de varias décadas atrás. Un fragmento de *Confieso que he vivido*, la autobiografía de Pablo Neruda.

En un largo y detallado pasaje, Neruda cuenta, sencilla y cruelmente, que violó a una mujer tamil. Seguramente muchos y muchas habrán leído esta autobiografía hace años sin plena consciencia de algo que en una lectura actual ya no puede pasar inadvertido: Neruda confiesa que violó a una mujer. ¿Debemos quitar su libro de las bibliotecas? ¿Deberían sus editores suprimir este párrafo en nuevas publicaciones? ¿Deberíamos cancelar a Neruda y no leerlo más? Somos defensores y defensoras de la libertad de expresión, pero condenamos los abusos de todo tipo, entonces ¿cómo manejamos esta contradicción?

Desde mi punto de vista, aunque nos dé rabia, se impone defender la libertad de expresión, repudiar la censura y, por lo tanto, dejar este texto como está. Pero a la vez señalar cada vez que lo leamos, frente a los alumnos, frente a una audiencia o frente a nosotros mismos, que Neruda confiesa en su biografía que violó a una mujer tamil. Luego, quien quiera leer a Neruda, que lo lea; y quien no quiera, que no lo haga. Tenemos demasiados textos sin leer y es válido elegir. Claro que el problema es cuando se elige por los otros, como sucede en el sistema escolar.

En un artículo de *El País* firmado por Rosa Montero, de marzo de 2023, la escritora española analiza el caso de las modificaciones propuestas a las novelas de James Bond y a las de Roald Dahl, con el objeto de adaptarlas a lo políticamente correcto en la actualidad. Podemos sumar las de Agatha Christie que sufrieron igual suerte unos días después de su artículo, sometidas a la revisión de «lectores sensibles» a pedido de la editorial Harper Collins, para evitar términos como «negritos», «orientales» y otras referencias étnicas. Dice Montero: «Es obvio que la lengua no es neutra. Un idioma es como la piel de una sociedad: refleja sus valores y se adapta a sus cambios. Nuestras palabras están cargadas de juicios y prejuicios, y en una sociedad en pleno cambio es lógico que los ciudadanos con valores distintos queramos limpiar el relato de las barbaridades más reaccionarias. Detesto los chistes de violaciones y de mariquitas, me repatea que alguien use peyorativamente las palabras judío o gitano, y sólo los muy burros siguen soltando perlas machirulas del tipo de "mujer tenías que ser". La voluntad de adecuar el lenguaje a la realidad me parece de perlas y estoy muy de acuerdo. Lo malo es que corremos el riesgo de convertir esa reclamación plenamente legítima en un disparate dogmático. Es increíble lo bien que nos las arreglamos los humanos para retorcer las ideas hasta convertirlas en ideologías venenosas».

A los libros de Roald Dahl se les pedía quitar términos como «gordo» o «feo». A las novelas de Ian Fleming se las quería limpiar de términos hoy considerados racistas. También habla Montero en el mismo artículo de la mencionada autobiografía de Neruda y la alternativa de borrar el párrafo de la violación, o directamente no editar más el libro. Y concluye: «Cualquiera de las dos medidas supondría una nueva violación de la mujer tamil, al condenar su sufrimiento a un terso e higienizado olvido. (...) La censura convierte el pasado en una mentira».

Suscribo estas palabras de Montero.

Antes de terminar, quiero traer otra preocupación señalada por Graciela Montes que no es menor: el papel del mercado. «(...) ni los prejuicios ni las buenas intenciones totalitarias tienen el poder encarrilador y por lo tanto censor que tiene hoy el mercado. (...). Que el mercado quiera convertir todo en mercado es natural. En cambio no es natural la falla de la cultura, que la cultura esté dispuesta a doblegarse mansamente a las condiciones de mercado. (...) La cultura puede resistir si se da cuenta de cómo hacerlo, si sale de la trampa. (...) Elegir en lugar de obedecer. Reinstalar lo diverso. Y lo laberíntico. En cultura es mejor el laberinto que el camino recto. Mejor que la consigna es el enigma. El enigma y no la consigna. Por extraño que le parezca esto al mercado. Hay que entender que la cultura tiene razones que el mercado no comprende».

Ojalá nos quedemos con estas palabras de Montes en la cabeza: la cultura tiene sus propias razones. Y con la certeza de que sólo la memoria nos protege de repetir males anteriores, males tan tremendos como la censura. No nos convirtamos nosotros en lo que repudiamos. Defendamos la libertad de expresión y la libertad de leer, confiando plenamente en quienes leen y en quienes acompañan esas lecturas.

Y me gustaría, como cierre, juntar aquella censura con la de ahora. En «Desventuras en el País-Jardín-de-Infantes», María Elena Walsh decía refiriéndose a la censura de la dictadura: «Todos tenemos el lápiz roto y una descomunal goma de borrar ya incrustada en el cerebro». En aquel momento nos cuidábamos de la dictadura, del censor, del genocida, tener el lápiz roto y la goma incrustada en el cerebro era una cuestión de supervivencia. Sentíamos mucho miedo. Me pregunto, ¿hoy no tenemos también esa goma por miedo al censor en que se convirtió la corrección política, por miedo a no ser publicados, por miedo a lo que hoy impone el mercado, por miedo a la agresión en las redes, por miedo a la cancelación? Un miedo de otro orden, claro, pero sin dudas un grave peligro para la libertad de expresión plena. La memoria de aquellos tiempos nos debería impulsar a luchar por el uso de la palabra y por la lectura sin condicionamientos en estos otros tiempos que nos toca vivir. No aceptamos censuras de dictadores ni de grupos conservadores. ¿Aceptaremos las propias?

Mientras encontramos respuestas a estas preguntas, resistamos y sigamos leyendo.

Agradecimientos

A todos los periodistas y colegas que en estos años me pidieron textos de distinto tipo para compartir con lectores y con la sociedad. Gracias por su interés, su entusiasmo y su acompañamiento.

Gracias a Julieta Obedman por considerar que en esos textos había un libro posible.

Índice

Este libro se terminó
de imprimir en
Móstoles, Madrid,
en el mes de
abril de 2024